女が教えてはいけないのか

第一テモテ2章11～15節を1世紀の光で読み直す

リチャード・C・クレーガー
キャサリン・C・クレーガー
［共著］
稲垣緋紗子［訳］

いのちのことば社

I Suffer Not a Woman

Rethinking 1 Timothy 2:11-15 in Light of Ancient Evidence

Richard Clark Kroeger, Catherine Clark Kroeger

注の表記について

＊原注は（注1）、訳注は〔訳注1〕のように記した。

＊本文中に訳者が補足した文章は〔　〕内に記した。

Originally published in English under the title
I Suffer Not a Woman by Baker Academic,
a division of Baker Publishing Group,
Grand Rapids, Michigan, 49516, U.S.A.

はじめに

家庭医である一人の女性が、自分の属する教会の牧師に書斎へ呼ばれた〔訳注1〕。そこで牧師から、彼女が専門として選んだ領域は彼女の一生にとっての神のみこころではないと告知された。牧師はこう断言した。彼女には専門領域が二つだけ開放されており、それは産科／婦人科と小児科であると。この若い女性は電撃的な衝撃を受けつつ質問した。自分の賜物を家庭医療に用いることを、神が適切と見ることはなぜないのかと。それに対する答えは次のようであった。テモテへの手紙第一2章12節は、彼女が男性に対していかなる権威を持つことも禁じており、したがって、彼女が男性と医師／患者の関係になることはできないのだと。この女性はその教会を去ることにした。そして発展途上国へ行き、医療宣教師として奉仕した。自分の診療所にやって来る誰に対しても、イエスの名によって仕えたのである。

ある日私たちは、第一テモテ2章12節には従来のものとは異なる解釈があるという主旨の講演を行った。講演が終了したとき、美しく、見るからに聡明そうな若い女性がおずおずとした様子で立ち去りかねていた。おおかたの人が退出してしまうと、彼女は私たちに近づいて来た。彼女には、持っている才能のすべてでキリストに仕えたいという深い求めのあることが、最初に口にした数語からも明らかであった。活動的ではあるが保守的な教会の会員であり、教会は彼女がクリスチャンとして活動する場を厳格に制限していた。「こんなこと、言ってはいけないのかもしれませんが」と言ってから、彼女はこう呟いた。「私は聖書のその箇所によって完全にうちのめされてしまいました。」

また、弁護士をしていた女性は家族の者たちからこう言われたことがある。第一テモテ2章11〜15節の教えによれば、彼女は弁護士になどならないで、むしろウェイトレスになるのが望ましいと。

また、これはある教派の機関誌が次のように公表したときのことである。主に献身している一人の女性信徒が、ミルウォーキー地方の私設療養院で、宣教部門の指導者に任じられることになった（注1）。すると、ある読者が憤然と反論した。「彼女が『指導的地位（headship）』に就くことは、第一テモテ2章11〜15節とどう調和するのか」と（注2）。

イエス・キリストの福音を宣べ伝えたり、自分の才能を主の栄光のために発揮したりする資格を、女性たちから剝奪するのに用いられる聖句があるとすれば、第一テモテ2章12節の右に出るものはないだろう。この聖句が現れるのは以下の段落である［訳注2］。

11 女は、よく従う心をもって静かに学びなさい。
12 私は、女が教えたり男を支配したりすることを許しません。むしろ、静かにしていなさい。
13 アダムが初めに造られ、それからエバが造られたからです。
14 そして、アダムはだまされませんでしたが、女はだまされて過ちを犯したのです。
15 女は、慎みをもって、信仰と愛と聖さにとどまるなら、子を産むことによって救われます。

12節でこのような訳が根拠として持ち出されると、女性たちは教会総会で投票権を行使することができない。成人のための聖書講義の教師としても認められない。宣教師として宣教地に派遣されることも許されない。キリストのからだである教会で指導の任に就く権利は奪われ、神から与えられた指導の賜物を用いることは禁じられる。

ある保守的な神学校で、私たちが第一テモテ2章12節を論じる討論会に参加していたときのことである。質疑の時間に一人の信徒が立ち、こう質問した。「聖書から導かれる主要な教理の中に、たった一つの聖句を根拠にしている例はこれ以外にもありますか。」彼は教授の一人から、そのような例は他にはないという回答を得た。そこでその信徒はもう一歩踏み込んだ。「この箇所をどう理解するかが、新約聖書中一回だけ用いられるたった一つの動詞を、どう訳すかにかかっているというのは本当ですか。」そして、その通りだとの回答を得た。

福音主義者の中には、女性の役割や働きについて述べている聖書箇所をすべて、第一テモテ2

章12節というレンズを通して見る者が少なくない（注3）。この箇所は女性に関する解釈の基準とされ、他の箇所はすべてこの箇所に準じて解釈される。キリストが復活したという知らせを、女性たちが男性の弟子たちに宣べ伝えなければならないという、疑う余地もないキリストの指示は、この箇所のパウロの教えに比べれば、さほど重要でないとされてしまう。フルダ、デボラ、ミリアム、プリスキラ、フィベなどが霊的な指導をした事実は、軽視されたり否定されたりする。だが、この手紙の宛先のエペソで、アポロに「神の道をもっと正確に説明した」のはプリスキラである（使徒18・26）。使徒パウロと、彼が「同労者」と呼ぶ女性たちとの間には、福音宣教者どうしの親しい関係が存在したのだ。

イスラエルの民を戦いに引き出し、神に信頼して大勝利に導いたのが、士師であり預言者であるデボラだったという記録を、無視することはできない。預言者フルダの説教が、ヨシヤ王治世下の大いなる信仰復興を引き起こした事実も、否定することはできない。フルダが、自分のもとへ持ち込まれた書を神のことばと確認したことが、正典としてその書が認定されるきっかけになったことも、否定はできない。では、あのアベル・ベテ・マアカの、無名の女性についてはどう対処するのがよいだろう。彼女は、包囲されていた町を救うという重責を引き受けたのだ（Ⅱサムエル記20・14〜22）。

英語では、代名詞の二人称や、三人称複数に、性の違いを確認する手立てがない。しかし、ヘブル語にはそれがある［ヘブル語では、数と性を確認する手立てがある。それは動詞の場合にも同様である」。「主はみことばを与えてくださる。良き知らせを告げる女たちは大きな群れ」（詩篇68・11）。「シオンに良い知らせを伝える者よ、高い山に登れ。エルサレムに良い知らせを伝える者よ、力の限り声をあげよ。声をあげよ。恐れるな。ユダの町々に言え。『見よ、あなたがたの神を』」（イザヤ書40・9）。［傍線は訳者。ヘブル語の動詞には女性形と男性形があり、そのどちらにも単数形と複数形がある。傍線部分はいずれも一語で、動詞（分詞）の女性形で、詩篇68章11節では複数形、イザヤ書40章9節では単数形。イザヤ書40章9節の二重線部分の動詞（命令形）は、いずれも女性単数形。また、「声を」は、直訳すれば「あなたの声を」で、「あなた」が女性単数形になっている。］

右記の箇所はいずれも女性たちを宣教の奉仕に召している。このことと、第一テモテ2章12節の一般に受け入れられてきた訳は、どう調和するのであろう。

神が、預言者ミカを通して問いかけていることを考えてみよう。問いが現れるのは、以下のくだりで有名な箇所である。「主はあなたに告げられた。人よ、何が良いことなのか、主があなたに何を求めておられるのかを。それは、ただ公正を行い、誠実を愛し、へりくだって、あなたの神とともに歩むことではないか」（ミカ6・8）。これが現れる段落の冒頭は法廷の場面になっている。そこでは、山々と丘々が、主とイスラエルの民との間の訴訟において、それぞれ判事と陪審を務めている。主は、あわれみに満ちた多くのみわざや、エジプトからの大脱出をイスラエルに思い起こさせた後で、こう言われる。「わたしは……あなたの前にモーセと、アロンと、ミリアムを送った」と（ミカ6・4）。神は訴訟においてイスラエルの民に釈明を求めているが、判決に関わる問いのひとつは、「イスラエルの民は、ミリアムには指導の賜物があることを忘れないでいるのか」である。

現代の教会の私たちは、ミリアムや、賜物に恵まれた幾多の女性たちの特別な能力をどのように受け止めてきただろうか。彼女たちの能力が用いられるのを容認してきただろうか。それとも第一テモテ2章12節の特定の訳を持ち出して、拒否してきただろうか。女性たちは沈黙に召されているのか、それとも主への奉仕に召されているのか、この聖句はそれを私たちに考えさせる。この箇所の正しい意味を見出すために、関連のある箇所どうし照らし合わせてみる必要がある。神のみこころに身をささげた女性の働きについて、聖書が言っていると結論づけられることを、すべて考察しなければならない。

何世紀にもわたって、クリスチャンたちはこの基本的な矛盾に取り組んできた。すなわち、第一テモテ2章12節と、女性たちが復活の主を宣べ伝えるように命じられたり、神の民イスラエルを教え、指導し、治めるように召されたりする箇所との矛盾である。カラバール出身の、傑出した女性宣教師メアリー・スレッサーは、自分の聖書の、どうみても女性の権利を制限する訳となっている箇所の脇にこう書き込んだ。「いや、いや、若者パウロよ、そんなことはありえません」と。そこで私たちにもこのように問うてみる義務がある。2章12節には、従来のものとは別の解釈や翻訳の仕方はないのかと。

何世紀にもわたって女性たちはこれらの問いを問い続けてきた。十九世紀の小説家シャーロッ

ト・ブロンテは女主人公にこう宣言させている

「彼（パウロ）はこの章を、ある特異な情況に置かれたキリスト教会に宛てて書いたのだ。あえて言うが、私がギリシア語の原文を読めれば、間違って訳されていたり、ことによると、まったく誤解されたりしている言葉の多いことに気づくはずだ。ほんの少し精巧さが加わりさえすれば、この箇所は今の訳とは正反対に、次のように訳すことが可能であることを、私は疑わない。『女性が、異議を唱えるべきであると思っているときはいつでも、彼女に腹蔵のない意見を述べさせなさい。……女性は、教えることや、権威を持つことを十二分に認められている。一方、男性は黙っているに越したことはない。』云々。」（注4）

どのように訳し、どのように解釈するかはきわめて重要である。この箇所が適切に解釈されれば、女性たちは神が召すところどこででも奉仕できる。だが適切に解釈されないなら、教会の半数を占めている彼女たちに、もう半数の者［すなわち男性たち］に対する、世界じゅう至るところでの宣教を、余儀なく放棄させることになる。

私たちの目的は、人は神が導くどんなところのどんな働きでも、男も女も平等に、献身と奉仕へ召されることを、聖書を根拠として主張することである。本書は、しばしば女性による宣教を妨げ、議論の的となっている箇所、すなわち第一テモテ2章12節を、入念かつ細心の注意を払って論じようとするものである。この箇所は、女性の役割と地位についての議論で、あまりにもしばしば要となっている。そういうわけで読者は大量の関連資料に触れることになる。本書に登場する資料の多くは古代エペソの宗教と文化を扱っており、その分野を専門とする者でも容易に手にすることのできないものである。別の見方をすれば、けた外れの量の付録や補遺が［原著には］あるのだが、一般の読者が読み進む妨げになることはない。本文では論旨を単刀直入に進めるよう心がけるからだ。より詳細にわたる情報や解説を望むなら、巻末の注や［本訳書には含まれていないが、原著の］付録でそれを見ることができる。そこを読めば気づくことだが、古代のテキストの中にはコプト語から訳されたものがある。本来ギリシア語で書かれていたが、いまやそのコプト語訳だけが現存している。元のギリシア語の言葉が、いまだにコプト語テキストの中にはめ込まれたままのものもある。それらの言葉はそこに記されたままであっても、ギリシア語を解さない者たちの目障りになることはない。

「百聞は一見にしかず」と言われるように、考古学的資料は、本書の議論を進めるうえで欠かすことのできないものである。はるか過ぎ去った昔を留める遺物は、しばしば言葉よりも雄弁に、古代小アジアの本質をはっきりと示す。それらの遺物は私たちを、牧会書簡の宛先となった地域社会の、宗教や文化の確かな理解に引き寄せてくれる。

難解とされるテキストに横たわる問題の多くは、パウロが書簡を送った先の、女性たちの暮らしや物の見方が、今日の教会や神学校でほとんど知られていないことから生じていると確信する。本書はその不均衡を是正しようとした努力の結果である。テキストの背後にある状況が理解されれば、これまでになかった解釈がもたらされる可能性がある。

［1］家庭医には、一般の医師よりも医学全般における高度の知識が求められる。その免許は特別な訓練を終了した者に限られる。

［2］著者は欽定訳聖書を用いている。欽定訳聖書の12節は以下の通りである。'But I suffer not a woman to teach, nor to usurp authority over the man, but to be in silence.'

目次

序章　従来の解釈に見られる問題点

テモテへの手紙第一２章12節をどう解釈するかは、それ以外の難解な箇所への取り組み方にも深く関わってくる。聖書は古代に書かれており、しばしば私たちを当惑させる書である。多くの世紀にわたり多くの著者によって記されてきた。しかし正統派のクリスチャンは、この書が確かに霊感を受けた神のことばであり、信仰生活のための唯一の誤りなき基準であると信じている。聖書のメッセージには基本的に一致があり、首尾一貫しているとの立場に立つ者は、本書が考察する箇所［Ⅰテモテ２・11〜15］と、それ以外の箇所との間に外見上存在する矛盾を、避けて通ることはできない。そこには神学的な問題と、実際的な問題とが控えている。

神学的な問題

第一テモテ２章12節の、従来の解釈に見られる問題には、何としても正直に向き合わなければならない。これまでの解釈では、この節を、女性が教えたり決定を下したりすることを禁じているとみなしてきた。だが実際には、女性たちは男性を教え、指導者として奉仕し、しかもそうする中で神の祝福を受け、信者たちから賞賛されていた。プリスキラは博学のアポロに筋道を立てて教え、ロイスとユニケはテモテを教え、フィベはケンクレアの教会の監督また執事として名を挙げられている。さらに、信者たちは、性別を問うことなく、互いに教え合い学び合うようにと指示を受けている。この箇所の従来の解釈が、聖書の主要な教えに矛盾した神学を生じさせている点は、それだけではない。

エバは「第二の」存在にすぎないのか

第一テモテ2章11～15節で最も当惑を覚えることの一つは、エバが造られたことと欺かれたことを述べる13節と14節が、組み込まれて出てくる不思議さである。それを、男性が優位に立つのは「女より」先に造られたことに起因し、女性が第二の地位に置かれるのは男の脇腹から創造されたのを根拠とすることを意味すると、受けとめる者たちもいた。だが、先に造られたことで優位性が決まるのなら、男よりも前に造られた、獣や鳥や魚や地を這うものにまでさかのぼるべきである。聖書は、男と女はどちらも等しく地を支配し、地を満たしていく者であると言っており（創世記1・26～28）、どちらも等しく神の似姿として造られたと言っている。「神は、人を創造したとき、神の似姿として人を造り、男と女に彼らを創造された。彼らが創造された日に、神は彼らを祝福して、彼らの名を『人』と呼ばれた」（同5・1～2）。（「人」の原語アダムが、ここでは造られた［「人」を指す］総称として用いられている。）

エバはだまされやすかったのか

学者の中には、女性たちが［教えることを］禁じられる理由は、エバのように、言われたことをすぐに真に受け、あっさりとだまされてしまうからだと主張する者もいる。そんなにもしばしば道を誤るのでは、指導したり教えたりできるわけがないのだと。この主張は、女性たちの知恵を激賞している聖書箇所の持つ、圧倒的な説得力の前には無力である。箴言では、知恵自体が、学ぶ意欲のある者を教える女性として描かれ、そこに多くの節が費やされている（箴言1・20～33、8・1～9・6）。女性たちの知恵が家を建てるのであり（14・1）、箴言31章のしっかりした女性は「知恵をもって口を開き、その舌には恵みのおしえがある」（26節）。

神の民の歴史における決定的な時点では、次々と女性たちが現れ、男性たちには解決できなかった問題に対処した。それはかなりの回数に及んでいる（Ⅰサムエル記25・3～35、Ⅱサムエル記14・2～24、20・16～22、箴言31・26）。すでに見たように、デボラは神によって士師に任じられ（士師記4・4）、「イスラエルの子らは、さばきを求めて彼女のところに上って来た」（士師記4・5）。敵が道をふさいだために民が主の前に集うことが不可能になった際、デボラは軍事行動を起こす決定を下した。男性の将軍は、非常に手ごわい敵軍に向けてイスラエルの軍を率いていくのを恐れた。そこでデボラは軍隊の先頭を、その将軍とともに進んで行った。神は、約束どおり、敵の将軍がひとりの女性の手によっていのちを取られるようにされた（4・9、21～22）。この一件では初めから終わりまで、その女性の優れた知恵と才覚が強調されている。

もう一人の賢明な女性は、アベル・ベテ・マアカの包囲を解くよう交渉した女性である。その包囲は、ヨアブが、申命記20章10～12節の規定を守ることもせずに、性急に設けたものであった。彼女はヨアブから了承を得ると、直ちに「知恵を用いて、民全員のところに行った」（Ⅱサムエル記20・22）。この町の指導者たちは、他人の問題解決であればずば抜けて有能であったが（20・18）、自分たちに難題が降りかかる中では、この女性がその誰よりも賢明であった。

「賢明で」思慮深い女性アビガイルは、ダビデが殺意をもって作戦行動を決意していたとき、その燃える怒りを収めさせた。ダビデは、自分に恐ろしい罪を犯させないために、彼女を使者として遣わした神をほめたたえた（Ⅰサムエル記25・33～35）。また、ヨアブは、アブサロムに王の赦しを得させようとする骨折りが失敗に終わったとき、知恵のある女をテコアから呼び出し、ダビデ王に、王の息子と和解するようにと嘆願させた（Ⅱサムエル記14・1～24）。

王妃エステルは、何もかも望みなしと思われた時代に生を受けた人物である。彼女は神の摂理により、まさにこのような時のためにその王国に連れて来られたのであった（エステル記4・14）。彼女は、自らの生命さえも危機に瀕するのを恐れはしたが、ユダヤ民族を救うための一計をめぐらし、それを遂行する勇気と分別の両方を与えられた。その結果多くの異邦人が、生けるまことの神への信仰に導かれた（8・17）。事の分別を誤っていた夫は、結局は彼女の賢明さとみごとな判断に心からの敬意を表するに至った。そして彼女には、だれにも依存することのない、独立した権限が与えられた（9・11〜12、29〜32）。

ファラオが、ヘブル人の男の赤子をすべて滅ぼすように命じていたころ、機智に富む勇敢な女性たちが、まんまとモーセのいのちを救った。そのことを忘れないようにしよう（注1）。ヤエルがイスラエルの敵シセラの裏をかいて、そのいのちを奪ったことも忘れないようにしよう。イエスは、シリア・フェニキアの女の信仰と忍耐を試した際、イエスの機智と対等に取り組んだ、彼女の答えをとても喜ばれた。そのことも忘れないようにしよう。彼女は娘がいやされることを切に求めていた。そして、イエスの言葉かけに当意即妙に応えて、イエスの心を捉えた。イエスは言われた。「そこまで言うのなら、家に帰りなさい。悪霊はあなたの娘から出て行きました」（マルコ7・29）。イエスは彼女の答えが、言葉のうえにとどまらず、背後にある、信仰と知性のひらめきでも理にかなっていることを賞賛された。

原罪の主たる責任をエバが問われるのか

ある人たちは、第一テモテ2章14節が、堕落の責任を基本的にエバにありとしていると考えるゆえに、女性たちから指導者となる権利を取り上げてしまう。しかしこの解釈は、パウロ書簡中の、二つの重要な箇所に真っ向から対立する。パウロはこれらの箇所で、罪は根本的にアダムにあるとしている。

こういうわけで、ちょうど一人の人によって罪が世界に入り、罪によって死が入り、こうして、すべての人が罪を犯したので、死がすべての人に広がったのと同様に――……けれども死は、アダムからモーセまでの間も、アダムの違反と同じようには罪を犯さなかった人々さえも、支配しました。アダムは来たるべき方のひな型です。……もし一人の違反によって多くの人が死んだのなら、……また賜物は、一人の人が罪を犯した結果とは違います。さばきの場合は、一つの違反から不義に定められましたが……もし一人の違反により、一人によって死が支配するようになったのなら、……こういうわけで、ちょうど一人の違反によってすべての人が不義に定められたのと同様に、一人の義の行為によってすべての人が義と認められ、いのちを与えられます。すなわち、ちょうど一人の人の不従順によって多くの人が罪人とされたのと同様に、一人の従順によって多くの人が義人とされるのです。（ローマ5・12〜19）

死が一人の人を通して来たのですから、死者の復活も一人の人を通して来るのです。アダムにあってすべての人が死んでいるように、キリストにあってすべての人が生かされるのです。（Ⅰコリント15・21〜22）

数えてみると、右記の箇所で、パウロは罪の責任をアダムに帰すこと、九回に及んでいる。注目すべきことに、第一テモテ2章14節ではエバが「過ちを犯した」と言われているのに対し、ローマ人への手紙5章14節では「アダムの違反と同じようには」と言われている。どちらの場合にも〔＝「過ち」にも「違反」にも〕、パラバシスという同じギリシア語が使われている。パウロが「アダム」について語るときは、創世記5章1〜2節の著者がそうであるように、男性と女性の両方を念頭に置いていると見るのが、より正確かもしれない。この箇所〔創世記5章2節〕での「アダム」は「人」を指す総称である。創世記1章27〜28節での「アダム」も同じである。

ヘブル語の聖書では、アダムはエバが禁断の実を口にしたとき彼女と一緒にいたと記されており（創世3・6）、そのギリシア語訳である七十人訳聖書もそうなっている。その点を欠く翻訳聖書は少なくないのだが〔訳注1〕、ヘブル語を直訳すれば「彼女は、彼女と一緒にいた彼女の夫に与えた」である。さらにヘブル語テキストは、蛇が男と女のどちらにも話しかけていることも明らかにしている。なぜかというと、〔蛇の言葉の中では「あなたがた」という〕二人称複数形が用いられているからだ〔訳注2〕。そのように記されているということは、アダムとイブが「罪の」責任を問われる点で同等であったことを意味する。私たちの解釈では、第一テモテ2章13〜14節がここに置かれる目的は、女性たちをとがめることにではなく、当時流布した、エバや蛇を賞賛する偽りの教えを断固否認することにある。

エバが有罪であることを女性たちが受け継ぐのか

神の贖いの恵みについての認識を、とてつもなく損なわせてしまうやり方で、第一テモテ2章9～15節を取り上げる人たちは右記以外にも存在する。ある新約聖書学の教授がこう断言するのを聴いたのは、それほど前のことではない。「各節の意味は理解しにくいものではない。この箇所全体の主張は明快だと思われる。また、使われている語彙は通常の意味がぴったりあてはまるようだ」と（注2）。

この教授は、エバが罪を犯した際に神が下したさばきを（創世3章）、私たちが表題とする箇所［第一テモテ2章11～15節］に関連させて、以下のように述べた。

神は女が、自分の違反行為の結果、苦しんで子を産むようになること、夫を恋い慕うようになること、しかし彼は彼女を支配する（彼女に対し権威を持つ）ようになることを、彼女に言い渡す（創世記3・16）。支配されることになる罰と、［苦しんで］子を産むことになる罰とが、第一テモテ2章11～15節で取り上げられる二点である。創世記によれば、女の、［神の恵みから］堕ちる行為が、いついかなる場合も永久に、彼女が支配されることになる主な理由である（注3）。

彼の推論はテルトゥリアヌス［紀元一五五頃～二二〇以降］によるものと非常によく似ている。テルトゥリアヌスは女性たちへこう書き送った。彼女たちはおのおのがエバから受け継いだものを償うために、エバの罪を依然として嘆き悲しんで回ることになるだろう。エバから引き継いだものとは、罪を最初に犯したという不面目と、人が破滅に陥ってしまったといういまいましい事実である。「あなたは自分もまたエバであることを知らないのか。神が［エバに］下した判決は今日なお、女性であるあなたに対し存続しており、したがって依然として有罪である。あなたはサタンへの入り口である。あなたは［禁断の］木の封印を解いた者である。あなたは神のおきてを最初に破った者である。あなたは、サタンが直接攻略するのを不本意とした彼［アダム］を、説き伏せた彼女［エバ］にほかならない」（注4）。アレクサンドリアのクレメンス［紀元一五〇頃～二一一／二一五頃］は、女性は自分がまさにエバと同じ性であることを恥じて赤面すべきだと断言した。これらの提言が前向きの心理効果をもたらすなどとはとても思えない！

第一テモテ2章13～14節の、エバへの言及を以上のように理解することは、聖書神学的に見ても、信仰への召しという観点からしても危険な解釈であるようだ。一人の人の咎の結果は三代、四代にまで及ぶが（出エジプト記20・5、申命記5・9）、神の恵みは千代にまで施される（出エジプト記20・6、申命記5・10、7・9）。女性がキリストを信じるに至ったとき彼女自身の罪は赦されるが、エバの罪への罰は科され続けると、女性に言い渡すことには、神学的に重大な矛盾がある。この箇所を、女性への無期限の糾弾と解釈することは、イエスの血によって贖われた者の半数［である女性］に、罪悪感と不名誉という過酷な重荷を背負わせることになる。イエスの血は、第一ヨハネ1章9節によれば、すべての罪からきよめるのである。さらに、旧約聖書も新約聖書も、人は誰でも、彼または彼女自身の罪の申し開きをしなくてはならないと断言する（伝道者12・14、ローマ14・10、Ⅱコリント5・10）。

「……そのような人は自分の父の咎のゆえに死ぬことはなく、必ず生きる。……あなたがたは『なぜ、その子は父の咎を負わなくてよいのか』と言う。その子は、公正と義を行い、わたしのすべての掟を守り行ったのだから、必ず生きる。罪を犯したたましいが死ぬのであり、子は父の咎について負い目がなく、父も子の咎について負い目がない。……」（エゼキエル18・17、19～20）

それに続くのが以下の約束である。

「しかし、悪しき者でも、自分が犯したすべての罪から立ち返り、わたしのすべての掟を守り、公正と義を行うなら、その人は必ず生きる。死ぬことはない。彼が行ったすべての背きは覚えられることがなく、彼が行った正しいことのゆえに、彼は生きる。」（18・21～22）

しばしば、第一テモテ2章12～14節は、エバの罪ゆえに女性が教えることを禁じていると言われる。もしそうであれば、なぜ男性も責任を問われないのか。女性がエバの娘であるのと同様、男性はエバの息子ではないのか。女性が最初の先祖の罪の罰を引き受けなければならないのなら、男性も祖先の罪の責任を問われるのではないか。そしてこの点が最も重要なのだが、今やキリスト・イエスにある者が罪に定められることはないという福音を（ローマ8・1）、どう受け止めたらよいのか。女性がいまだにエバの汚点を背負っているというのは本当か。多神教を信じた古代の著者たちでさえ、神の場合も人間の場合も、先代の罪の責任が次世代にありとするのは道理に外れると考えた。愛とあわれみと恵みに満ちた、私たちの神を、それすらの理をも持ち合わせないとみなしてよいだろうか！

聖書の教えは、神の赦しとあわれみが罪に堕ちた者を贖い出すという教えである。女性に贖いはないのだろうか。どちらかを選ぶとしたら、私たちは第一テモテ2章13～14節が、神は初めからずっとすべての人間を、愛をこめて対等に扱っているという事実と、矛盾しない可能性のほうに注目しよう。神のこうしたお取り扱いが、男性はもちろん女性にも当てはまることは確かである。福音は罪びとへの赦しと、罪と抑圧のとりこになっていた者たちへの解放を伝える、良き知らせである。

テモテへの第一の手紙の著者は冒頭で、自分が以前は神をけがす迫害者で、我慢ならぬほど横柄だったにもかかわらず、宣教者とされたということを明らかにしている（Ⅰテモテ1・12～13）。

しかし、信じていないときに知らないでしたことだったので、あわれみを受けました。私たちの主の恵みは、キリスト・イエスにある信仰と愛とともに満ちあふれました。「キリスト・イエスは罪人を救うために世に来られた」ということばは真実であり、そのまま受け入れるに値するものです。私はその罪人のかしらです。しかし、私はあわれみを受けました。それは、キリスト・イエスがこの上ない寛容をまず私に示し、私を、ご自分を信じて永遠のいのちを得ることになる人々の先例にするためでした。（Ⅰテモテ1・13～16、強調は本書著者による）

パウロが、信じていなかったとき知らないで行ったことを赦され、後に宣教者に任じられたのなら、女性たちが同様に赦され任じられることに対しては、なぜ異が唱えられるのだろうか。この書簡は、満ちあふれる赦しを受けることの何であるかを知り、贖い主の愛と、神の家族の一員に加えられる幸いとを、他の人にも体験させたいと望む著者によるものである。そのことを念頭に置こう。本書において私たちが示そうとするのは次のことである。第一テモテ2章11～15節［の内容］は、いかなる場合にも永久に適用される、束縛や処罰の提示ではなく、正しいあり方の提示であること、すなわち、女性はいかなる事を教えてはならないか、そしてそれはなぜかについての具体的な指示だということである。

実際的な問題

自分には、神が自分を宣教の奉仕に召されたという確信があると、話してくれる女性たちに会うことがしばしばある。しかしその多くは、他のクリスチャンたちから、それはとうてい神のみこころではありえないと言われて、召命の道からそらされてしまった。彼女たちは途方にくれてしまう。神に従うことを切望しているのに、正真正銘のクリスチャンによる固い妨害で道をふさがれているからだ。彼女たちと互角の賜物を持った男性が宣教に召されれば、このクリスチャンたちも喜んで彼を支えたことだろう。総じてこのような反対は、あまりにもしばしば、第一テモテ2章12節の従来の解釈をその根拠としている。

私たちは、神の聖霊を悲しませたり消したりしてはならないと教えられている（エペソ4・30、Ⅰテサロニケ5・19）。私たちの知人に、非常に有能で知的職業に従事する女性がいる。彼女はある晩教会で、専門知識を要する宣教の働き人が必要だという話を聞いて心動かされた。彼女はその集会が終わると講師のところへ行き、神が自分の心に強く働きかけたことを詳しく話した。講師は大きな超教派団体の役員であった。彼は彼女の夫について質問してきた。彼女が未婚だとわかると長い沈黙が続いた。そしてついにこう言った。「私たちの団体で、女性たちが従事する補助的部門で働くのはどうでしょうか。」彼女は涙にくれてその場を去りながら思った。「そんなことって、イエスのなさりようとは大違いだ。聖書には、イエスはくすぶる灯芯を消すこともないとあるではないか（イザヤ42・3、マタイ12・20参照）」。聖書の時代から今日に至るまで、なんとしばしば、神が立てるはずだった預言者たちや説教者たちが妨害され、退けられ、黙らされてきたことか！

信仰者が自己矛盾に陥る

従来の解釈は、信仰者を、信仰者自身がしている祈りの生活に矛盾させてしまう。イエスは、収穫の機が熟している畑へ神が働き手を送ってくださるように、祈ることを弟子たちに命じられた。一方では働き手の半数に働きを躊躇させるための最大の努力をしながら、それでもこの祈りを真剣にささげることなど、キリストに従う者はいかにしたらできるというのだろう。私たちはかつて、ある福音主義の指導者がこう断言するのを聴いた。「働き手はわずかだ。半数なのだから。」イエスの愛を世界中のあらゆるところへ伝えることに専心している者なら、その働きに志願して骨折ろうとする者をきっぱりはねつけることなど、決してしない。結婚している女性の場合、多少の賜物がありさえすれば、受け入れ可能とみなされることはしばしばある。だが独身の場合は、はるかに手厳しいはねつけに直面する。彼女たちに指導の賜物がある場合には特にそうである。女性たちはしばしば、指導の賜物なら教会以外のどこかで、または教会関連の奉仕の場で発揮するようにと言われてしまう。

新約聖書の教えによれば、教会員の存在自体が、その能力と賜物とともに神が教会に与えた賜物である（Ｉコリント12・4〜11、エペソ4・11〜13）。指導や奉仕の賜物にはいろいろあるが、どれも同じ聖霊からのものであり、どれも、その賜物が果たす機能に応じて用いられるべきものである（ローマ12・4〜8）。これらの賜物の中には、教える賜物や管理の賜物が含まれている。それらは性を理由に制限されることがいっさいない（使徒2・17〜18、Ｉコリント12・28）。教える賜物を賦与された人たちには、与えられた能力を神の栄光のために開発することが期待されている。一方、権威ある立場に置かれる人たちは、良心的であることに徹しなければならない（ローマ12・7〜8）。私たち一人ひとりは［教会というからだの］器官であり（ローマ12・5）、互いの賜物とその機能とを必要としていることは、否定できない（Ｉコリント12・21）。そのような仕組みが神によって確立されているのなら、神が定めたその秩序をあえて力ずくで覆すことなど考えられるだろうか？　神が与えた賜物を発揮することを禁じるなら、全器官で構成するからだ［である教会］のいのちを、無力でゆがんだものにしてしまうだけである。

明瞭なメッセージでなければならない

私たちは、外国へ遣わされている宣教師夫人たちから、私たちの働きのことを話すようにとの依頼を受けた。話し始めてすぐ、ひとりの女性がその場に釘付けになった様子であることに気づいた。熱心に耳を傾けている彼女は、幾重にも練り直した言い分を用意しているように思われた。

質疑応答の時間になるとすぐ、彼女は堰を切ったように話し始めた。「このことが私にとっていかに肝心なことであるか、あなたがたには想像できないことでしょう。昨年の夏、夫と私は宣教報告のため故国に戻り、私たちを支援している諸教会を訪問しました。いくつかの教会では、第一コリント14章34〜35節と第一テモテ2章12節を根拠に、私は語ることを許されませんでした。それとは反対に、私が講壇に上って働きを報告すべきだと断言する教会もありました。自分たちは私を支援しているのだからと。」

「宣教地に戻るまでに、私はすっかり困惑していました。私がキリストとそのみわざを語ることが故国で不適切なら、ここ宣教地でも不適切なはずです。私は宣教師としてここにいるべきなのかとさえ思いました。私はメリー・スレッサー、グラディス・アイルウォード、リリアン・ディクソンといった、偉大な宣教師たちの伝記を読み始めました。それを読んで、彼女たちがもし沈黙していたらどういうことになっていただろうと思いました。」

この女性は、当時の政府がキリスト教伝道に反対していた国で奉仕しており、その国では女性の地位がアメリカほど高くはなかったこともあって、彼女の苦しみはますますひどいものになっていた。宣教団の郵便物は郵政省によって開封されることがあったので、彼女はこの問題で助けを求める手紙を出すわけにいかなかった。しかも彼女の働きは聖書の刊行と頒布が主であった。彼女がしていることは、神のことば［である聖書］の基本的教えにかなってはいないのだろうか。

私たちの教会が発信するメッセージが、主の十字架を伝える宣教師を困惑させていたとはなんと悲しいことだろう。聖書は私たちに、明瞭なメッセージを伝えることを命じている。パウロはこのように問う。「笛や竪琴など、いのちのない楽器でも、変化のある音を出さなければ、何を吹いているのか、何を弾いているのか、どうして分かるでしょうか。また、ラッパがはっきりしない音を出したら、だれが戦いの準備をするでしょう」（Ⅰコリント14・7〜8）。彼は同じ章で、神は混乱の神ではないと断言している（Ⅰコリント14・33）。もし女性たちが罪、悪、不信仰、貧困、飢餓、また不正との戦いに準備ができていなかったとすれば、しばしばそれは不明瞭なメッセージを受け取ったゆえである。しかし、キリストが送った命令は明瞭である。女性たちは賜物であれ、才能であれ、専門知識であれ、知性であれ、素質であれ、自分の持つすべてを主の働きにささげるために召されている。見たところそれと矛盾するテキストが、［女性たちの召しを］妨げている事実に真っ向から取り組み、妥当な解決を見つけることは私たちの責務である。

実際的かつ神学的な問題

この箇所の難問のうちでもっとも分かりにくいのは、おそらく、15節に「女は……子を産むことによって救われます」とあることだ。ここでの問題は実際的であり、神学的でもある。実際的な問題とは、エバ［への罰］と出産の過程との間には関連性ありとされることがあることだ。自然分娩の先駆者であるディック・リードは、このような聖書箇所をゆがめて解釈することが、分娩中に女性たちが抱える不安や緊張、およびその結果である苦しみを大きくすると言う。女性たちが、自分たちはエバの罪の償いをしていると思うことがなければ、分娩はもっと楽なものであり、危険も少ないのである！

神学的な問題とは、信仰によってのみ救われると信じている者にとって、女が子を産むことによって救われるとはどのようにしてかを、明らかにするのが難しい点である。テモテが教えられているのは、聖書は彼に「知恵を与えて……救いを受けさせる」ことができるということである（Ⅱテモテ3・15）。女性たちには、神の救いのご計画を聖書から教えられることが必要なのではないだろうか。女性たちには、救いが、イエス・キリストによる贖いどころか、出産の一部始終の中にあるというのは、本当なのだろうか。問題をさらに難しくしているのは、子を一度も産むことなしに生涯を終える女性たちが少なくないことだ。彼女たちは救われないのだろうか。

子を産むとは、マリアがキリストを産んで世に来たらせたことを指すと言う学者もいる。エバの子孫が蛇の頭を打つという預言（創世記3・15）の成就を指すと言う学者もいる。どちらの説明も、正当と認められる点は十分あるにしても、完全に納得がいくものではない。それは特に、［原語のギリシア語には］「彼女たちが……なら、彼女は子を産むことによって救われます」とある点について言える。このテキスト［の「彼女たち」や「彼女」］は誰を指しているのか。「子を産む」とはどういうことを意味するのか。最初に読んだ人たちはこの節をどのように理解したのだろうか！

非常に保守的な立場に立つ、ある優れた新約学者が最近話してくれたことだが、使徒パウロであれ新約聖書著者の他の誰かであれ、その人物がこの15節を書いたということ自体、彼には想像もつかないことであった。だが私たちは、この節が正典に含まれていることを信じている。それならば、私たちがこの節の難題に、そしてこの節が現れる箇所の他節の難題に、本腰を入れて取り組むのは当然のことである。聖書に存在するこの箇所の全体を、どの部分も疑問の余地なくきちんと推し量って理解することは可能である。

［1］以下の欧語訳でそのところは訳出されている。KJV, RSV, NIV, NRSV, ESV, La Sainte Bible, Die Bibel

［2］以下の日本語訳および独語訳では、蛇の言い分の中にある二人称複数形が訳出されている。文語訳、口語訳、新改訳、フランシスコ会訳、岩波訳、Die Bibel

第1部

この箇所の背景に取り組む

第1章　信仰をもって聖書に取り組む

難題を抱えて聖書に取り組む際に、心備えが必要であることに例外はない。助力を得られるような人が思い当たらないときは、特にそうである。幸い私たちには、神のみこころや人生の目的を見出せないときに、方向を示してくれる原則がある。論争の的となっている問題を扱う際には、これらの原則から離れないようにすることが大事だ。

聖書のメッセージの根幹

聖書の研究に取り組むときまず必要なのは、聖書のメッセージが及ぶ範囲を熟考することである。聖書は、女性や他の誰彼への圧制を勧める書ではない。この書は、神の民に解放がもたらされたことの証書であることが、繰り返し立証されてきた。この書は、イスラエルの民が奴隷の身分から解放されたことを記録しており、圧迫する者の手から、イスラエルがいかにして再三再四解放されたかを述べている。それゆえ、恵まれない人たちへの思いやりある面倒見を熱心に主張する。そこからさらに話を進め、私たちが罪のさまざまな束縛から解放されたことを伝える。聖書が約束するのは、貧しき者への希望であり、苦しむ者への慰めであり、権利を剝奪された者への存在証明であり、正当な権利が損なわれた者への公正な扱いである。この書に明確に提示された目的があるとすれば、それは囚われ人を解放することである。

神のことばの最もすばらしい高揚を見せるのは詩篇119篇だが、そこには解放のメッセージに付随した内容が含まれている。詩篇の作者は、自分が受けている圧制のことを繰り返し語り、自分は聖書のことばによって救いを得るのだという確信を、はっきり述べている。神のことばにとどまる者は、神のことばに解放があることによって励まされる。

私の言い分を取り上げ　私を贖ってください。
あなたのみことばにしたがって　私を生かしてください。（詩篇119・154）
私の苦しみをご覧になり　私を助け出してください。
私はあなたのみおしえを忘れません。（153節）
私は公正と義を行います。私を虐げる者どもに 私を委ねないでください。（121節）
あなたのしもべの幸いの保証人となってください。
高ぶる者が私を虐げないようにしてください。（122節）
私を人の虐げから贖い出し　あなたの戒めを守るようにしてください。（134節）

詩篇119篇は長い箇所だが、学ぶことによって得られるものは多い。中でも22節、44～46節、49～51節、86節、92～95節、117節は特にそうである。この詩篇の作者は断言する。神の仰せはことごとくまことであり（151節）、義であり、真実であり（138節）、圧制の下にある者に解放をもたらす（39～42節）と。私たちの神は正義と愛の神ではないのだろうか。イエスは、ご自分が、圧制の下に置かれた者に自由を宣べ伝えるために来たと、言われたのではなかったか。

解放のメッセージと、聖書のことばへの熱き思いを語るメッセージとが二重になって語られており、それが私たちを、第一テモテ2章12節で窮地に立たせる。女性に関する矛盾が外見上存在するという事実と、聖書全体を真に神から私たちへのメッセージと信じる信仰との間で、板挟みになる。聖書を、信仰と生活の唯一決して誤ることのない、私たちの導き手と見る聖書観を捨て去るのか、すべての人が神の前で完全な同等性を持つことを否定するのか、そのどちらかしかないと見えることはしばしばある。

信仰と生活の導き手

ずいぶん前になるが、私たちが学生だった頃、キリスト者学生会（Inter Varsity Christian Fellowship）が、一か月に及ぶ信徒訓練講座を開いたことがある。その頃一般の教室ではキリスト教信仰に対する攻撃が、常日頃ざらにあったので、クリスチャン学生たちがそれに対処できるよう、備えをさせるのが目的だった。私たちを指導したのは、ウエストミンスター神学校のコーネリアス・ヴァン・ティル氏であった。彼は私たちに、聖書が真に神のことばであるなら、極度に精密な調査にも耐えられると教えた。聖書は、解剖し、試験管に入れて振り動かし、細かくすりつぶし、徹底的に分析することができるのだと。外見上矛盾する箇所を見つけたなら、これは、聖書を廃棄せよという勧誘ではなく、さらに厳密に調べよという勧誘にほかならないのだと。

難題を論じる際には、まさにそのような信仰をもって聖書に取り組む必要がある。それは教理の場合に限ったことではなく、キリスト教倫理においてもそうである。もし私たちが、信仰から出た論理的解釈法を明らかにすることができ、その方法を、神の秩序における、ジェンダーに関わる行動様式をよりいっそう理解するために、応用することができれば、それと同じ方法は、イエス・キリストの教会が今は完全に想像できていない状況においても十分に役に立つ。二十一世紀には、私たちがこれまで直面したものとは性質を異にする、神学的議論がもたらされることは確実である。だが、過ぎ去ることのない神のことばを通して、私たちをすべての真理に導き入れることのできる主は、同じ主である。

今の時代における、これら筋の通った疑問のひとつが、女性の聖書的な役割と地位に関するものである。ある人たちは、創世記3章16節および20節、また使徒パウロによる制限的主張を指し示したうえで、教会、家庭、社会での女性の働きを、念入りに制限された範囲のものにして提示する。他の人たちはガラテヤ人への手紙3章28節を取り上げる。そしてデボラ、ミリアム、フルダ、また、最初にキリストの指令を受け、復活された主の報せを男性たちにもたらした女性たちのことを、記した聖書箇所に解決を求める。問題は解明されるどころか、いまだに献身的取り組みを必要としている。本書が取り上げたいと望むのはそのような取り組みである。

私たちは単に、古代のテキストの収められたものについて論じているのではない。これは神のことばである。私たちの知性を照らす光、魂を清めるもの、精神のための栄養物として与えられている。私たちは、神が聖書において真に私たちに語られたということを信じる。もし聖書のことばがひどく差別的に見え、矛盾し、公平さを欠くと見えるなら、その場合、そこには当然問われるべき質問が存在している。論議されるべき代案がそこに潜んでいる。しかし、聖書はそれでも依然として神のことばであり、依然として、いのちのことばとして人が心に留めるべきものである。

そしてここからが信仰の出番である。私たちはこう信じる。聖書は逆説や、困惑をもたらす箇所や、難題は含むことはあっても、紛れもなく明白な矛盾を含むものではないと。神が私たちにメッセージを語ったら、それは信じて従ってよいものであり、まさにいのちを賭けて従っていってよいものである。そういうわけで、私たちは、この節の問題には解決があるという信仰に立って、旅路を進んで行かなくてはならない。たとえその解決が、時を移さず明らかになるものではないにしても。

ダビデはこう言った。「主よ　あなたは正しくあられます。あなたのさばきは真っ直ぐです。義をもって　あなたはさとしを与えられました。この上もない真実をもって」（詩篇119・137〜138）。私たちは、聖書が確かにそのようなメッセージであり、ただの支離滅裂な代物ではないと信じており、その信仰を捨て去るわけにいかない。私たちは、パウロをも彼の神学をも軽視はしない。それどころか、パウロはさらなる研究に値すると言わなくてはならない。

信仰をもって歩みを進める

では私たちは何をなすべきか。まずは祈りという武具を手に取り、私たちを困惑させている事どもを神の前に広げ示して、知恵を求めよう。誰でも求める者には約束されている知恵を。私たちは、聖霊が私たちに聖書を与えた方であり、私たちの聖書理解にとって第一級の教師であることを信じている。

信仰に立った論理的解釈には純粋な熱意も求められる。私たちは、読み進む内容によって自分が変えられることに対し、異存のない状態でいなければならない。本書の結論部分で論じることだが、第一テモテ2章9〜15節には、女性たちに権利を付与するメッセージがある。そのメッセージは疑問の余地のないものであり、生き方を変えさせるものである。「よく従う心をもって静かに」（Ⅰテモテ2・11）神のことばに取り組むことにしよう。「静かさとよく従う心」という言い方は古代近東で用いられたもので、神のみこころを聴いて従う用意のできていることを示す。神が私たちに求めるのは、留意すべきことと従うべきことを、受容する姿勢である。

そのことが意味するのは、私たちが、先入観をまったく持たずに聖書に取り組むことができるということではない。私たちは誰しも自分なりの偏見を抱えている。しかし、そのことについて正直であることが重要である。もっと良いのは、自分はいくつかの観点に立っているということを、自分に対しても他人に対しても認めることである。また、聖書を読む際に、自分がどんな前提に立っていたかを理解しておくことである。私たちはこう自問してみる必要がある。聖書のこの箇所に自分の確信を読み込んではいなかったか、他の観点に対して公平であったかと。そして自分の物の見方を、聖書のことばから差し込んでくる光に一致するよう、すぐにも改める用意ができていなければならない。

知性を尽くして神を愛する

聖書は教える。神は愛であり、その愛の結実は神からの賜物であったと。私たちが聖書を読む理由は、私たちが聖書の著者を愛しているからであり、より深く神を理解したいと切に望むからである。私たちは心を尽くして神を愛せよと教えられている。それでそのようにすると、今度は、一見手ごわく思える一節に取り組んでいるときでさえ、あの、信じがたいほどの、絶えることのない、神の愛が注がれているのを覚えることになるかもしれない。

さらに、聖書は命じる。知性を尽くして神を愛せよと。ここからが私たちの出番である。自分に与えられた専門知識を持ち出して、真剣にそれを用いなくてはならない。聖書箇所は聖書箇所どうし照らし合わせよという命令に、従わなければならない。徹底した根本主義者とも言うべき故Ｌ・Ｅ・マクスウェルは、プレイリー聖書学院の学院長であった。彼はこう断言した。聖書は、百を超える箇所が、指導的役割に女性が就くことを支持しており、半ダース未満の箇所は、それに反対のようだと。この問題に関連する箇所を、すべて注意深く調べてみる必要がある。預言者であり裁判官であり、大将であったデボラのことで、私たちは思い違いをしていることはないだろうか。イエスが復活の日の朝、女性たちに指示したのが何をすることだったかを、私たちは理解しているだろうか。ミカはなぜ、「わたしは……あなたの前にモーセと、アロンと、ミリアムを送った」と言っているのだろうか（ミカ６・４）。これらの問いと、第一コリント11章３～14節や14章34～35節、また第一テモテ２章11～15節でパウロが記した難解な語句との関係は、きちんと理解されなければならない。加えて、この新約両箇所に見られる釈義上のあらゆる問題が、解決を見なくてはならない。

そのための努力をあきらめてしまうことはいとも簡単である。いささか独断的な言い方をするなら、「女性の指導的役割に」肯定的な、より多くの箇所のほうが、かなり率直であるのに対し、見たところ否定的な見方をしている箇所のほうは、不明な点がいくつも見られることに困惑させられる（注１）。とはいえ、後者はそれでも神のことばであり、私たちへの神のメッセージであることに変わりはない。私たちには、難解な点が存在することを否定したり、無視したりすることはできない。私たちは信仰と、精魂傾けた探究とをもって探し求めるなら、難解な点は解明されるに至ると信じている。イエスは、「探しなさい。そうすれば見出します」と言われた〔マタイの福音書7章7節参照〕。私たちは、〔神の使いと〕格闘したヤコブのように、納得のいく結論に達するまでは「主よ、私たちはあなたを去らせません」という信仰にも立っている〔創世記32章26節参照〕。

聖書の霊感と解釈

神が私たちに、人間の言葉を使って語られた行為のことを言うのが「霊感（inspiration）」であり、私たちがその意味を理解していくプロセスが「解釈（interpretation）」である。両者の違いに注意深くなくてはならない。神のメッセージは農夫や漁師や羊飼いなど、ごく普通の人たちを通してももたらされた。なんと神は、その人たちがまさに人間として経験した営みを通して語られた。文学上の試みにも多くのタイプが含まれる。詩人たちがおり、幻〔として、神からの預言〕を記した人たちがいた。年代記作者たちによる貢献があり、編集者たちが役目を果たした。それらのすべてが聖霊なる神の導きのもとにあった。以上が神の側でなされたことである。

では私たち人間の側は何をするのか。芸術作品に向き合った際の、私たちの反応のことを考えさせられる。作品は芸術家によって生み出されたものだが、私たちは自分の前にある作品に対し、想像力や知識や独創性を働かせて向き合わなければならない。特に、シュールレアリスムの作品を見る場合には、私たちはまったく空想的な何かを思い浮かべることになる。画家が「台所の窓辺のゼラニウム」だの、「芸術家自身の肖像」だのと作品名を付して、実在の物だと伝えていることもある。その場合には、私たちの解釈はその知識を踏まえたものとなる。画家を駆り立てている願望や熱烈な関心、師事した人物、家庭環境、国籍、制作年代、着想に刺激や影響を与えた事物、同僚たちなどを知れば、さらに解釈に役立つ。

書物を読んだり、音楽を聴いたりする場合、私たちはそこから深い意味を汲み取ることに積極的でなければならない。そのプロセスに努力を注ぎ込めば注ぎ込むほど、私たちは作品自体も、著者や作曲家の意図も、より深く理解することになる。それが解釈である。そのようにしてなされる解釈は、解釈者特有の点を含んではいるものの、完全に主観的なものではない。聖書が求めるのはそういう解釈であり、そのプロセスはやりがいのあるものである。

解釈の仕方には、より道理にかなったものと、そうでないものとがあるようだ。巨大な体格をしたある男性は、第一テモテ2章12節の原語およびその背景について、キャシー［著者の自称］が懸命に論じるのを聴いていていてげんなりしてしまった。彼は、自分のけた外れに高い身長に物を言わせるようにして立ち上がると、こう言った。「私は神が、一方の性を持つ者にはより十分な筋肉を与えることで、誰が権力を持っているかを示していると思う。」これは望ましい解釈法には入らない。私たちは、テキスト理解のためにそれ以外の方法を提示する。

聖書を解釈する

本書は基本的に、第一テモテ2章9～15節の解釈に関するものである。大方の人はそれが難解な箇所であり、注意深い解釈を必要とすることを即座に理解する。そこまでは予測通りだが、すべての人が同じ解釈に至るわけではない。同じことは、他の多くの聖書箇所についても言える。聖書を信じる真面目な人が、ある聖書箇所では他の人たちと異なる解釈をし、その解釈を軸に全教会をまとめあげていくこともある。それは、私たちの誰もが知っていることだ。

クリスチャンの中には、第一テモテ2章9～15節の正しい解釈は従来の解釈であると、主張する人たちがいる。この人たちは解釈など不必要だと思っている。だがじつは聖書のどの箇所をとっても、私たちは一人の例外もなく何らかの解釈を施している。たとえば詩篇23篇を、神が私たちを文字通りパレスチナの荒野を導き通らせたり、羊に打ってつけの植物で養ったりすることを意味すると理解する人はほとんどいない。神が愛を込めて、私たちに必要なものを供給することの美しい比喩として、この詩篇を解釈するのが普通である。もし聖書のこの箇所を文字通りに解釈しなければならないとしたら、神とその民の関係をひどく奇妙なものとして捉えることになる。私たちはそんなことをする代わりに、古代近東の牧羊に関する資料を集めうる限り用意し、入念に調べる。当時のやり方は、箱型の水入れ、有刺鉄線の囲い、小型トラックなどを用いるものとはまったく異なる。つまり、現代アメリカの羊飼育法とは異なる。ダビデは若い頃に羊の世話をしていたが、それは三千年ほど前のことだ。彼は自分の牧畜経験に想を得た詩を詠んだ。聖書の教師なら誰でも知っていることだが、ヘブル人羊飼いのやり方を調べてみるなら、ダビデの描き出す光景をしっかり理解することができる。その光景を念頭に置いたうえで、それを、自分の実生活に霊的に当てはめてみることができる。神は私たちを、文字通り羊として導くのではない。けれども、神による面倒見は、古代の羊飼いによるものと同じくらい、思いやりのこもる申し分のないものである。私たちは羊たちがするように、天におられる私たちの羊飼いの導きに従わなくてはならない。この詩篇はいくつもの節を用いた隠喩になっている。したがって、隠喩であると受けとめたうえで、背景にある事柄を多少とも理解するなら、その意味するところを把握できる。

それと同様に、ローマやユダヤにおける行政や司法の機構を、ある程度は理解していなかったら、イエスの逮捕や裁判や十字架刑はほとんど理解することができないだろう。私たちは以下のことを把握しておかなければならない。神殿とローマ兵が果たしていた役割、サンヘドリン［ユダヤ人の最高法院］とは何か、イエスが処刑される前になぜ三回の裁判が必要だったか、ポンテオ・ピラトの公式の地位は何であったか、ヘロデはローマ帝国政府とどんな関係にあったか、十字架刑はどのように執行されたか、ユダヤ人の正式な埋葬法はどのようなものだったか。私たちはキリストの死について語る際に、これらの説明が含まれるように配慮し、福音書に出てくる記述を聴き手が理解できるようにしている。聖書に書かれている事を明確にするには、その背景についての知識が必要である。そうでなければその箇所は重大な誤解にさらされる。

背景に関するそのような考察は、パウロが女性について記している箇所に取り組む際にも欠かせない。私たちはまずパウロを、ガマリエル門下の、ラビに伝わる教説では特別な教育を受けた人物として認識する必要がある。したがって彼は、ユダヤ人女性が公的集会で被り物を外したら、どういうことになるかに完全に精通していた。しかもパウロは、ギリシア―ローマ世界にすっかり順応したローマ市民でもあった。使徒の中では彼だけが、ユダヤ化していない非ユダヤ人を相手にしても気を張らずにいられたと思われる。

非ユダヤ人への宣教師である、このパウロが行う論理的説明を理解するには、異教徒の女性たちの礼拝の習わしを理解する必要がある。なぜならそれは、男性の場合とはかなり異なるからである。さらに、パウロがタルソの生まれであり、自分の出身地小アジアでの福音宣教に、心を燃やし続けていたことにも目を留めなければならない。彼はアナトリア奥地への宣教旅行を繰り返した結果、特に女性たちによってそこで行われていた宗教上のしきたりについての、深い知識を持ち合わせるに至っている。私たちは、小アジア西海岸のエペソ周辺で激しく入り乱れていた、宗教の動向を注意深く調べなくてはならない。小アジアは第一テモテ2章9～15節のあて先である。

釈義の原則

歴史的文化的背景は重要である。だがそれと同じく、考察すべき事は他にも多くある。研究を始めるにあたっては、伝えられてきたテキストを念入りに調べなければならない。そのテキストは信頼できるものだろうか。第一コリント14章34〜35節を例に取れば、早期のテキストではこの箇所が、互いに関連のない二つのところに現れるものがある。その事実は、その箇所がもともと欄外注であったのにテキストに入り込んだのではないかという問題を提起する。しかし、この命令は、どの翻訳版でも第一コリント14章に現れており、書簡の紛れもない一部のように思われる。

次に、「テキストは何を言っているか」が問われなければならない。ここでは聖書言語の知識が欠かせない。私たちはあまりにもしばしば、聖書の原語を駆使することを一握りのエリートたちに任せきりにしている。そうではなく、ギリシア語やヘブル語や他の関連言語を、もっと大勢がさらに深く知らなければならない。世代が改まるたびにその世代に生じる、それまでにはなかった状況に取り組むために、テキストへ戻っていく必要がある。新しく生じた問題を、年月を経た聖書に持ち掛けなくてはならない。

それが本当に重要な問題であれば、翻訳者たちに任せておくのではなく、基礎となるテキストに立ち返って考えなければならない。翻訳者の中には根拠のない付加をテキストに挿入する者がいるので、それに惑わされぬよう用心もしていなければならない。たいていの古い翻訳版は、付加された語を、挿入だと気づけるよう少なくとも斜字体にはしてある。だが最近の訳やパラフレーズ訳では、その箇所が実際テキストに出てくるか否かを［英語訳の］読者に識別しやすくするための、斜字体を用いていないことがしばしばある。広く用いられている、あるパラフレーズ訳では、第一テモテ2章14～15節に語句が付加されて、以下のようになっている。「悪魔にだまされたのはアダムではなく、エバでした。そして罪はその結果でした。そこで神は女性に、子が産まれる時の痛みと苦しみをお与えになりました。しかし、もし女性が神を信じ、控え目な態度で愛にあふれた生き方をするなら、神は彼女たちのたましいをお救いになります」〔英語版リビングバイブルより直訳〕。このような訳は、子を産む時の痛みを、エバの罪ゆえに女性に下された罰だとする観念を、聖書テキストに挿入する。こうした考え違いは、これから分娩を経験しようとする女性たちの不安をつのらせ、それによって陣痛を増大させてしまう。この箇所をギリシア語テキストに忠実に訳すなら、このような考え違いが正当化されないことは明らかである。ギリシア語テキストはこうである。「そして、アダムはだまされませんでしたが、女はだまされて過ちを犯したのです。女は、慎みをもって、信仰と愛と聖さにとどまるなら、子を産むことによって救われます。」テキストに忠実な訳によってさえ難問は解明しないまま残るとしても、不明な点に取り組むのであれば、もともとのテキストについての正確な知識は必須である（2章15節の解釈については16章を参照）。

語の意味を考察する

次に、語の意味を調べなければならない。この箇所に出てくる語に、二つ以上の意味で使われるものはあるだろうか。定まった意味が他にもある語の場合に、そちらの意味を当てはめればこの箇所はどのような意味になるのか。

それを考えるのに最も適切な例は第一テモテ2章12節である。この節には新約聖書の、他のどの箇所にも使われていない動詞が現れる。そこで苛立たしい問題が生じる。ある語が一度しか現れない場合、浅はかにも辞書編纂者はしばしば翻訳者に追随し、新約聖書のギリシア語でその語はこれこれしかじかの意味だと断言するからである。問題の動詞アウセンテインは、新約聖書辞典では、支配力を奪うこと、または支配することを意味すると説明されている。だがギリシアの著述家たちはこの語を別の意味、すなわち何者かを殺す、何事かを始める／何事かの始まりに責任を持つ立場にいる、財産の所有権を主張する、何事かの創始者であると主張する、などの意味に用いた。この一つの動詞を別の意味に訳すことは、節全体の意味を変えることになる。この箇所のテキストは女性たちに多くの難問を突きつけるが、ここはいろいろに訳すことができる。私たちはどのような訳が可能かを検討する。

静かにするというギリシア語には、特に新約聖書で、また概してギリシアの宗教で、少なくとも五つのそれぞれに異なる意味がある。女性に関係すると見られる箇所で、この語はどれを指すと考えればよいであろう。

文法と文脈について考察する

その次は、文法についての考察である。思いもよらない構造になっていて、別の解釈になる箇所はあるだろうか。第一テモテ2章12節ではことによると、二重否定を伴う間接話法が用いられている。だとすると力点はどちらかといえば、女性が教えたり管理したりする働きにではなく、女性たちが教えることを禁じられた教えの内容に置かれる。私たちが私訳とその文法的根拠を、古典文学者である友人に説明していたとき、彼女は突然感嘆の声を上げた。「ああ、わかった。これは間接話法の不定詞で、女性の教えてはならないことが何であるかを伝えている可能性があるわ。だとすると、聖書はエバがやったことの責任を、女性たちには負わせていないということ？」私たちがうなずいて同意を表明すると、彼女はこう口を滑らせた。「私は教会が、この箇所のゆえにすべての女性を有罪にしたやり方に我慢がならなかった。あなたたちの言うことが本当なら、私、クリスチャンになりたいわ！」

力を尽くして神を愛する

神を愛することは精神的な努力を要することだが、体力を含む持てる力すべてを使って神を愛することも忘れないようにしよう。私たちになしうる最も本格的な研究に労を惜しまないことは、私たちの責務である。それは、私たちとは意見を異にする者を含む、他の学者たちの釈義にすべて通じていることを意味する。残念なことに、福音的立場の学者たちが、福音的でない人たちから一目置かれるほどの優秀さを持ち合わせてきたとは限らない。私たちは息の長いきつい仕事に召されていることをよしとしよう。難問は解明されると信じているのなら、それを見出すことに専念しよう。私たちは解答をすべて持っているとは言い切れないが、解答は求め続けるなら見出せるという信仰を告白することはできる。

知力を尽くして神を愛することには、時間と気力と頑張りが求められる。言語の研究や釈義は仕事の量が非常に多いうえ、手っ取り早い方法というものがない。この仕事はまた、女性たちによる豊穣祭儀や異教の儀式に関する証拠、そしてみだらな文学作品といった、吐き気を催す資料に精通することをも意味する。なお悪いことに、その作業はしばしば退屈で冗長である。幸いにも神は私たちの力であり、私たちが自分ではできないことを私たちのためにしてくださる。

力を尽くして神を愛するのであれば、私たちは神のことばや神の民の尊厳を冒瀆する解釈に対し、反駁を加える勇気を持たなくてはならない。女性に暴力を振るうことを、聖句を引用して正当化する人たちに対して、堂々と反対意見を述べなければならない。私たちは聖書が、人を殴る者が指導の任に当たることを禁じているということを、はっきりと知っていなければならない（Ⅰテモテ３・３、テトス１・７）。一例を挙げれば、南部の州で児童保護の仕事に就いていたある人が、近親相姦の事例を扱っていた。彼女がある子どもに安全な環境を整えようとしていたとき、複数の家族が牧師を呼び、牧師に彼女をいさめさせた。そういうことは何回かあった。第一テモテ２章12節が彼女に、子どもの父親、牧師、長老、執事にいかなる指示を与えることも禁止しているのだと、彼女が聞かされたのは一度だけではなかった。リベラル派からであれ保守派からであれ、弱い者たちが不当な扱いを受けるとき、私たちは聖書的原則に立って、その誤った行為に対し反駁しなければならない。

神のことばには一変させる力がある

十の戒めの後半は私たちに、自分の隣人を自分自身のように愛することを命じる。私たちは、すべての人が神によって神のかたちとして造られたこと、そしてイエス・キリストがすべての人を贖うために来られたことを、聖書から確信したゆえに人を愛する。それが次のことを意味するのは確かである。すべての人を、敬意をもって遇すること、そして、彼女／彼の潜在能力が最大限発揮される状態を、彼女／彼のために追い求めることである。性、年齢、社会的背景、人種的背景の違いは、すべてガラテヤ人への手紙3章28節によって捨て去られる。十の戒めは私たちを次の両方の事に召している。他のクリスチャンの持つ識見を顧慮すること、けれども貧困者へ私たちならではのメッセージを伝えることである。聖書は私たちを、いつであれ、どこであれ、はっきりとキリストの愛を示すことに召している。

聖書は私たちに命じるだけに留まらない。聖書は私たちを一変させる。神のことばは生きていて力があり、私たちを新しくすることができる。そのことを私たちは信じている。他の人が神のことばの光を注がれて照らし出されるとき、それを見る私たちの、その人を受け止める仕方が変わる。私自身の暮らしで経験したことを例にとろう。私キャシーが物心ついたころのこと、古びたピアノが一台、ロフトの暗がりに横たわったままであった。ロフトは高祖父が一七九九年に建てた家に継ぎ合わさった、納屋の上部にあった。子どもであった私と姉は、よく鍵盤の後ろに割り込んでいっては、叩くときに出るキンキンという音色に驚嘆したものだ。私は一度母に、そのピアノがなぜロフトに追いやられているのかを尋ねたが、母は、「家の中でまったく役目を果たさなかったの」と答えた。

何年かするうちに私は、あの古い楽器をちゃんと保存しようとしなくてよいのかと思うことがあった。だが、両親が思いついたあの扱いにまさるものを思いつくことなど、とうていありえないと思われた。家計を圧迫するのは確かだし、他の家具のそれまでの配置を損なうことにもなる。その頃夫ディックが、退職してケープ・コッドへ移転永住する事態となり、彼は、ロフトを倉庫として使うことを決断した。そこにある古びた不用品はごみ捨て場へ追い払われる時が来た。だが、誰かの子ども時代に愛用されたあの品を、せめて古いピアノに詳しい人に鑑定してもらうのが上品なやり方だと思われた。保存管理の専門家に、がたが来た梯子でなんとか上ってもらった。すると彼は、持っていた懐中電灯の光をぱっと、鍵盤上に記されている文言に向けた。光線を受けてはっきりしたのは、このピアノが一八二一年にロンドンで、ジョン・ブロードウッド社によって製造されたことだった。現代ピアノの開発で名をなした会社である。歴史的に意義のある品であることに疑問の余地はなかった。

すぐにピアノはネズミの巣や汚れを取り払われ、ロフトから下ろされて日の光の下に置かれた。すると、金文字の入った見事な工芸品であることがはっきりと見て取れた。私たちはもう二度と、この年代物のピアノを三流家具扱いしたりすることはできない。とはいえ楽器としては元の老いぼれたままである。管理の専門家は、修復は彼の手に負えないばかりか、彼の老練の師匠も引き受けることはないだろうと断言した。そこで私たちは、何らかの覚悟が求められていることに不承不承気づかされた。もちろん、あのピアノを博物館に寄贈したり譲渡したりすることもできた。だがボストン美術館では、同じように修理を待つ楽器をすでに多数抱えていることが伝えられた。私たちの旧友を美術館の地下室に引き渡してしまうことなど、どうしてできるだろう。もしこのピアノを本当に自分たちで使うつもりなら、修復には専門家による多大の力添え、調査、手数、費用、そして重労働が必要になる。私たちはいつの日か再びこのピアノで、本来意図された音楽が奏でられることを望んでいる。

保存管理の専門家が光を当てたり、汚れを落としたりした仕事は、神のことばが私たちに、これまでとは違った見方で人を見ることや、これまではしたことのない問いを発することを教えるのに似ている。恵まれない人や貧しい人、ホームレスや心身に苦しみを抱えた人、父なき人や新参の不案内者を、ひとたび、その人たちの真の価値という光の下で見るや、私たちはもうそれまでしていたような、他の人への無頓着なあり方を続けることはできない。その価値は神のことばによって明らかにされたものである。もはや、ただの上から目線の振る舞いで事足りるわけではない。私たちが、信仰に立つ聖書釈義から求められるのは、聖霊の力によって一変された行動である。

神の民に、それ以下のものはふさわしいだろうか。私たちは女性たちを束縛から解放し、キリストへの奉仕を彼女たちができるようにするために、どれほどの勤勉さで働く用意ができているだろうか。きつい仕事を覚悟して行う心構えがあるだろうか。

「私はあなたのしもべです。私に悟らせてください。そうすれば　私はあなたのさとしを知るでしょう。……私を人の虐げから贖い出し　あなたの戒めを守るようにしてください。」（詩篇119・125、134）

第2章　牧会書簡　誰が何のためにに書いたのか

ある父親が息子への手紙に、「君を誇りに思う」と書いた。もし息子が、最優等で卒業すると言ってきたのなら、父親がどういう意味で言ったのかは容易に理解できる。だが父親が、その子は自ら掘った墓穴で度重なる窮地に陥ったのだと、学生部長から伝えられたのなら、この言葉はまったく違う意味になる。ことによると、この言葉は辛らつな皮肉として書かれたのかもしれない。あるいは、父親は自分の大学時代を思い出して、笑いを禁じえなかったのかもしれない。父親の言葉の真の意味にたどり着くには、手紙の他の箇所も読む必要がある。同様に、聖書の中のある一節の意味は、その背景を知ることによって、最も申し分なく明らかになる。

こんなにも多くの苦悩や葛藤や苦々しさの原因になっている箇所を、本腰を入れて詳しく検討しようとするのであれば、その仕事を容易なものだと思ってはならない。この仕事には、テキストとその背景の徹底的吟味が欠かせない。直接の背景となっている状況だけでなく、より広く、書簡全体の背景にある状況について、できる限り理解する必要がある。私たちは、思考の型が私たちのものとはまったく異なる世界に足を踏み入れる。その世界が持つ宗教的前提は私たちに衝撃を与える。その社会的、文化的機構はじつに異質に思われる。パウロから女性たちへのメッセージを理解しようとする際に、立ちはだかる問題の重要な部分を占めるのは、まさにその異質性である。

いつ執筆されたか

私たちが研究の対象とするのは、しばしば一体とみなされる三書簡のうちの一つ、テモテへの手紙第一にある一節である。テモテへの手紙第二は、第一と同じ問題や懸念を述べており、同じ言葉を使い、共通の視点に立つ。その点ではテトスへの手紙も同じである。テトス書はより早い時期に書かれたとしばしば考えられており、第一テモテでもっと詳しく記されるのと同じ内容のうちの、多くの部分をより簡潔にまとめたものである。テトス書は書名と同じ名前の、クレテにおけるパウロの同労者に宛てられている。テモテへの手紙のほうはどちらも、信仰によるパウロの息子として描かれる、エペソの人物宛てである。

教会への執拗な攻撃

私たちが論じる文書群は牧会書簡群として知られているが、私たちはこれらの書簡が、執拗な

［霊的］攻撃を受けつつある教会へ向けられていたことを、しだいに認識するようになった。これらの教会は、違った教えだの真理への反抗だので、教会を危険にさらす者たちを、教職者内部に抱えるという危うさの中にあった。これらの書簡内容の二〇パーセント以上は、違った教えを説く教師たちや、彼らの間違った教理を扱っている。また、その他の部分では、そのような状況の改善と、異端への対抗策の提示に多くの量を当てている。A・T・ハンソンは、牧会書簡群の著者の第一の目的が、「当時の教会指導者たちへ、指導者たちが直面している違った教えに（おそらくは初期のグノーシス主義）、いかに対処するかを示し教えること」にあったと見ている（注1）。ヘルムート・ケスターは、「異端との彼らの戦いにおいて、牧会書簡群は教会指導者のための手引書、入門書となることが意図されていた」と述べている（注2）。

私たちはしばしば新約聖書の教会を美化しているので、かくも愕然とさせる筆致で、異端と、それとの激しい敵対が記されるのを受け入れることに努力を要する。だが実際は、新約聖書のほどの書も、偽預言者や違った教えを説く教師について警告している。新約の教会は数々の誤った教理や不品行に悩まされていた。教会員の中にはあきれるほどの振る舞いに及ぶ者がおり、教会内に見られる口論は今日のものに勝るとも劣らないものであった。良い便りと言えるのは、ご自身の民と教会を、そんなにも多くの困難から抜け出させた神には、今日のあなたがたの教会や私たちの教会を導き、支え、救い出すこともできることである。

反対論および反対者たちの存在に触れている箇所は、以下が主なものである。第一テモテ1章

3～11節、同19～20節、4章1～10節、6章3～5節、同20～21節、第二テモテ1章1～15節、2章14～18節、同23節、3章1～9節、同13節、4章3～4節、テトス1章10～16節、3章9～11節。しばしばあることだが、敬虔なクリスチャンは自分の愛唱聖句の一つが、じつは違った教えに関する箇所の一つに出てくるのを知って驚くものである。

「これらのことを人々に思い起こさせなさい。そして、何の益にもならず、聞いている人々を滅ぼすことになる、ことばについての論争などをしないように、神の御前で厳かに命じなさい。あなたは務めにふさわしいと認められる人として、すなわち、真理のみことばをまっすぐに説き明かす、恥じることのない働き人として、自分を神に献げるように最善を尽くしなさい。俗悪な無駄話を避けなさい。人々はそれによってますます不敬虔になり、その人たちの話は悪性の腫れもののように広がります。彼らの中に、ヒメナイとピレトがいます。彼らは真理から外れてしまい、復活はすでに起こったと言って、ある人たちの信仰をくつがえしています。」（Ⅱテモテ2・14～18、強調は本書著者による）

　神のしもべはそのような不健全な教えに対抗し、「みことばをまっすぐに説き明かさなくては」ならなかった（Ⅱテモテ2・15）。そして「教えと戒めと矯正と義の訓練のために」みことばを用いなければならなかった（Ⅱテモテ3・16）。

　私たちは第一テモテを、私たちの教会とそれほど異なるところのない教会の、教会政治の手引きという前提で考えるのが普通である。だが実際は思いもよらぬ別ものであると知って驚く。この手紙は、自分たちの間に存在する異端に脅かされ、信仰とその実践に関する激しい議論の充満した、混乱の中の教会に宛てられている。この教会は、実際的で霊的な指針をのどから手が出るほどに必要としていた。

著者はすでにこの教会を去っていたが、テモテをそこに残していた。そして彼に、「ある人たちが違った教えを説いたり、果てしない作り話と系図に心を寄せたりしないように命じる」よう指示してあった（Iテモテ1・3〜4）。最初、この手紙は当面の難局にいかに立ち向かうかのガイドブックであった。聖霊の働きによることだが、この手紙の教えは、その多くが今日なお当を得たものであり、クリスチャンたちが信者として日々を生き、礼拝をささげ、奉仕し、教会における問題を解決する指針となっている。

著者は誰か

著者は自らを使徒パウロと名乗っている（Iテモテ1・1）。だがこれらの書簡の著者および執筆年代については、激しい議論が交わされている。パウロ書簡の多くが共同執筆で記されたことから、パウロまたは彼の筆記者による作と見る学者もいる。ジェローム・クインやウォルター・リーフェルトらは、ルカを著者であると見る（注3）。「ルカだけが私とともにいます」（IIテモテ4・11）とあるので、その可能性は高いと思われる説である（注4）。ほかに、より広範囲を念頭に置き、二世紀初頭の誰かによる作と見る立場もある（注５）。

学者たちは、二世紀の皇帝崇拝で用いられた語が、牧会書簡群で使われていることに注目してきた。しかし皇帝崇拝は、西小アジアでは非常に早くから盛んに行われていた。また、神格化された皇帝アウグストゥスの「業績（Res Gestae）」（紀元一四）の、唯一現存の控え［複数］はすべてこの地域で見出された（注６）。ドミティアヌス帝（紀元八一～九六）は一世紀に、自分のための神殿をエペソに建てた。牧会書簡群には、一世紀のものよりも洗練された教会政治の、影響が見られるという反論を受けることもある。それに対しては、教会で、ある種の役職に就くため欠かせない適性については、かなり具体的に記されているのに対し、職務内容のほうは同じような明確さでは説明されてはいないことを、指摘することができる。もしかすると、職務記述書が発達したのはより後代のことである。そもそも、それほど早い時期の教会に役職があったかどうかを疑う学者もいた。とはいえ、新しく生まれた団体が、役員を選出し就任させるまでに長くはかからないものだ。またユダヤ人の会堂では、会堂附属長老の選任制度が、一世紀にはすでに申し分なく確立していた（注７）。

牧会書簡群が現存の形にまとめられたのは、遅くとも二世紀下四半期である。その頃のエイレナイオス、タティアノス、アンテオケのテオフィロスの著作では、さりげなく言及されている。テルトゥリアヌスもこれらの書簡に精通していた。したがって、二世紀にかくも広範囲の読者を有するに至るほど、十分早い時期に書かれたと考えるべきである（注８）。

私たちは、執筆年代は紀元一世紀であり、著者を小アジアの文化的、宗教的特徴に申し分なく精通した人物だと受けとめたい。キリキヤ州タルソ出身の、ある人物がそれにちょうど当てはまる。とはいえ、著述に少なくとももう一人の手が加わった点について、議論の余地がある。ことによると、書簡はパウロが示したとおりに書かれたにしても、彼の死後、テモテへの遺言書、また遺言状（パラセーケー）として、完全なものに作り上げられたのかもしれない（Ⅰテモテ6・20、Ⅱテモテ1・12、14）。

著者はパウロが持つ権威をもって筆を進め、混乱と言い争いのただ中で困惑していた教会に向けて、信頼に足る教理の拠り所を二つ提示する。新約聖書はまだ体系的にまとめられていなかったので、教義の基礎を確認するよう読者を指導する必要があった。著者はまず、違った教えという病気の薬として（Ⅰテモテ1・10、6・3、Ⅱテモテ4・3、テトス1・9、2・1）、ヘブル語聖書を提示する。著者が信仰の基礎として提示する第二は、彼自身が示した教えと模範である。

彼の教えがヘブル語聖書に基づいていることは確かである。しかし著者は福音を、今現れつつある教会にふさわしいやり方で提示することに取り掛かっている。論議を引き起こすだけの「果てしない作り話と系図」とはまったく異なる、「信仰による神の救いのご計画（オイコノミア セウー）」を、提示する（Ⅰテモテ1・4、欄外別訳参照）。彼はそれをキリストの使節として行う。オイコノミアとは「神の計画／手はず」の意であり、この語は他の書簡で、パウロの使徒としての召命が論じられるときに数回用いられている（エペソ3・2、8〜9、コロサイ1・25）。

著者は、著者自身がこの教会と交流を持ってきたこと、そしてこの教会の信仰の基礎を築いた人物であることを、聴き手が理解することを期待する。教会の役員に任じられた、「信仰によるわが子」へ内密に書いてはいるが、他の者たちがパウロの懸念に心を留めることを期待しているようである。

私たちには、手紙で述べられる緊急の状況自体が、著述にパウロが関わったとする主張を支持しているように思われる。激しい論議のますます飛び交う中、若き指導者が、その件で自分の受けるいかなる助言も、その出所を申し分なく知っていると確認することは絶対に欠かせなかった。牧会書簡群は特別に重大なある局面を述べているが、著者は自分がそれに精通していることを明らかにしている。

テトスへの手紙にも共通する特徴が見られるとはいえ、テモテへの二通の書状はエペソの状況特有の、詳細にわたる部分をいくつか含んでいる。ヒメナイとアレクサンドロは信仰を頓挫させ、著者から関係を絶たれていた（Ⅰテモテ１・19〜20）。著者をひどく苦しめ、彼が語ることに激しくさからった銅細工人アレクサンドロについては、テモテは特に警戒するようにと言われている（Ⅱテモテ４・14〜15）。ヒメナイとピレトは、復活がすでに起こったと言って、他の人々の信仰をくつがえした（Ⅱテモテ２・17）。言い換えれば、著者は自分に反対する者たちの少なくとも何人かとは、具体的な交流を直接した経験があると言う。もしこれら詳細の記述が、書状を受け取る本人の知る実際の状況とつじつまが合わなければ、書状は真正性を疑われ、保持されることはありえなかった。

他にも多くのことが書かれているが、どれも正真正銘の事実のようだ。テモテがユニケとロイスの薫陶を受けたと述べていること（Ⅱテモテ21・5）、個人に向けられた挨拶や指示（Ⅱテモテ4・9〜22、テトス3・12〜15）、残してあった上着や羊皮紙の書物を持ってくるように頼んでさえいること（Ⅱテモテ4・13）。こういった内容は議論自体からは程遠いものであり、書簡の最初や最後の部分に現れる。そういう場所は、別の手紙から移し加えられたり、パウロ書簡を装おうとする何者かによって捏造されたりしやすい。しかし反対者たちの名前や特徴は、違った教えへの反論では基本事項なので、でっちあげられたり挿入されたりすることはありそうにない。

とはいえ、私たちが行う議論は、執筆年代や著者問題の学説にではなく、どちらかといえば、テモテへの手紙第一の重要なテーマに関連する釈義につながる。そのテーマとは、新しく生まれた教会が、違った教えや、混乱した神学によって正当化された不品行に、はまり込んだ教会員をどう扱うかということである。要するに、議題となるのは著者問題ではなく、著者のメッセージおよびその意図である。以後、牧会書簡群の著者を呼ぶ際には、便宜上パウロという名が用いられる。

第3章　書簡の送付先　エペソ市

第一テモテの著者は、この書簡がエペソの教会の指導者へ送られることを明らかにしている（Iテモテ1・3）。とはいえ、この手紙が事実エペソに宛てられたとの見解に対しては、確かに学者たちの意見は一致していない。だが著者のねらいは、読者が彼のメッセージをエペソ特有の事情の枠内で理解することにある。天下に名だたるこの都市の名を意図的に挙げることは、言外に暗示された意味があった。つまりこの論文を、この都市の社会的、文化的、宗教的伝統という背景のもとで扱うようにとの、文学的な表現を用いた、読者である私たちへの要請である。

エペソは、都市としてローマ帝国で四番目に大きく、今日のトルコに当たる古代小アジアの、西岸に位置した（次頁地図1を参照）。そこはキリスト教を持ち込もうとするのが容易でないところであった。古い時代には女神の神殿があり、伝承によれば、最初の神像はアマゾン族によって持ち込まれたとされる。アマゾンは黒海に位置するタウリアン島出身の勇猛な女人族であった。その神像は初め樫製の船に安置されたが、後に神聖な場所へ移され、その場所を取り巻くように集落が形成されていった。原住民はリュディア人、フリュギア人、リュキア人、ミュシア人であったが、紀元前一〇〇〇年頃、エーゲ海をはさんだ対岸からイオニア系ギリシア人が侵攻し、以後この地域に植民した（地図1）。

小アジア西岸一帯はイオニアとして知られていた。その地で他をしのいだのがギリシア文明だったからである（地図2を参照）。ホメロスの叙事詩や、ソクラテス以前の哲学者たちの著作の多くは、ギリシア本土ではなくどちらかといえばイオニアで書かれた。一世紀のエペソは、依然としてこのギリシアの遺産口座から哲学への愛を引き出していた。

「だれがエペソの安全を破壊などするだろう。エペソは、今もそうだが元をたどれば、生粋のアッティカ（すなわちギリシア＝著者注）出の子孫である。それがイオニアとリュディアのすべての市をしのぐ大きさになり、定住の地をはるかに越えて海にまで張り出している。知識人であふれてお

地図１　地中海沿岸

り、哲学者も修辞学者もいる都市である。この都市はその力を、騎馬の人たちからではなく、どちらかといえば、一万にも上るそのような市民から引き出し、その見識で定評を得ている。あなたがたは、どの賢者がこのような都市の利を見捨てると思うのか。」（注１）

このような自慢話では、知識人気取りや、哲学的議論への熱中ぶりがその本性を現しており、牧会書簡群でそれらは論破される。

とはいえ、ここには他の要素が存在したことも忘れてはならない。エペソはアジアへの玄関口として知られていた。この都市が、ギリシア的要素をアジアへ受け入れたことが事実であるように、東洋的な文化と伝統が西洋へ通じていく入り口だったことも事実である。この都市は、かつてキムメリオス人やリュディア人の支配下にあった。ペ

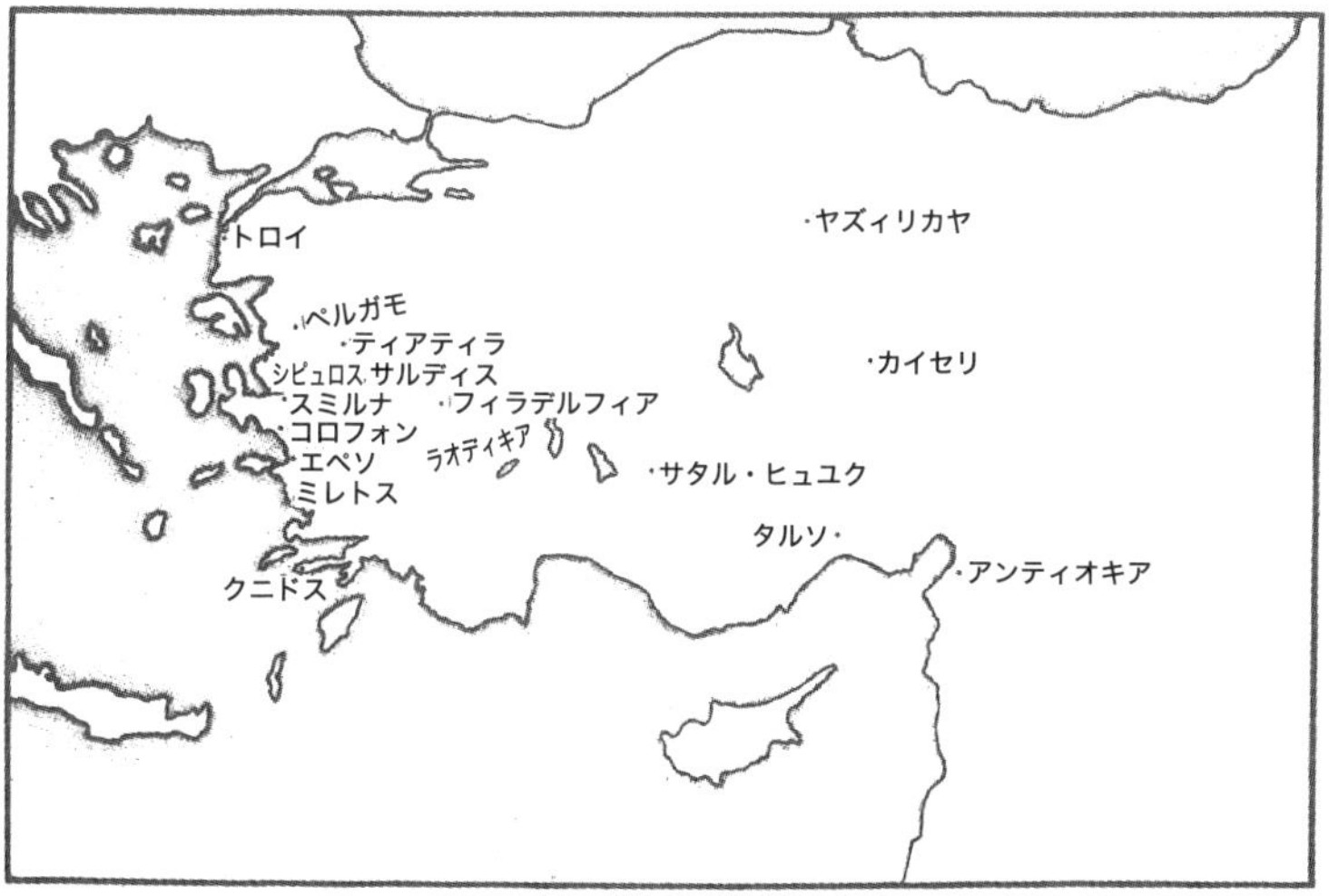

地図２　小アジア西部

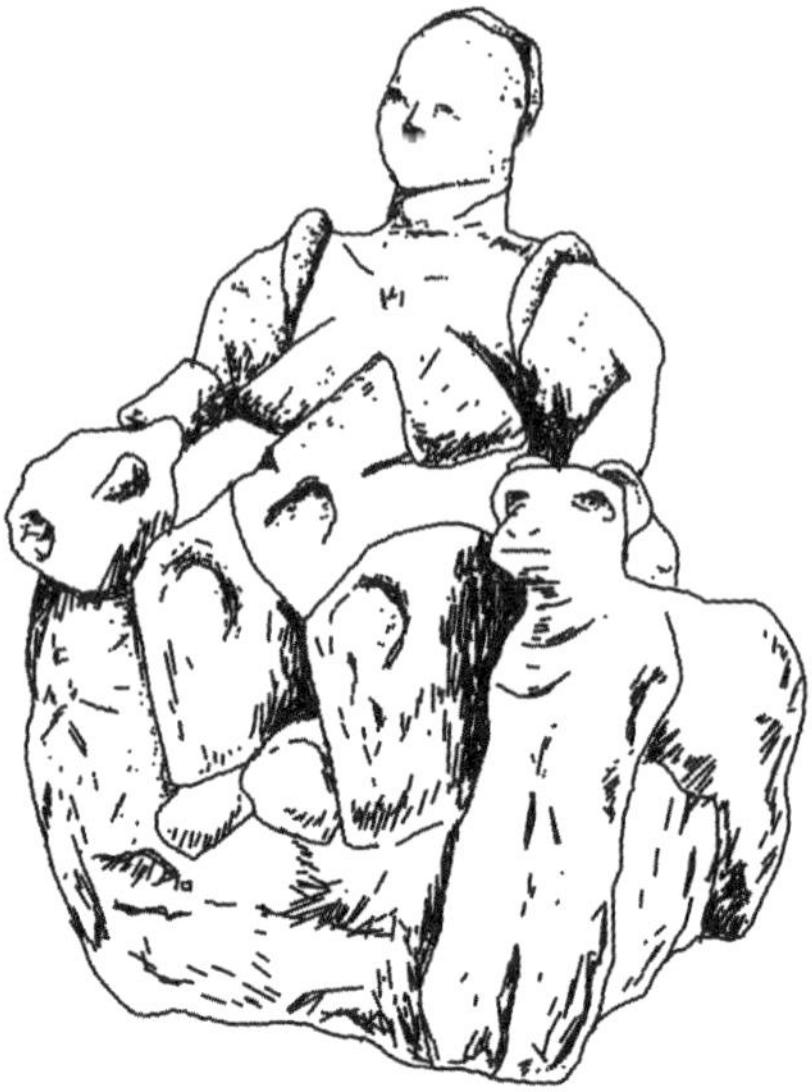

図1（上） 子を産んでいる女神の粘土像（母親の脚の間にある赤ん坊の頭部に注目）。像はサタル・ヒュユクの礼拝堂出土。

図2（左）、3（下） 母神像。ホロツテペ出土（紀元前 3000 年紀末期）

ルシアの統治下に二百年近く置かれ、さらにサルディス、マケドニア、ペルガモン、そして最終的にはローマによる支配も経験した（注2）。エペソの宗教事情を論じる際は、そのタペストリーに織り込まれた東洋風の子縄（ストランド）の持つ重要性を忘れてはならない。私たちは、そのうちの少なくとも一つの要素が、小アジア奥地に由来する点で独特であることを論じる。それは母神崇拝という要素である。

神々の偉大なる母

小アジアでは主神たちが女性であった。それは古代世界の他の地域と大いに異なる点である。母ならではのその特徴は、それより西のほうではほとんど知られていないやり方でたたえられた。紀元前五〇〇〇年以前にアナトリアの彫刻家たちは、粘土で体格の大きな母神のひな形を作って出産の瞬間を表現することを繰り返していた（前頁図1）。何千年にもわたり家母長の女神たちは最高の勢威を振るい、その像が考古学的遺跡で大量に発見されている（前頁図2、3）。偉大なるこの母神には、小アジアの異なる地域で多くの名が付けられた。だが、みな同じ特徴を持っていた。「神々の偉大な母」、「山の母」、「マ」、「ベローナ」、「キュベレ」、「アルテミス」のうちのどの名であれ、その女神は神々と人間たちの母であり、野獣たちの女主人であった。あらゆる生命は彼女に由来し、死者はふたたび彼女の胎の中に抱き集められた。彼女はその熱烈な信奉者たちの墓所に立って、彼らを守護した。

これらの女神たちは、後に続く世代にも社会にもその痕跡を残した。隣の都市サルディスはエペソ同様、強力な母神への熱烈な信奉で有名であった。紀元一世紀にティアナのアポロニウスは、サルディス人へこう書き送っている。「あなたたちが自分たちの祖先である女神を礼拝し、尊ぶことは理にかなっている。彼女はある者たちからは『神々の母』、他の者たちからは『人類の母』と呼ばれている。しかも、『穀物の母』であることについては誰もが同意見だ。だが、彼女はすべての民族の唯一共通の母である。それならなぜ、デメテル神に属すあなたたちだけには、法や自然や慣行に対して敵意を抱く氏族群があるのか」（注3）。偉大なる母神に付けられた呼称はその大部分が、後代に小アジアで、異端のグノーシス派によってエバに付された。そのことについては後に取り上げる。

エペソのアルテミス神

母なる大女神の神殿の中でもっとも有名なものはエペソにある。エペソでこの神はアルテミスという名前で崇められたが、それよりも前の時代の名はウーピスであった。ローマ人はこの女神をエペソ人のディアナとして認識した。パウサニアスの報告によれば、地中海世界ではどこのギリシア人都市にも必ず、エペソのアルテミス神に奉げられた神殿があり、また個人が行う礼拝ではどの神にも増してこの女神が崇められた（注４）。紀元一六三年頃エペソ市民によって、以下のような公式宣言がなされた。

わが市の指導者アルテミス女神は女神自身に備わった神聖さにより、この市をすべての市の中で最も名高いものとされたが、この女神は本市においてだけでなくギリシア人の間でも、そして非ギリシア人の間でも礼拝されている。その結果、至るところに彼女の神殿や聖域が設けられ、彼女のため聖堂が建てられた。そして祭壇が奉納されている。それは女神のおかげで、はた目にもわかる成果がもたらされたからである。

（注５）

エペソのアルテミス聖堂は世界七不思議の一つであった。そこでは男も女も、何千人もの人々が女神に仕えていた（図４は、大聖堂とそこに安置されているアルテミス像を描いた、古代の硬貨を示す）。

聖堂は、アマゾン族がヘラクレスから逃れて最初に避難したとき以来の、聖域と考えられていた。騒然とした

図４　アルテミス大聖堂の図柄のある硬貨

世にあってここだけは安全な場所だった。ある征服者は、なんと妻子を聖堂の境内に残したまま立ち去った。ローマ人がエペソ市を降格させようとした際、エペソの代表団は、聖堂が避難所を提供しているのだから、市は従来の地位が保たれなくてはならないと主張した。

この神殿の中には女神自身の像が立っていた。エペソ市の城壁を見立てた、丈の長い冠をかむり、胸当てには乳房の形をした突起で覆われていた。胸当てよりも上部にどんぐりのネックレスを付けており、そのどんぐりは十二宮の星座で囲まれていることがあった。アルテミスは銀河系宇

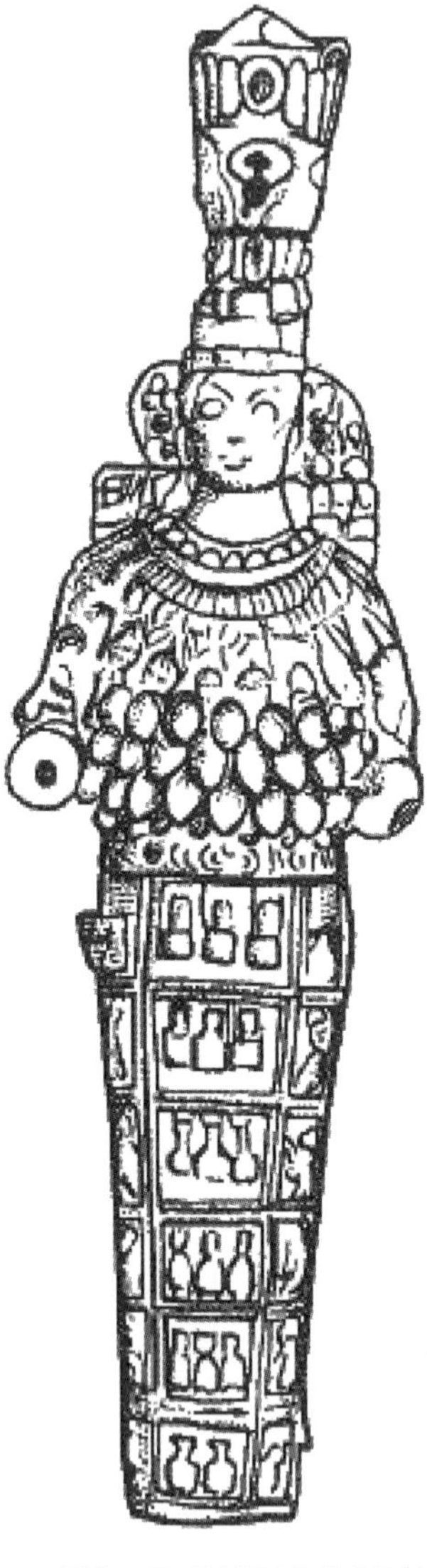

図5　エペソのアルテミス神

宙の天体を取り仕切っていたからである。ぴったりした直立のスカートの、正面には三つ組み動物が横並びになっており、両脇のほうはミツバチとバラ飾りが施されていた。それは、女神が出産、動物、肥沃を支配することを示している（図５参照）。念の入った体系を備えた魔術が、エフェシア・グランマタに基づいて作り上げられて発達した。エフェシア・グランマタとは六つの魔術的な語を指し、それらの語は女神崇拝の像に記されていた。使徒の働きは、信仰に入った者たちがこの魔術体系との関係を絶ち、高価な魔術書を焼き捨てたことを伝えている（使徒19・19）。

古代ギリシアの作家たちによれば、クレタ（テトス書のあて先）とエペソの宗教的な状況は著しく似ていたと言う（注６）。ストラボン〔前六四／六三～紀元二四頃〕はクレタとフリュギアにおける祭儀の混交について書いた（注７）。伝承によれば、小アジア西部の部族の中には、カリア人のように、もともとクレタから移住した部族もいたと見られる。クレタ島ではアルテミスがエペソと同じ儀式であがめられ、「クレタ人のエペソの女神」という呼称を与えられていた（注８）。アルテミスをいちばん信心深くあがめたのはクレタ人であり、彼らはアルテミスを自分たちの言語であるブリトマート語の名前で呼んだ（注９）。エペソ人によるアルテミス誕生の祝いには、より古い時代にクレタ人がゼウス誕生を賛美した儀式の、一部を借用したことが見て取れる。

エペソの市民は安全を保障されるという感覚を、自分たちの女神から直接得ていた。他の大部分の都市よりもはるかに、そうであった。それはエペソという市が、政治的な独立を味わったことがまずなかったことによる。これまでに住人たちは、エペソの安全を女神による直接の介入に結び付けたことが二回ある。かつてエペソがリュディア人によって包囲されたとき、アルテミスの聖域から毛織の鉢巻きバンドが引き伸ばされ、市の周りに巻きつけられた（注10）。リュディア人は女神による保護を尊重し、危害を加えなかった。

アルテミス崇拝は市に経済的な保障も提供していた。女神の神聖さとその聖堂の名声に引き付けられた巡礼者が、数え切れぬほど押し寄せて神殿と市に大量の富をもたらした。財政的にそれよりさらに重要なのは、この聖堂がローマ帝国で最も裕福な州小アジアの、金庫としての役目を果たしていたことである。アルテミス大聖堂に預けられた預金は、その安全性を女神が油断なく保証した。まったくのところ、この聖堂は巨大な銀行業の中心地であった。

エペソは、宗教における女性の最高位のとりでであった。ウィリアム・M・ラムゼイは処女マリアが、「神を産んだ者」の意の呼称セオトコスを、最初に公式に与えられたのがエペソであったことを、偶然の一致ではないと断言する。エペソではそれよりも早くにアルテミスが、それと同じ呼称で呼ばれていた（注11）。

エペソにおけるユダヤ教

紀元前三世紀半ばまでには、すでにエペソとイオニア海沿岸部にユダヤ人が住んでいた。紀元前一世紀になると、ユダヤ人社会は活力にあふれ、市民権問題に取り組んで成功を収めることができた（注12）。ユダヤ人の人口は七万五千人に達していた（注13）。メノラー［七枝の燭台］を彫り付けた多数の燭台が発掘されたが、そこには、エペソのユダヤ人が魔術に関わっていたという証拠が見られる（注14）。小アジアのユダヤ人は周囲の文化の多くを取り入れていた。特にフリュギアのユダヤ人はそうであった。「フリュギアの浴場とワインは十部族を同胞から切り離してしまった」ということわざがあったほどである。一方ユダヤ教の要素には、周りの社会に受け入れられたものがけっこうある。特に聖書の物語がそうであった。アパメイアでは三代にわたり統治者によって鋳造された硬貨に、ノアの方舟が見て取れた（注15）。箱型の舟より上方にいる主人公は「ノア」だが、その方舟の外に二人の人物が立っているのは、聖書の物語が潤色されたことを示している。ことによると潤色の出所は、ギリシアの洪水物語のデウカリオンとピュラかもしれない。創世記に存在する物語が潤色されることに関して、私たちにはさらに多くの語るべきことがある。特に、私たちはエバの物語の奇妙な歪曲を取り上げる。そこではエバがアダムにいのちを与える者に成り代わっている。そのようなエバ観は、エペソで母系制が大変重要視されたこととは一致するが、聖書が言わんとしていることに合致しないことは確かであり、それゆえ牧会書簡群の著者からは激しく非難されている。

エペソで宣教者たちが出会ったのは

パウロだけでなく、彼とともに宣教に当たったプリスカとアキラも、エペソでは神のことばを用いた矯正をする必要に迫られた。アレクサンドリア出身のユダヤ人アポロはイエスのことを公然と語り伝えていたが、彼はヨハネのバプテスマしか知らなかった。使徒の働きはアポロが聖書に通じており、それまでのところ知識は正確であったと明らかにしている（使徒18・24〜28）。プリスカとアキラは彼を招き入れ、イエスについてもっと正確に、もっと徹底して理解するよう導いた。この優れた教育課程を修了するや、アポロはイエスが救世主であることを力強く論証した。それゆえ初期教会は、以後プリスカを「教師の教師」と呼んだ。

パウロ自身もエペソでは、聖霊については聞いたことさえないという、福音知識の不十分な一団の弟子たちに出会った。パウロが知識を授け、彼らの上に手を置いたことで、彼らはすぐに神の恵みを完全に理解するに至った（使徒19・1〜7）。

以上の場合は納得のいく解決が見られたが、エペソでの、宗教の絡む他の出会いは必ずしもうまくいくとは限らなかった。諸国を巡回中のユダヤ人の魔よけ祈禱師の一団は、イエスの名を自分たちの儀式で使ってみたが、それはさんざんな結果に終わった（使徒19・13〜16）。それで、市民全体がイエスの名の持つ力に非常に心打たれたので、エペソの伝統的魔術を行っていた者の中には、自分たちの書物を巨大な焚き火で焼き捨てた者がいたほどであった（使徒19・18〜19）。

だが、それは一部分であって、すべてを焼き尽くしたわけでないことは明らかだった。教会の中の結構な数に上る女性メンバーの間で、魔術の使用が続けられていた。そのことについては、さらにページを費やして後述する。

銀細工人による騒動の背景には何があったか

その後、銀細工人たち、つまり銀製の偶像の生産者たちと、エペソの偉大なアルテミスが、名誉を失墜し先細りとなることを恐れた者たちは一般市民を扇動し、使徒の教えに反対する激烈な示威運動に出た。それは、取り扱いが困難の極みに達した示威運動であった（使徒19・23〜40）。手ひどい侮辱を受けたという感覚がエペソ市民の間に掻き立てられ、彼らは、「偉大なるかな、エペソ人のアルテミス」と叫び続けた。それが二時間にも及ぶとは、パウロがそもそも何を語ったというのだろうか（使徒19・28、34）。騒動の扇動者デメテリオは、自分は女神と女神崇拝の信用と名誉を守ろうとしていると主張した。彼はパウロが、「手で造った物は神ではない」と言ったと断言する。彼は言う。「これでは、私たちの仕事の評判が悪くなる恐れがあるばかりか、偉大な女神アルテミスの神殿も軽んじられ、全アジア、全世界が拝むこの女神のご威光さえも失われそうです」（使徒19・26〜27）。デメテリオは使徒が、女神をもその有名な聖堂をも傷つけることを教えているという感じを漂わせていた。アルテミス礼拝関連の習わしを批判した一世紀の評論家が、他にもいたことは知られている。その評論家たちが行った批判は痛烈だったにもかかわらず、彼らはどちらかといえば、畏敬の念を持たれこそすれ、退けられはしなかったようである（注16）。

だが、町の書記役の言った言葉は、パウロが女神をもその神殿をも、正面きって激しく非難してはいなかったことを明らかにしている。「彼らは神殿を汚した者でもなく、私たちの女神を冒瀆した者でもありません」（使徒19・37）。パウロはエペソの宗教の土台そのものを激しく非難したのではないだろうか。彼は特定の神に向けて異議を申し立てたのではなく、どちらかといえばもっと広くとらえ、母なる女神を全生命の根源とする考え方を非難していた。当然のことながら銀細工人たちは、彼が女神信仰の原則、つまりエペソという政治的、経済的、社会的存在の基礎にある考え方そのものに、非難を浴びせたことに気づいていた。パウロが語り伝えている神は、人の手によって造られたものでないことが確かであり、性を備えた人間を超越してはるか上にあり、いのちの息を人間に吹き込んだ方である。このような考え方は、エペソのコスモポリタンたちにとって受け入れがたいものではなかった。その証拠に、エペソにはユダヤ人が多数住んでいた。しかし女神の神性をきっぱりと否定するとなれば、話はまったく別であった。

パウロからエペソの長老たちへの別れの言葉

市民騒動の後、どこか別の場所で働きを推し進めるのが適していると、パウロには思われた。しかし彼には依然として、エペソで福音の証しを確立させておきたいという願望があった。最後のエルサレムへの旅に向けて、パウロが小アジアの沿岸を立ち去るときになって、エペソの長老たちはミレトまで、パウロへの別れの訪問に呼び寄せられた。パウロは、彼らの間で進めてきた働きのことを彼らに思い起こさせてから、以下のように述べた。

「あなたがたは自分自身と群れの全体に気を配りなさい。神がご自身の血をもって買い取られた神の教会を牧させるために、聖霊はあなたがたを群れの監督にお立てになったのです。私は知っています。私が去った後、狂暴な狼があなたがたの中に入り込んで来て、容赦なく群れを荒らし回ります。また、あなたがた自身の中からも、いろいろと曲がったことを語って、弟子たちを自分のほうに引き込もうとする者たちが起こってくるでしょう。ですから、……目を覚ましていなさい。」（使徒20・28～31。強調は本書著者による）

語られている内容や言葉遣いが牧会書簡群のものとあまりに似ており、この箇所は牧会書簡群の著者によって挿入されたと言う学者がいるほどである。だがここには非常にルカらしい文構成がいくつか見られ、パウロよりもルカの書き方のほうにはるかに近い。保守的な学者たちはそれを、ミレトでのパウロの説教をルカがまとめたゆえであると見る。この箇所で私たちが関心を抱かされるのは、規範から外れた教えがエペソでは脅威だったと伝えていることである。

エペソでの反対というテーマは、パウロ書簡群にも現れる。彼はコリント人にこう書き送った。「しかし、五旬節まではエペソに滞在します。実り多い働きをもたらす門が私のために広く開かれていますが、反対者も大勢いるからです」（Ⅰコリント16・8〜9）。エペソにきわめて激しい反対のあることを、パウロが知っていたことは疑う余地がない。エペソ人自身は教えの風に吹き回されることのないよう、注意を受けている。そのこともまた、パウロの教えとは別の教えがエペソには広まっていたことを示している（エペソ4・14）。それだけではない。エペソ人は道を誤らせる者を警戒するよう、厳重な警告を受けている（エペソ4・17〜24、5・6〜14）。黙示録の中で、エペソの教会はニコライ派の人々の行いを憎んでいる点を賞賛されている。近隣にはそうはしない教会もあった中でのことである。しかし憎んだということ自体は、異端者たちと何らかの接触があったことを明らかにしている（黙示録2・6）。

著者の趣旨を理解しようとするなら、彼が女性たちへ命令を出した先の状況を詳しく調べてみなければならない。第一テモテの送付先が確かにエペソであったという前提のもとに、この文書を念入りに調べることにしよう。エペソは古代世界における宗教の一大中心地の一つであり、堅固に発達した神学的組織のとりでであった。その組織は、やすやすと取って代わられるようなものではなかった。私たちはこの書簡を、エペソの教会の問題ある状況を示し、とりわけ女性たちと、女性たちの信仰上の問題を取り上げたものとして論じる。

この箇所に現れる違った教えの本質について、牧会書簡自体から知りうることは何であろうか。テモテへの手紙第一の始まりで、著者は、「ある人たちが違った教えを説いたり、果てしない作り話と系図に心を寄せたりしないよう」若き指導者が命じることができるように、テモテをエペソに残してきたと明らかにする。「そのようなものは、論議を引き起こすだけで、神に委ねられた信仰の務めを実現させることにはならない」からであった（Ⅰテモテ1・3〜4、強調は本書著者による）。著者［パウロ］と意見を異にする者の中に、「きよい心と健全な良心と偽りのない信仰から生まれる愛を目指す」道を見失い、「むなしい議論に迷い込んだ」者たちがいた［Ⅰテモテ1・5〜6］。

著者は、この人たちは「律法の教師でありたいと望みながら、自分の言っていることも、確信をもって主張している事柄についても理解していない」と、不満を述べている（Ⅰテモテ1・6〜7）。彼らは、律法が、正しくない者、不法な者、汚らわしい俗物、不敬虔な者、謀殺者、人を殺す者、嘘をつく者、偽証する者など、まさに健全な教えにそむく者に向けられていたことを知らなかった（Ⅰテモテ1・8～10）。したがって、ここからわかることは、著者の反対者たちには、ユダヤ人の律法への関心がいくらかはあったということである。とはいえ、彼らの律法の知識はひどくゆがんでいた。

健全な教えに反対した者の個人名はほとんど挙げられていない。ヒメナイ、アレキサンドロ、ピレトのみである（Ⅰテモテ1・20、Ⅱテモテ2・17、4・14）。異なる教えを説いていた少なくとも一人は、女性であったと考えられ、第一テモテ2章12節は、教会に重大な問題を引き起こしている異端の説を、彼女が教えることを禁じているのではないだろうか。しかしながら、自分が教えている内容を差し止められる必要があったのが、彼女ひとりでなかったことは確かである。

第一テモテ1章19～20節で、著者は、信仰と正しい良心から錨を放してしまい、信仰の破船にあった者たちのことを記している。その中にはヒメナイとアレキサンドロがいる。ふたりは、神をけがしてはならないことを学ぶためにサタンへ引き渡されていた。これは、違った教えが神性そのものへの攻撃を伴うことを示す最初の例である。なぜなら冒瀆とは、神は決して偉大でも神聖でも、善良でも賢明でもないと宣言することだからである。著者は、ふたりの学びの教師としてサタンの名を挙げることで、反対者が悪魔を好意的肯定的に見ていた可能性を問題にしている。ヘブル語聖書の神を軽蔑し、サタンをあがめた宗教組織を古代世界の中に探そうとして、遠方に目を向ける必要はないのだ。

グノーシス主義入門

その宗教組織はグノーシス主義であった。その特徴は、ユダヤ人によって伝えられる聖書、特に創世記の初めの数章への、まさに上記のような抵抗であった。グノーシス主義は甚だ極端なやり方で聖書の物語を歪曲していた。グノーシス主義の考え方によるなら、物質はすべて悪であった。創造主、つまりヘブル語聖書の神は、物質界を造ったゆえに悪なのであった。蛇は恩恵を与える存在で、創造主がアダムとエバをやり込めていた欺瞞を、ふたりが払い落とせるようにした。また、エバは人類に真の知識をもたらす仲介者であった。カインとエサウは理想的人物であったが、アベルのほうは十分こうむるべき悲運を身にこうむった。

かなり最近まで、グノーシス主義に関する私たちの知識の大部分は、教会教父たちの著作から得られていた。教父たちは残忍なまでの激しさで異説に抵抗した。彼らから得る情報は少しも不偏ではない！　とはいえ、私たちの目的からすれば興味深いものである。それらが小アジアのグノーシス主義について述べているからだ。一九四五年にエジプトで、おびただしい数のグノーシス派のテキストが発見され、学者たちを驚かせた。今やグノーシス派の者たち自身によって書かれた資料を読むことが可能になった。それらの文書には熱烈な党派的偏向が見られる。とはいえ、一つとしてまったく同じ神学的見解に立って書かれたものは見られない。本書ではグノーシス派の観念、またグノーシス派および反グノーシス派のテキスト抜粋が紹介される。

グノーシス主義は反抗の宗教と呼ばれてきた。その神話体系は、私たちが知っている聖書を「ひっくり返して」組み立てられている。第一テモテの著者は、読者たちが「俗悪な無駄話」や、「間違って『知識（グノーシス）』と呼ばれている反対論」に用心するよう、声を大にして呼びかけた（Iテモテ6・20）。グノーシス主義はその名をギリシア語の「グノーシス」から得ているが、その語はここでは知識を暗示するために用いられている。グノーシス主義者たちは、自分たちが特別な秘伝の知識を持っていると断言した。

第一テモテ1章6節と6章20節、そして第二テモテ2章16節が、「むなしい議論」、「俗悪な無駄話」、また神への抵抗である無意味なものに触れているのは興味深い。なぜならグノーシス派の著作が、まったく無意味に見える資料を含んでいることは確かだからだ。意味をなさない音節が延々と繰り返されることもあれば、なぞめいた文句だの道理に合わぬ言葉だのが現れることもある。それでも、それらは手ほどきを受けている者には、意味のあることを伝えていた（注1）。グノーシス主義神学の誤りを証明しようとした初期クリスチャンの中には、無意味な言葉がこうして用いられていることを、とりわけいらだたしく思う者が多数いた。確かに、意味のないということはグノーシス派の特質の一つである。グノーシス派のテキストには意図したわかりにくさがあるために、それを読むことがやる気をくじかれる体験になりうることは、今日に至るまで変わらない。グノーシス派の者たちと、牧会書簡で触れられている違った教えの教師たちとの間には、他にも共通点がある。そこには、復活を信じることの拒否、系図、言葉についての論争、愚かで無知な議論が含まれる（Ⅰテモテ１・３〜６、６・４、Ⅱテモテ２・14、16、18、23、テトス３・９）。

テトスへの手紙は冒頭で、テトスが良くない状態を改めるべきこと、そして長老たちを任命するべきことを、まずはっきりさせている（テトス１・５）。その点はテモテへの手紙第一と同様である。長老たちは、「健全な教えをもって励ましたり、反対する人たちを戒めたりすることが」できなくてはならない（テトス１・９）。無益な話をすることや、人を惑わすことに深入りしていた者は多数いる。特に「割礼を受けている人々」がそうである（テトス１・10）。［エペソでは］違った教えを説く教師たちが、ユダヤ人の律法を完全に理解することがなかったにしても関心はあったのに対し（Ⅰテモテ１・３〜７）、ここ［クレタ］では、ユダヤ人たちが問題に深入りしている。テトスは「彼らを厳しく戒めて、その信仰を健全にし、ユダヤ人の作り話や、真理に背を向けている人たちの戒めに、心を奪われないように」させなければならない（テトス１・13〜14）。彼らが説教するのを禁じられることは、絶対に必要なことである。「彼らは、恥ずべき利益を得るために、教えてはならないことを教え、いくつかの家庭をことごとく破壊して」いたからである（テトス１・11）。私たちがここで認識することは、違った教えの主唱者の説教を禁じることが重要だというのが、牧会書簡群の中心となる考えだということである。

女性たちが深く関わっていた

牧会書簡群に出てくる、違った教えの提案者たちに関わる資料を、すべて取り上げることはできない。そこで次に、第一テモテ5章に取り掛かることにしたい。この章は、特にやもめたちに注目している。年とったやもめたちは信仰と敬虔と良いわざでよく知られており、教会名簿に登録されることになるが、著者はさらにこう続ける。

若いやもめの登録は断りなさい。彼女たちは、キリストに背いて情欲にかられると、結婚したがり、初めの誓いを捨ててしまったと非難を受けることになるからです。そのうえ、怠けて、家々を歩き回ることを覚えます。ただ怠けるだけでなく、うわさ話やおせっかいをして、話さなくてよいことまで話すのです。ですから、私が願うのは、若いやもめは結婚し、子を産み、家庭を治め、反対者にそしる機会をいっさい与えないことです。すでに道を踏み外し、サタンの後について行ったやもめたちがいるからです。(Iテモテ5・11～15)

面倒を起こす、女性のこの一団は破壊的な教えとその実践を、教会員のなんと家庭の中に持ち込む。ことによるとそれらの家庭は、そこで家の教会が開かれている家庭かもしれない。ゴードン・D・フィーは次のように言っている。「第一テモテ2章9～15節、5章11～15節、第二テモテ３章６～７節から確かだと思われることは、女性たち、特に若いやもめたちの間に、これら（著者注＝違った教えを説く教師たち）が少なからぬ影響を及ぼした例があることだ。この女性たちは第二テモテ３章６～７節によれば、自分たちの家庭にこれらの教えを受け入れた。そして第一テモテ５章13節によれば、彼女たち自身がその新しい教えを伝える者になった」（注２）。このやもめたちは、実際はサタンの信奉者であり崇拝者なのかもしれない。というのは、「惑わす霊と悪霊の教えとに心を奪われた」者たちがいたからだ（Ｉテモテ４・１）。事実、サタンを人類に恩恵を施す者として崇敬するグノーシス主義の一団が若干あった。小アジアの七つの教会への手紙は、サタンが王座に着いている地に住む者たち、サタンの会衆である者たち、「イゼベル」という名の女から「サタンの深み」を教えられる者たちについて言及する（黙示録２・９、13、24、３・９）。

若いやもめの中に、このような主義に魅了されていた者がいた可能性を認めないわけにはいかない。彼女たちはグノーシス派のコミュニケーションの特徴である、意味のないことを話し、ペリエルゴイと呼ばれている。この語はしばしば「いらぬおせっかいをする者たち」と訳される。だがこのギリシア語は、「魔術を行う者たち」と訳すのが申し分のない訳だろう。使徒19章19節では、これと同じ語（トーン　タ　ペリエルガ　プラクサントーン）が、「魔術を行っていた者たち」の意で使われている。グノーシス派の者たちの中に、魔術にはなはだしく没頭している者たちがいたのは周知の事実である。また古代世界では、とりわけ女性たちが魔術の提供者であると考えられていた。彼女たちが語るべきでないものとは、まじないの文句あるいは呪いの言葉のことだったろう。彼女たちは「意味のないもの」を語ったとも言われている。「意味のないもの」とは、しばしば同時期の哲学的テキストで、「真理」とは両立しない「愚かさ」に関して用いられる語である（注3）。

第二テモテ3章6〜9節には、再び、女性たちと違った教えとのつながりが見られる。パウロは読者に、見かけは敬虔であっても、敬虔の力を否定する者たちを避けるように警告する。

彼らの中には、家々に入り込み、愚かな女たちをたぶらかしている者たちがいます。その女たちは様々な欲望に引き回されて罪に罪を重ね、いつも学んでいるのに、いつになっても真理を知ることができません。たぶらかしている者たちは、ヤンネとヤンブレがモーセに逆らったように、真理に逆らっており、知性の腐った、信仰の失格者です。しかし、彼らがこれ以上先に進むことはありません。彼らの愚かさは、あの二人の場合のように、すべての人にはっきり分かるからです。（Ⅱテモテ3・6〜9）

ここにはもう一回、女性たちが違った教えとのつながりで出てくる。今回は学ぶ者として、である。しかし再び、家から家へこっそり入り込む、違った教えを説く教師たちのことに触れられている。これは、女神キュベレの神官たちが女性たちを邪道に導くために、個人所有の家々に入り込んだやり方を連想させるものだ（注４）。それは、エバがキュベレとの親近性を正式に伝えられていたので、なおさら興味を引くことである。グノーシス主義者によって、それが描かれ伝えられていた。

モーセの伝える信仰への抵抗

違った教えを説く教師たちは、ヤンネとヤンブレがしたのと同様に、モーセの真理に抵抗するよう人々を扇動する。ヤンネとヤンブレという名が、さりげなく言及されることは興味をそそる。これらの名は、ユダヤ人の伝統によれば、アロンによって蛇に変えられた杖に抵抗して蛇を生じさせた、ファラオの魔術師たちにあてがわれるものである（出エジプト記７・９〜13）。ファラオが、信じられるようしるしを要求したために、モーセがしるしを一つ行っていた。だが魔術師たちは、モーセの警告には耳を傾けないようファラオを説得し、成功した。異教徒の資料とユダヤ人の資料の両方が、典型的な魔術師たちとしてヤンネとヤンブレの名を挙げている。紀元一世紀に死んだ大プリニウス［紀元二三〜七九］は、魔術を行う者たちで自らをヤンネとヤンブレから派生したと信じる、ユダヤ人一団のことを書いている（注５）。もしヤンネとヤンブレが、ある派の祖先と思われていたことが確かなら、彼らに反対するように警告がなされることは適切である。牧会書簡群の著者は、異説を唱える者たちを愚かだと断言する。モーセに逆らうヤンネとヤンブレが愚かだったのとまったく同じように愚かだと。そして、伝説上の人物と、彼らにまつわるまやかしの言い伝えをすべて否定するために、聖書の物語を引用する。これはまさに第一テモテ2章13～14節でなされていることであり、私たちはそのことを論じる。著者はそこで、エバのことだとされる、当時の言い伝えに取り組んでいる。

常軌を逸した教えに女性たちが関わりを持っていたと考えられる、重要な手がかりは、第一テモテ4章7節にも見られる。テモテは、そこで年取った女性たちによって語られる話を避けるように言われている。英訳者の中に、ギリシア語グラオーデイス（年取った女性たちに関係ある語）に言及しそびれる者たちがいることは，十分興味に値する。だが古代では、年取った女性たちが物語などを語る者として評価を得ていた。それは、ともすれば神々を、著しく良識に反する者として描く語りであった（注6）。アナトリアでは初期の頃から、「年寄り女」の名で知られる女性の宗教公務員たちが、古代の神話を存続させていた（注7）。架空の話、すなわち作り話はべべーロス（「神に敵対する」の意、Ｉテモテ４・７）と言われている。翻訳者たちはなんとかして、架空の話は害を及ぼさないものだったという印象を与えようとするのが一般的だが、牧会書簡の著者はそうではない。害悪をもたらす恐れのあるものであると見た。大昔からの力を秘めた「年寄り女の」作り話は、福音の持つ力と向き合って戦わされるに至った。

問題は作り話にある

第一テモテ4章7節は作り話について言及しているが、そこで問題となるのは作り話をする者の性別ではない。不思議なことだが、牧会書簡には、違った教えが作り話を伴うことに対する非難が幾度か出てくる。第二テモテ4章4節は、真理から耳を背け、作り話にそれて行く者についての不満を持ち出している。作り話は単に人を楽しませるだけの話ではない。その内容は宗教的なものであり、話を聞く者を真理からそらせてしまう。テトス1章14節で言われているのは、クリスチャンは、ユダヤ人の作り話や、真理に背を向けている人たちの戒めに、心を奪われてはならないということである。すでに見てきたように、第一テモテは、異なる教えを教える者たち、つまり教導どころか論議を引き起こすだけの作り話に心を奪われていた者たちを、制止せよという命令で始まる。このような人たちは、自分はユダヤ人の律法を知っていると思っていたが、それははなはだしい誤解であった（Ⅰテモテ1・3〜7）。

これらユダヤ人の作り話もしくは空想話が、伝統的な聖書物語であるはずはない。なぜなら著者は、間違った教えは聖書を用いてなされる挑戦を受けなければならないと、何度も繰り返し主張しているからである。挑戦において持ち出される基準は、神のことば、つまり私たちがヘブル語聖書または旧約聖書と呼ぶものである。それというのも、新約聖書はいまだ執筆の段階にあったからである。伝統的な聖書物語は、パウロがここで念頭に置いているものではない。では、人々を真理から離れさせるユダヤ人の作り話とは、どんな形をとるものなのかを、私たちは探り当てなければならない。

古代の著述家たちは、事実をゆがめた空想話が、アダムとエバの散文物語の悪用も含め、紀元一世紀にはすでに流布していたと証言する。最近の学識によって示されるのは、伝統的な聖書的価値観に敵対する、グノーシス派のものに似た作り話は、早くも紀元前二ないし一世紀にはアレクサンドリアで広まっていただろうということである（注8）。紀元四五年に死んだフィロンは、まさにパウロからの論駁を招くことになる題目を用いている。はっきり言えば、エバを、アダムに知識と意義ある生とをもたらす者とした、作り話を作っている（注9）。空想話に対するフィロンの扱いは、彼がグノーシス派の作り話にならって考えていることを示している。彼は、グノーシス派の思想において頻繁に使われるのと同じタイプの形象を用いている。アレクサンドリアのユダヤ人の一派が、文字通りの意味を除外するほどに聖書を寓意的に解釈したことについて、フィロンは非難を込めて書いている（注10）。結論として、このユダヤ人たちが、フィロンよりはかなり正統的でなかったに違いないとだけは言える。

エペソ自体、どう見てもグノーシス派からの汚染を免れたようには見えない。グノーシス派の教師ケリントスについては面白い話がある。一世紀の終わりにエペソでケリントスは、彼の、神聖を汚す教えを広めていると言われていた（注11）。あるとき、やや年をとってからの使徒ヨハネが、浴場の門を入ったが、ケリントスがその中にいるのを知るや、大急ぎでそこを出た。ヨハネはケリントスをあまりに悪い人物と思っていたため、異説を唱えるその者の上にはすぐにも屋根が落ちてくるのではないかと、同じ屋根の下にとどまることを恐れたのである！

グノーシス主義の資料、年代、由来についての実質的な論議は、本書が扱う範囲外である。一方、本書は、グノーシス主義の現れの具体例を挙げることに対し、グノーシス主義や他の神学に関連した観念は存在したと示すことほどの関心は持たない。私たちが前提とするのは、違った教えを説く教師たちが、まったくのグノーシス主義者か、原グノーシス主義者か、著しくグノーシス主義に類似した神話体系を持つ何らかの一団であったという可能性への取り組みである。牧会書簡群の中には、グノーシス主義が形成の段階にあったことを示す豊富な証拠がある。とはいえ、激しい討論の的となったその神学の体系が、二世紀の文書から知られている体系ほどには、練り上げられたものでなかったことは疑いない。私たちが主張するのは、違った教えに深入りした者には、男性も女性もいたということであり、女性たちが、聖書と相反する空想話を語ることに携わっていたということである。

第5章　第一テモテ1章3節〜2章11節を念入りに調べる

では、テモテへの手紙第一2章を念入りに調べることにしよう。この作業はときにゆっくりした冗長なものになるが、著者の論理の根拠はそのようにしてのみ見出すことができる。

「そこで、私は何よりもまず勧めます。すべての人のために……願い、祈り、とりなし、感謝をささげなさい。」著者はなぜ「そこで」と言っているのだろうか。これまでのところのどの主張に言及しているのだろうか。反対者たちが違った教えを教えるのを、やめさせるようにとの命令についてはすでに論じた（Iテモテ1・3〜4）。ヒメナイとアレクサンドロが信仰の破船にあい、学びのためにサタンに引き渡されたことも確認した（Iテモテ1・19〜20）。パウロは違った教えを説く者たちの存在について述べた。彼らの教えは無益な論争を引き起こし、それはキリストのからだを建て上げる何の役にも立たない（Iテモテ1・4、6）。パウロはまた、律法の教師だと公言しているにもかかわらず律法には従わず、法に外れている者たちについても書いている。彼らの品行にはおぞましいばかりの、キリスト者に不似合いな行動様式が含まれており、それらが列挙されている（Iテモテ1・7〜10）。

第二章では、あちこちに接続詞がいくつも出てくることに気づくが、それは著者が先に述べたことから主張を引き出していることを示す。人々の信仰と生活に霊的な危険が迫っているゆえに、彼は祈りがささげられることを切望する（2・1）。彼は、祈りがすべての人のためにささげられることを求めるが、それだけではない。「王たちと高い地位にあるすべての人のためにも」ささげられることを求める。グノーシス主義が反抗の宗教であったことを思い出してほしい。一方パウロは、クリスチャンが国家に対し責任を遂行し、忠誠を尽くす市民であることを望む。クリスチャンは、他者のために愛の精神をもって祈るべきであり、権能を委任されている者のためには、市民の義務に含まれることとして、祈らなければならない。それと同時にパウロは、そのように祈る目的を私たちに考えさせる。「それは、私たちがいつも敬虔で品位を保ち、平安で落ち着いた生活を送るためです」（2・2）。これは、第一章で言及された、分裂を生じさせる、議論好きな連中とは正反対である！

ここで少しへースキオスという語に注釈を加えることにしよう。これは、落ち着いた平安な生活の特徴を表すために、ここで用いられている形容詞である。第一ペテロ3章4節では、この形容詞は「神の前に価値のある柔和で穏やかな霊」を指す。また、第一テサロニケ4章11節には動詞形で現れて、落ち着いた、仕事に身を入れる生活ぶりを指している。この語は重要な語である。それというのも、第一テモテ2章11～12節になると、この語の名詞形が女性たちに対して用いられており、たいていの翻訳者はそれを、女性たちは黙っていなければならないという意味に理解するからである。第一テモテ2章2節では、この語は生活の質に関して用いられている。抵抗ではなく、どちらかといえば法の遵守を意味しており、論争や対立ではなく、どちらかといえば隣人との協和を意味している。パウロは、論争ではなく平和を命じている。第一テモテ2章11〜12節でヘースキアが使われる場合には、この意味が申し分なく当てはまるのではないだろうか。

著者は先を続ける。品位を保ち、平安で落ち着いたこの生活は、「私たちの救い主である神の御前において良いことであり、喜ばれることです。神は、すべての人が救われて、真理を知るようになることを望んでおられます」と言う（Iテモテ2・3〜4）。ここで再び、人々をこの真理の知識から引き離す、間違った教えの存在が暗示されている。「真理を知る」という文句は、牧会書簡群に四回現れる。違った教えを説く教師たちのせいで道を誤った愚かな女たちは、いつも学んでいるのに、いつになっても真理を知ることができない（IIテモテ3・6〜7）。第二テモテ2章25節で、著者はこう助言している。神のしもべは、正しい教えに反対する者と論争するのではなく、どちらかといえば忍耐強く教えよ。それは、神は彼らに悔い改めの心を与えて、真理を悟らせてくださるかもしれないし、彼らが、悪魔のわなから救われるかもしれないからだと。そうであるなら、反対者たちには、真理を知るために悔い改めが必要である。誤りを悔い改めるなら真理を知ることができ、真理を知るなら救いを得ることができる。パウロ自身は、敬虔にふさわしい、真理の知識による、イエス・キリストのしもべであり（テトス1・1）、聖書により啓示された神のみこころに従って、教会を強固なものとするために書簡を記している。

パウロは、誤りを矯正する手段としての、真理の提供というテーマから離れることがない。そこで、彼は唯一の神、唯一の仲介者という、教理上重要な論題に取り掛かる。「神は唯一です。神と人との間の仲介者も唯一であり、それは人としてのキリスト・イエスです」（Ⅰテモテ２・5）。ギリシア語には、「人」と訳しうる語が二つある。その一つはアネールで、特に、男性である人を意味する。もう一つはアンスローポスで、英語のアンスロポロジーなどはこの語に由来する。アンスローポスのほうは「人間」の意で、性が限定されていない。こちらのほうが、２章５節で二回用いられている語である。イエスは神と人間を仲介するアンスローポスだと言われている。

唯一の神

パウロは、唯一の神と仲介者という真理を異邦人に教えるために、自分は宣教者、使徒、教師に任じられたと述べている（Ⅰテモテ２・７）。彼は、神も仲介者も多数存在する都市と社会へ書簡を送った。さまざまな宗教組織から多くの要素を受け入れるという、一世紀の人々の屈託のないやり方を、現代の読者が想像することは困難である。今日の世界では、クリスチャンは仏教徒でないことが普通であり、モルモン教信者はローマカトリック教会の教義を取り入れはしない。

それぞれが最も満足のいく宗教組織を自分で選び、その組織の行動原則につき従うのが通例である。古代世界では、一人がいくつかの崇拝者集団の神官を兼ねることが可能であった。同じ一人の人間が、異教、ユダヤ教、東洋の宗教、さらにはキリスト教さえ融合したものを奉じ、なおかつローマ皇帝崇拝を尊んでいた。こういった折衷主義は、神としてあがめられるものと、救いに至る道とを、とてつもない数で抱え込んでいた。

異教には神々と仲介者たちがあふれていた。「守護霊と呼ぶにせよ、天使と呼ぶにせよ、アイオンと呼ぶにせよ、あるいは単に『霊』と呼ぶにせよ、ほとんど誰もが、これら仲介者の存在と役割を信じていた。その場合、異教徒であれ、ユダヤ教徒であれ、キリスト教徒であれ、グノーシスの教えを奉じる者であれ、そうなのであった」(注1)。それなりの教養を身につけた人物はみな、伝統に培われた仲介者の重要性を理解していた。プルタルコス〔紀元四六／四八～一二〇頃〕は、神々と人間の中間に立つダイモンや半神半人のことを書いている。彼は、それらが、最初に仲介者たちの組織を生み出した、フリュギア人の影響によるものではないかと言う(注2)。この組織が実際に小アジアで発達したのなら、それは、エペソ宛ての使徒書簡に独特な強調点があることの、十分な説明になるかもしれない。

プルタルコスは、エペソで人望のある女神イシスを、神の恵みの仲介者であると言う。彼女はオシリスとの結婚を通して、自らの信奉者を究極の知識に導き入れ、神である者との霊交に対する、人間の強い願望をそうやってかなえさせた。プルタルコスは、イシスはプラトン〔前四二八

／四二七～前三四八／三四七」が書いていた「女性である神聖な神的存在」だと言う（注3）。しばしば仲介者を務めるのは、この、女性である神聖な神的存在である。

グノーシス派の教えは、天上界の存在であふれかえっていた。それぞれに階級があり、その数は三百六十五にも及んだ。グノーシス思想では諸体系において、旧約聖書の神すなわち世界の創造者は最高位の神ではない場合が多い。それどころか、彼は宇宙を作った職人に過ぎない。プトレマイオスはフローラにこう書き送った。「彼は世界全体と、世界の中にある物の、創案者であり、製作者である。他の二者とは本質が異なっており（著者注＝すなわち、より高位で「理想的な」神と、物質界との中間にある）、両者の中間の者として評価されることがふさわしい。したがって、彼は中位の階級の名を持つのが妥当である。」（注4）

今日の保守的なクリスチャンが、ヤハウェを中程度の地位に追いやる古代宗教を目にするのは、衝撃的なことである。パウロはこのようなことを含む教義を認めない。彼にとって神は唯一であり、至高の存在である。ここでパウロは、反対者の心臓に攻撃を仕掛ける。唯一の神と、「定められた時になされた証し」として、「すべての人の贖いの代価として、ご自身を与えてくださった」唯一の仲介者とがおられることは、真実であると確言することが必要であった（Ⅰテモテ2・6）。証言者パウロは、唯一の神と唯一の仲介者がおられることを証しした。

唯一の仲介者

人間として生まれた女性たちが、宗教儀式の主導者や仲介者を務めていた。エペソのアルテミス神大聖堂には、崇拝にかかわる職員が何千人もいた。その中に、女神と崇拝者たちとの、仲介を務める者たちがいたことは確かである（注5）。リュディア人の女性たちが、エペソのアルテミス神崇拝で際立った活躍をしていたようだ。紀元前四世紀の詩人はこう言った。「いとしい乙女、リュディアの娘たちは軽やかに踊る。前に後ろに飛び跳ね、髪を揺らしつつ。最も美しいエペソのアルテミス神の近くで、手のひらを打ち合わせつつ。彼女らはときにしゃがみ、ときに水鳥のように、ぱっと立ち上がる」（注6）。アリストファネス［前四四六頃～前三八五］は言った。「そして聖なるエペソの女神よ、あなたには純金の聖堂がある。リュディアの乙女たちは、その聖堂であなたを高らかに賛美する……」（注7）。

女性聖職者には、蜂女（または聖職志願者）、女性聖職者、女性上級聖職者という三つの階層があった。エペソのアルテミス神の像に、ミツバチと呼ばれる女性たちが、現実のハチと交互に彫りこまれているのが見て取れる（図6）。一世紀までには、エペソでも近隣のサルディスでも、崇拝者集団の最高位職員として、女性大祭司が大祭司に取って代わっている。

女性たちは神々との首位仲介者という、さらに高い地位に就いていた。しかも、そこに至るまでの過程は、はるか以前に始まっていた。紀元前三世紀初めの頃ミレトスに、「都市部あるいは地方で、ディオニュシオスの秘儀参入式を執行」する役職として、名簿に記載されている女性たちがいた（注８）。「ディオニュシオスの秘儀参入式で、指導者や伝授者を務めるのは常に女性たちである」（注９）。女性たちが、ディオニュシオスの秘儀を、ギリシアとローマの両方に伝えたと考えられていた。サバジオス神崇拝が小アジアからアテネに伝えられたときには、アイスキネスの母が秘儀参入式を執行した。小アジア出身のストラボンはこう断言した。「宗教に関して言えば、誰もが、女性たちを首席活動家と認めている。男性たちを、神々をより熱心に礼拝することへ、祝祭へ、また度を過ぎた騒々しさへと駆り立てるのは彼女たちである。このようなタイプの振る舞いは、自立した男にはめったに見られない。」（注10）

エウリピデス［ギリシア三大悲劇詩人の一人、前

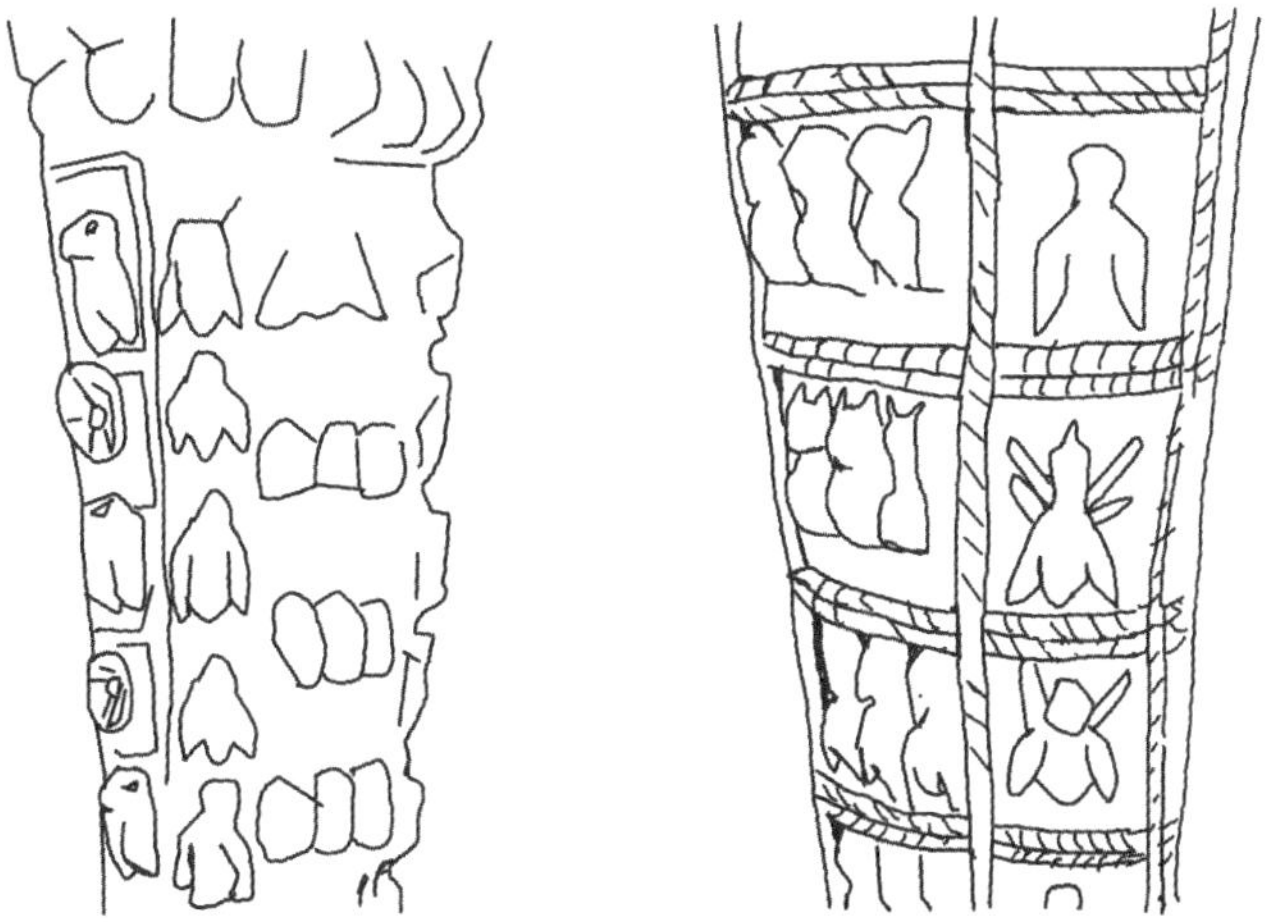

図６　エペソのアルテミス神像に描かれたメリッサイ（蜂女たち）

四八〇頃～前四〇六頃］の作品に登場する女主人公の一人は、女性たちが持つ宗教上の特権をこう断言した。

それだけではない。こと神々に関する事では
私が最も重要な判断をする。
その点で私たちに割り当てられている役割はじつに大きい。
なぜなら女性たちは預言するのだから。
ポイボス［太陽神としてのアポロン］の神託においても、ロクシアスのお考えにおいても。
［ゼウスの神託所のある］ドドナの聖なる台座でも同じこと。
聖なる樫の木の傍らで、女性たちはゼウスの助言を、
ギリシアの民の誰でも、望む者に与える。
フェイツ［運命の三女神］や名もなき女神たちへの、
いずれの聖なる祭儀が執行されるときも、
これら聖なる役目に男性たちが任じられることはない。
例外なく、女性たちのある者だけが、栄誉あるその役目に就けられる。
こと神々に関する事での、女性の役割は以上の通りである。（注11）

これでわかるのは、宗団の形態の中には、女性が役割を独占するに等しいものが見られたということではないだろうか。女性が神々との仲介を果たすことが、必要不可欠になっていた例もある。その最初の徴候の一つは、デルフォイ、ドドナ、ディデュマの神託では女性たちが、神々の代弁者として用いられたことである。彼女たちを通してだけ、ゼウスやアポロンの意向は啓示された。彼女たちだけが、フェイツやフュアリズ［三人姉妹の復讐の女神］に仕えることができた。

仲介者や、神意を告げる女性として、ユダヤ人女性がその役目に就くことがあったらしい。それというのも、ローマの風刺詩人ユウェナリス（紀元六〇〜一二八）が、「天の至高者の仲介者、エルサレム律法の解釈者」であったユダヤ人女性について書いているからだ（注12）。彼女が正統性を持っていたかどうかは疑わしい。「（知識の）木の女性大祭司」と、自分から名乗っていたからである。この貴婦人にグノーシス派の傾向があったことは疑いない（注13）。彼女はユダヤ教の難解な秘密を、金さえもらえれば自分の追従者に漏らしたことだろう。キリスト教文学もまた、秘伝の知識を分け与える女性を利用した（注14）。

グノーシス主義はそれよりさらに、女性である仲介者の役目を重要視した。これらの女性たちの多くは、本来、古くは伝統的な作り話における役割を果たしていたが、その後、宗教儀式における特別な使節としての存在に転換した。たとえば、グノーシス派のあるテキストには次のような箇所がある。

ペテロはマリアに言った。「姉妹よ。私たちは、救い主（ソーテール）（注15）があなたを他のどの女性よりも（パラ）愛したと理解している。あなたが記憶している救い主（ソーテール）の言葉、つまりあなたは知っているが、私たちは知ることも聞くこともなかった（ウーデ）、主の言葉を私たちに伝えていただきたい。」するとマリアは答えて言った。「私は、あなたがたには隠されてきたことを、詳しく説明します。」そして彼女は、彼らに講話をし始めた（アルケスサイ）。（注16）

男性たちはこの隠された知識を、ひとりの女性を通してだけ学ぶことができる。グノーシス派の他の文書によれば、預言者マルコスがシーゲ（沈黙の意）から教えを受けた。そして一方、ナグハマディ・テキストによれば、とりわけノアの妻ノリレアが、啓示を受ける点で恵まれていた。ケルソスは、グノーシス派のかなりの数の宗派が、自派の名称や言い伝えを女性の指導者たちのものから引き出したことについて書いている（注17）。

ベタニヤのマリア、使徒ヤコブの姉妹マリアンネ、フィルメネ、ソフィア、エバは、いずれも真理の仲介者を務めた。カルポクラテス派は、彼らへの啓示がマリアンネ、マルタ、サロメを経由したと断言した（注18）。オーファイト派はマリアンネを、主の教えを継続するよう主の兄弟ヤコブによって任命された使徒として、非常に尊敬した（注19）。シモン・マグスの配偶者へレナについては、彼女がトロイアのヘレネであり、彼女による啓示は女性から女性へと手渡されていくと言われた（注20）。彼女は「万人の母」と呼ばれており、彼女の名を取って、「ヘレネ派」として知られる一派が始まった（注21）。同様に、それ以外の派も、「世界は男性の姿を我慢することができなかったゆえに」、神聖な啓示は女性の姿を取って自分たちのところに来たと主張した（注22）。グノーシス派の、ある神はこう断言した。「私は声の母である。その声とは、幾通りもの仕方で話し、万物を完全なものにする声である。私の中には知識が存在する。それは、終わることのない物の知識である。私は、いずれの被造物の中にあっても講話をする者である。それで、私は万物によって知られている。そして（デ）、二度目に来たときには、私は女性の姿で来て、彼らに講話をした。」（注23）

秘伝のこの知識は、宗教的文献に登場する女性たちだけでなく、現実に存在する、グノーシス派の女性たちにも与えられていた。現実の女性たちは自分たちが手にした、普通の人にはわかりにくい秘密を、人に分け与えることをいとわなかった。エピファニオス［紀元三一〇／三二〇～四〇三］は、彼を味方に引き入れようとした女性たちのことを書いている。そして、マルコス派の女性たちが男性たちを教え導いたこと、フィビオン派の女性たちもそれと同じことをしたこと、マルセリナがローマでアニセトゥス監督の下、大勢の者に道を誤らせた（ムルトス　エクステルミナヴィト）ことについて書いている（注24）。

第一テモテ2章5～15節でパウロは、最高の真理を宣べ伝えるためには女性たちを欠くことはできなかった、という見解を述べている。彼はその上で、女性たちが、神聖な教えを自分たちだけが持っていると思いたがることに対し、論戦を繰り広げる。彼は唯一の仲介者キリストと、聖書によって与えられる啓示に心血を注いでいる。聖書は、人を、救いに達する識別力を備えた者にすることができる。パウロは、「すべての人の贖いの代価として、ご自身を与えてくださった」イエスに注目させ、それを「定められた時になされた証し」であると言う（Ｉテモテ２・６）。キリストが自身を犠牲としてささげたことは、キリストによる仲介が有効であることを証明している。パウロ自身、そのことの証人としての使命を帯びて遣わされていた。

男性と女性はどう振る舞うべきか

パウロは、自分が「宣教者、使徒、そして、信仰と真理を異邦人に教える教師」であることを宣言した後（Ｉテモテ２・７）、その宣言の意味するところを８節で具体的に語っている。異邦人の男性や女性による崇拝はしばしばまったく異なっていたので（異なる神々、祝祭、聖堂、礼拝の仕方）、パウロは、男性と女性はいかにして礼拝するのが適切かという問題について見解を述べる。

ここでも彼は、「８節からの」命令の言葉の前に「そういうわけで」という語を置いている。回心して間もない異邦人クリスチャンのとるべき振る舞いに心を配ることも、使徒としてのパウロの務めである。パウロは、「男たちは怒ったり言い争ったりせずに、どこででも、きよい手を上げて祈りなさい」と求めている（Ⅰテモテ２・８）。ここで使われているディアロギスモス（言い争い）という語は、「疑うこと」と訳されることもある。しかし、反対に遭遇した際に起こる論争や反目に触れている箇所は他にも多くあり、しかも、特に、主のしもべは争うのでなく忍耐強くあれと具体的教えがなされていることからすると、この箇所もまた、他者と敵対することに不賛成を表していると考えられる。

９節冒頭に「同じように女たちも」とあるのは、女性たちはそれと同じ態度で祈るべきであり、とはいえ自分の身なりが与える印象には気をつけるべきである、の意らしい。しばしば女性たちを世間と没交渉にさせている社会で、女性がこのように社会に関与するのは、じつは意外なことではない。確かに小アジアで、女性たちはギリシア本土よりも解放されていた。しかしこれらの指示は、入念に仕上げた服装が少なくなかったに違いないことに気づかせる。ヨハネス・クリュソストモス［紀元三四五／三四九／三五四～四〇七］はこの箇所を、豪華なひだ付きスカートの下に、非常に小さな金の靴をのぞかせている貴婦人たちを痛罵するものとして捉えた。

この箇所にある差し止めは、時折礼拝の最中に着物を脱ぐことがあった女性たちへの、訓戒でもあったろう。ポンペイの「秘儀の別邸」に見られる壮麗なフレスコ画には、衣服をつけない女性の一団が、ディオニュシオス神の秘儀の式典に加わっている姿が描かれている。さらに、多神教徒の女性が、ときにスカートをウエストまで持ち上げることは、敬神の念と祝福を示す行為であった。それに反し、クリスチャンがささげる礼拝や祈りにおいては、豊穣が重要とされるのではなく、上品さが重要とされた。

パウロは、「つつましい身なりで、控えめに慎み深く身を飾る」のが祈るときの女性たちに「ふさわしい」のではないかと言う（Iテモテ2・9）。次いで彼は、身を飾るのに適切なものと不適切なものについて概説する。まずは「はでな髪型」、つまり髪を編むことについて。普通私たちは髪を編むことをやぼったいと思うものだが、アプレイウスはこれを、人を惑わすものだと思った。そして、そう思うのは彼ひとりではなかった。さらに、その時代には、特別の美容師を必要とするほどに手の込んだ髪型が、女性たちによって選ばれることもあった。ユウェナリスは、流行を追う貴婦人たちが、一人の奴隷に髪を整えさせ、もう一人の奴隷は、逆毛の仕上がりが良くない場合に手際の悪いその美容師を激しく打つための鞭を持って立っている有様を述べている。

「金や真珠や高価な衣服」はどれも不適切だと言われている（Iテモテ2・9）。とはいえ今日では、最も保守的なクリスチャンの間でさえ、それらがふさわしいとされることは少なくない。古代世界において華美な服装はしばしば乱交を表すとみなされた。また、貧しい者の窮状に照らして考えても、とてつもない出費が正当化されることはなかった。次にパウロは、それよりもいっそう貴重なものの名を挙げる。それは、「神を敬うと言っており」、イエス・キリストの知識を持つと言っている女にふさわしいこと疑いなしの、「良い行いという飾り」である（Iテモテ2・10）。

パウロの話は、女性たちの祈りの生活から、彼女たちが神のことばを学ぶことへと進む。「女は、よく従う心をもって静かに学びなさい」（Ⅰテモテ２・11）。女性は、神のことばを申し分なく教えられなくてはならない。これは、通常はユダヤ人の伝統ではなされないことであった。二世紀の女性ベルイアが、律法における博学で有名になったとはいえ、彼女のような場合はかなり珍しい。女性たちに律法を教えることには気乗り薄であるのが、ラビたちの特徴であることに照らしてみても、パウロの、女性たちは学ばなくてはならないという命令は、霊的洞察に満ちたものである。

じつは、ラビである学者自身が、静かに学ぶようにと言われていた。そうするのが、人が神についての知識を得る仕方であった。イスラエルの民は主の前で静まるようにと命じられた（イザヤ41・1、ハバクク２・20、ゼカリヤ２・13）。そしてこう教えられた。「やめよ。知れ。わたしこそ神」と（詩篇46・10）。沈黙は知恵を取り囲む壁であった。ラビ・イサクはこう問うている。「この世で人が追い求めるべきことは何か。人は静まらなくてはならない。神のおしえのことばに関して、人はおそらくそうあるべきである」（注25）。それゆえ、沈黙は弟子たる者の守るべき本分であった。「静かにして、よく従う心でいる」とは、中近東では、自ら進んで教えを注意深く守るという意味を含んだ決まり文句だが、この箇所での教えは、神のことばの中にある教えである。

ギリシア語を話すユダヤ人たちは、ヘブル語聖書のギリシア語訳（七十人訳聖書）を起草したが、彼らは「沈黙」と「よく従う心でいること」との間に著しい相関関係を見ていた。ヘブル語テキストが、神の前に静まることを言っているところは、詩篇に三か所ある（詩篇37・7、62・1、5）。七十人訳聖書の訳者はこの三か所を、どれも「恐れ入って従う」という意のギリシア語動詞を使って訳した。それらの箇所で本来意味されていることが、神に対し熱心に耳を傾けることであり、受け入れることであるのは確かである。

女性は学ばなくてはならないという、第一テモテ2章11節の命令は、いつも学んではいるのに、いつになっても真理を知ることのできない、愚かな女たちの存在を際立たせる（Ⅱテモテ3・6〜7）。パウロは、誤りに陥ることなく堅く立つことができるよう、真理によって、女性たちに身を固めさせる。著者が私たちを第一テモテ2章12節に向かわせていく道筋も、それと同様である。彼が熱望してやまないものは、平和であり、真っ当な心構えであり、真理を知る知識である。

第2部

何を差し止めているのか（第一テモテ2章12節）

第6章　第一テモテ2章12節を綿密に調べる

いよいよ表題の聖句、第一テモテ2章12節を取り上げる。この箇所は、念には念を入れ、綿密この上なく調べることがきわめて重要である。私たちは文法も単語も詳しく調べる。他には見られない、第一テモテの特徴は、二つ以上の意味を持つ語が用いられていることである（注1）。著者がある語を使ってどの意味を意図したかに関しては、だれも自説を貫き通せるとは限らない。ことによると、著者は二つ以上の概念を喚起することを望んだかもしれない。アウセンティン［日本語聖書では「支配する」「上に立つ」と訳されている］という語は、ギリシア語新約聖書のこの箇所にだけ現れ、旧約聖書のギリシア語訳である七十人訳にも見られない。だがこの語をどう訳すかは、このテキストの理解にはきわめて重要である。二つ以上の訳が考えられ、どちらの訳を採るかで節全体の意味が違ってくる。

それだけではない。この節はまれに見る語順になっている。そこで私たちはこの節の単語を、ギリシア語テキストに現れる順にしたがい、分析して調べる。この節は逐語訳すれば以下のようになる。「教えることを、それとは反対に、私は、女に許しません、アウセンテインすることを、むしろ静かにしていることを。」この節は三つの不定詞を含み持っている。教える、アウセンテインする、~にしている、の三つである。特に、「教える」は、他の二つの不定詞から切り離された位置に置かれており、大変興味を引かれる。その位置にあるということは、他の二つの不定詞の一方、あるいは両方が、女が教えている内容に関係している、ということに注意を向けさせる。たとえば、隣接市ティアティラでは、一人の女が「サタンの深みを」教えていた。彼女はキリストのしもべたちに「淫らなことを行わせ、偶像に献げた物を食べるように」指図した（黙示録2・20）。ここでは、二つの不定詞は［「行う」、「食べる」］、ディダスケインという語と一緒に使われている。ディダスケインは、第一テモテ2章12節に現れるのと同じ、「教える」という語である。黙示録2章20節では、女が何を教えていたかが、告知されているのに対し、第一テモテ2章12節では、女が教えてはならないことは何かが、告知されている。

「教えることを……」

そういうわけで、第一テモテ2章12節はディダスケインという動詞で始まる。このギリシア語は、教師がする働きを指すのが普通である。第一テモテでディダスケインが用いられる際は、常にもう一つ別の動詞に伴われて現れる。二つ組の動詞はどちらも、相方の意味の範囲を限定したり、あいまいさを取り除いたりする。ディダスケインが、そのような二つ組として［第一テモテに」最初に現れるのは、二つ以上の要素から成る一事を指す命令の際である。すなわち、「違った教えを説いたり、作り話に心を寄せたりしないように（メー　ヘテロディダスカレイン　メーデ　プロセケイン）」（Ⅰテモテ1・3〜4）（注2）。［Ⅰテモテ1・3〜4では、ディダスケインから派生した動詞ヘテロディダスカレインが用いられている。二つ組になっているのは、ヘテロディダスカレインとプロセケイン。傍線は訳者。］次に、著者はテモテに、「これらのことを命じ、また教えなさい（パラッゲッレ　タウタ　カイ　ディダスケ）」（Ⅰテモテ4・11）と強く命じる。また、「これらのことを教え、また勧めなさい（タウタ　ディダスケ　カイ　パラカレイ）」（Ⅰテモテ6・2）と強く命じる。第一テモテ6章3節には、「違ったことを教え、同意しない者（ヘテロディダスカレイ　カイ　メー　プロセルケタイ）」に対抗するよう、用心深い言葉を用いた警告が込められている。二番目の動詞が最初の動詞と堅く結びついて、二つを合わせた意が示されている。そういうわけで、第一テモテ2章12節のアウセンテインは、ディダスケインの意味する範囲を申し分なく限定している。

教えに関しての懸念を抱くのは、牧会書簡群の際立った特徴である。問題が多いと著者が言う地域で猛威を振るう、おぞましい罪過と闘えるとしたら、それは神が語っておられることを、間違いなく伝えることによってだけかもしれない。聖書への、揺るぎない献身を保持する人によって、真理が公然と語られることが、何としても必要であった。教えるという務め（ディダスケイン）も、教え自体（ディダスカリアまたはディダケー）も、実際に教える教師（ディダスカロス）も、重要だと強調されている。教えの内容は、教えに備わっている真理から明らかにされる（Ⅱテモテ４・２、テトス１・９）（注３）。教師は、その語ることが真理か誤りかによって、はっきりと分類される（Ⅰテモテ１・７、２・７、Ⅱテモテ１・11、４・３〜４、テトス２・３）。ディダクティコスである者（教える能力がある者）には、反対者たちへ教えを説く備えができていなければならない（Ⅰテモテ３・２、Ⅱテモテ２・24）。反対する者が語るのは「悪霊の、教え（ディダスカリア）」であることが確認されており（Ⅰテモテ４・１）、それは「敬虔にかなう教え」と絶対に一致しない（Ⅰテモテ６・２〜３、Ⅱテモテ４・３）。テモテがあくまでこの教えを教え続けるなら、テモテも、彼の教えを聞く人たちも救われる（Ⅰテモテ４・16）。重要なのは教えの目ざす目的であり、教えのもたらす結果である（Ⅰテモテ３・10、４・６、13、16、５・17、６・３〜４、テトス２・７〜８）。

牧会書簡群では、ディダスケイン［およびディダスケインから派生した語］は、教えの内容を示したり、暗示したりする場面で使われる。それは、反対する者たちが広める違った教えの場合にも（Ⅰテモテ１・３、７、４・１、６・３、Ⅱテモテ４・３、テトス１・11）、真理が教えられている場合にも、言える（Ⅰテモテ１・10、２・７、４・11、13、16、５・17、６・１〜３、Ⅱテモテ１・11、２・24、３・10、16、４・２〜３、テトス１・９、２・１、３、７、10）。第一テモテ６章３節では、肯定的な意味でも、否定的な意味でも現れる。「違ったことを教え、私たちの主イエス・キリストの健全なことばと、敬虔にかなう教えとに同意しない者がいるなら、その人は高慢になっていて、何一つ理解しておらず、……」。著者は、「健全な教え（ヘー　ヒュギアイヌーサディダスカリア）」をもって、反対者たちの説く不健全な教えと闘うことを勧める（Ⅰテモテ1・10、4・16、5・17、6・1、Ⅱテモテ3・10、4・3、テトス1・9、2・1、7）（注4）。ジェローム・クインは、「ディダ」で始まる八つの関連語が牧会書簡群に繰り返し現れること、それが三十回に及ぶことに特に言及し、中でもディダスカリアは、単数形で現れる場合、厳密には「使徒の教えを示す」語であると言う（注5）。

テモテは、聞いたことのない異様な教えの擁護者たちに抗して、断固自分の立場を守り、パウロから聞いた教えに従わなければならない（Ⅱテモテ2・1～2、3・1～10）。聖書自体が、教えと戒めと、真理からそれて行った者の矯正とのために有益である（Ⅱテモテ3・16）。真理の教え（ディダスカリア）が、悪く言われてはならない（Ⅰテモテ6・1）。それどころか、信者の生き方はその教えを飾るものでなくてはならない（テトス2・10）。

もし、第一テモテ2章12節の文脈が、単に教えるという行動に触れるだけで、肯定的であれ否定的であれ教えの内容に触れることのない、あたりさわりのないものであるなら、それは、牧会書簡群でディダスケインがそのように使われる、唯一の回となる。著者は女性たちが、どのようであれ違った教えに関与していたことを明らかにしている（Ⅰテモテ4・7、5・13、Ⅱテモテ3・6～7、テトス1・11）。したがって、この節の命令には、彼女たちが説く非正統説への非難が含まれていると見るのが、他の箇所でのディダスケインの使われ方に一致する。私たちは、第一テモテ1章3〜4節とテトス1章9〜14節が、違った教えを禁じているのと同様、この節のディダスケインは、女性たちが真理から外れた教理を教えることを禁じていると確信する。いかにしてであれ、女性が男性を教えることを禁止するのにディダスケインが使われていると、理解しなければならないとしたら、牧会書簡群の他の箇所で困難が生じる。第一に、テトス2章3節は年配の女たちに、「良いことを教える者であるように」と言っている。彼女たちの教える相手は、若い女の人たちもいたことは確かだが〔テトス2・4〜5〕、必ずしも女性に限られていたわけではない。第二に、パウロは第二テモテ2章2節で次のように言っている。「多くの証人たちの前で私から聞いたことを、ほかの人にも教える力のある信頼できる人たちに委ねなさい。」ここで「人たち」と訳されている語はアンスローポスで、この語は男女どちらの性の人を指すにも用いられる。2章2節は、教えることを女性たちに禁じるどころか、責任能力を持つ女性たちは、真理を宣べ伝えることを最優先事項にしなければならないという、熱烈な勧告の言葉だと思われる！　女性男性を問わず、教えることのできる者はこの勧告を受け止め、イエス・キリストの計り知れない富を知らせよとの呼び出しに、応じるように求められている。

第二テモテでは次のようにも言われている。

「私はあなたのうちにある、偽りのない信仰を思い起こしています。その信仰は、最初あなたの祖母ロイスと母ユニケのうちに宿ったもので、それがあなたのうちにも宿っていると

私は確信しています。」（Ⅱテモテ1・5）

「けれどもあなたは、学んで確信したところにとどまっていなさい。あなたは自分がだれから学んだかを知っており、また、自分が幼い頃から聖書に親しんできたことも知っているからです。」（Ⅱテモテ3・14～15）

テモテに聖書を教えたのは彼の母と祖母であった。これと同じ書簡はプリスカの名を挙げている。使徒18章26節によれば、彼女はアポロに「神の道をもっと正確に説明した」。パウロによる他の書簡には、女性も男性も教えるようにという命令が含まれている。コロサイ3章16節は、「互いに教え、忠告し合いなさい」と言っている。第一コリント14章26節は、「あなたがたが集まるときには、それぞれが賛美したり、教えたりすることができます」と言っている。その5節後でパウロは次のように言っている。「だれでも学び、だれでも励ましが受けられるように、だれでも一人ずつ預言することができるのです。」（Ⅰコリント14・31）

具体的には、女性たちは頭にかぶり物を着けているなら、預言する許可を与えられていた（Ⅰコリント11・5）。第一コリント14章3節によれば、預言は人を育てる言葉や勧めや慰めで成り立つ。これらはクリスチャンによる教育の基本的要素であることは疑いない。そういうわけで、パウロによる他の多くの箇所は、女性たちが男性たちと、また男性たちが女性たちと一緒に教えるという、基本的な考えの支えになっていることが歴然としてくる。したがって、教えることがあらゆる種類において禁じられているのでなく、どちらかといえば、あるタイプの教えが具体的に禁じられているのかどうかを見極めなくてはならない。

「私は許しません」

次に私たちが目を留めなくてはならない語はエピトレポーだが、これは「私は許す／許可する」と訳されるのが普通である。だが以下を意味することもある。［援助、情報、忠告などを］求める／頼る、［時間／場所を特定の活動に］当てる［通例は受身形］、誰かの世話に任せる、［子どもなどを人に］任せる、信じて委託する、譲る、容赦する、容認する、付託する、［権利として］許す、承諾する、はたまた、命じる。ギリシア・ローマ期に、この動詞は、仲介者としての役割を果たすことも意味した。メナンドロスによる喜劇の題名では、意見衝突の仲裁を委託された人物たちを示すのに、この語の分詞形を使っている。ジョン・トーズ教授は、この語が七十人訳に現れるときは、どちらかといえば、全般的ではなく限定的な具体的状況に向けて述べていると言う（創世記39・6、エステル記9・14、ヨブ記32・14。以下をも参照。箴言19・2［ただしラルフス版にあるのは3節以降のみ］、Ⅰマカバイ記15・6、Ⅳマカバイ記4・17〜18）（注6）。そのことは、使徒［パウロ］は第一テモテ2章12節で、女性の指導的な働きを広範囲にわたって禁止するのではなく、どちらかといえば特定の状況について述べているという主張と一致する。パウロが現在形を使っていることは、彼のこの命令が、書簡執筆と同時代の状況に対処すべきものだったことをも示している。おそらくこの動詞は、「私は許さない」と訳されるべきである。

エピトレポーの前にあるのは、この文で初めて現れる否定辞のウークである「「～でない／～しない」の意」。ギリシア語では一般に、ウーとメーという二つの語が、否定の概念を導入するのに用いられた。ウーは、次に来る語が母音で始まる場合には、ウークになった。この箇所も、次にくる語がエピトレポーなので、ウークである。英語の no から nowhere, no one, nothing を作ることができるように、ウーやメーからは複合否定辞を作ることができる。第一テモテ2章12節に出てくる否定辞はウークとウーデで、ウーデは複合否定辞である。ウーデが意味するのは、「しかし／そして、…でない／…しない」「もまた、…でない／…しない」「…でさえない／…さえしない」である。そういうわけでこの文には二つの否定辞があり、「私は、女が…したり…したりすることを許しません」と訳されるのが普通である。「私は、女が…することも、…することも許しません」という訳も若干見られる。

だがウーデは、パウロによって用いられる場合、しばしば、他では見られない特徴がある。フィリップ・バートン・ペインが指摘していることだが、パウロ書簡でウーデは、たいていの場合、緊密な関係にある二つの観念を結び付けるために用いられている。ペインは、その用法が三種類に大別されると言う。

1　ほぼ同義の二つの言い回しをつなぐため。「人々から出たのではなく、人間を通してでもなく、」（ガラテヤ１・１）［「でもなく」に当たるのがウーデ。］

2　別の語や語句につなぐことで、語や語句の意味をさらに明確にするため。「義人はいない。一人もいない。」（ローマ３・10）［「も〈＝さえも〉…ない」にあたるのがウーデ］。神の基準にかなう義なる人は、（イエスを除いて）まったく存在しないことを、ウーデが強調している。

3　ごく普通に一組にされる語を一括りにするため。「私たちは夜の者、闇の者ではありません。」（Ⅰテサロニケ５・５）［「、…ない」に当たるのがウーデ。］［以上、傍線は訳者。］

そこで、ペインは論じる。ディダスケインとアウセンテインという二語は、ウーデでつながっており、二語は一緒になって命令の意味を伝えているのであると（注７）。アウセンテインとは、どんなタイプの、どんなやり方での、教えること［ディダスケイン］を女性が禁じられているのかを、説明しているものだということを、ウーデが示している。たとえば、「私は、女性が男性に微分学を教授することを禁じる」と言えば、女性が教えてはならないとされる教科が、高等数学であることがはっきりする。

アウセンテインの意味

二番目の禁令とされているのが、女性がアウセンテインしてはならないというものである。大多数の英語訳聖書は、この語を「支配する」と訳しているが、英語欽定訳聖書は「支配力を強奪する」と訳している。新約聖書で「支配する」に当たる語は、通常はキュリエウエインまたはエクスーシアゼインである。だがこの箇所はそれとは違う語が使われており、使われているその語にはほかの意味もある。そういうことは、ギリシア語の単語に限ることではない。というのは、英語の単語にも、多様な意味のある場合はあるからだ。たとえば英語の名詞 play は、レクリエーション活動や、子どもの活動や、演劇を意味することがある。動詞 play であれば、スポーツをすること、音楽を奏すること、取り繕うこと、などを意味することがある。それと同様に、アウセンテインにも広範囲で多様な意味がある。その中で重要なものとしては、以下の意味が挙げられる。

1　何事かに着手する、ある状態または行為（とりわけ謀殺）に対して主たる責任を負うべき立場にある、
2　支配する、統治する、
3　他者の支配力や権利を強奪する、

4　所有者であることや、主権者であることや、原作者であることを主張する。

綿密な研究に徹底するのであれば、これらの意味のどれについても調べ、それらが別訳の可能性を示しているかどうかを、確認しなければならない。その可能性を、私たちは必ずしも正当なものと認めてきたとは限らない。

アウセンテインとその関連語は、最初期の用法では、何事かに対し責任があることを意味した。その何事とは、普通は殺人である。普通はまず名詞形アウセンテースで現れる。この語はしばしば、責めを負うべき人物を意味する。あるギリシア悲劇では、ギリシア最強の戦士アキレウスの父親が、息子のアウセンテースであり卑劣な強奪者であるとして、メネラオスを非難する（注8）。実はトロイア人の槍が、アキレウスを唯一傷つけることのできるところ、足を一撃したとき、アキレウスは殺された。メネラオスが有罪とされたのはただ一点、自分の美しい妻ヘレネをトロイアの王子が不法に奪った後、全ギリシア人を対トロイア戦に召集したことのゆえであった。アキレウスの父親は、過去の出来事を顧みて、メネラオスを、息子の悲惨な死に対して責任ありとみなし、彼こそがアウセンテースであり、ミアストル（犯罪に染まり、他者を堕落させる卑劣漢）であると思い定める（注9）。

ヘロドトス〔前四九〇／四八〇～前四三〇／四二〇〕が伝える話はこうである。ある王が、自分の娘に生まれたばかりの息子についてなされた、不吉な神託を恐れていた。王は遠縁の男ハルパグスに命じて、その子を亡き者にしようとした。ハルパグスは従うと見せかけて、実際はある羊飼いにそれを遂行させようとして、赤ん坊を引き渡した。だが羊飼いは、死産で生まれた自分の子を赤子の王子と取り替えて、生きているほうの赤子を自分の子として育てた。他にも多くあるギリシア神話の例に漏れず、孫と祖父は互いをそれと認めるに至り、ついに再会を果たした。王は命令に従わなかったハルパグスを呼びにやり、赤子はなぜ殺されていなかったかを問い詰めた。ハルパグスは答えた。「あなたの娘に対しても、あなたに対しても、アウセンテースにはなりたく」なかったのだと（注10）。この忠誠な臣民が、王なり王の娘なりを殺す蓋然性はなかった。あるとすれば、二人にとって子孫である赤子のほうだった。だがハルパグスは、直接手に掛けるのは赤子のほうだとして、それでも親や親の親に対して流血の罪を負う行為、また自分自身を殺人に対し責任ある位置に置く行為には、踏ん切りがつかなかった。それが、この場合におけるアウセンテースの意味である。

紀元前五世紀以来の記録の残る、ある裁判には、屋内競技場の事故でのアウセンテースが、実際には誰なのかという議論が含まれている。投げやりの飛んでくる進路に、若者が足を踏み入れて殺害されたという状況で、誰かが流血の罪に問われなければならない。アウセンテースは、飛び道具を放った者なのか、それともそこへと飛び込んできた者なのか。彼の死には誰が主たる責任を負うのか。死んだ少年の父親は、子に先立たれることと、息子が陪審からアウセンテースだと宣告されるのを聞くことという、両方の苦しみを負うはめにはならないことを、涙ながらに懇願する（注11）。彼は、彼自身をも彼の亡き息子をも、アウセンテースだと断言することは邪悪な行為であると、強く主張する（注12）。そこで明らかになるのは、アウセンテースであるという汚名は、親族にまで及ぶということである。アウセンテースという語に密接に絡むのは、汚染という概念であった。その結果、アウセンテースという呼称は、殺人者と関係のある者にも当てはめられるかもしれなかった（注13）。アウセンテースと性的関係にあることも、評判を落とすことであった。

究極的な責任という考えはあまりにも重要だったため、アテネの殺人事件は、被害者の親族が、アウセンテースと同じ屋根の下に居合わせたりしなくてすむよう、野外で審理された。アウセンテースという語は、自分の血族を殺した者に用いられることがあった（注14）。新約時代より前には、時として自分自身のいのちを絶った者を意味することもあった（注15）。アイスキュロス〔前五二五～前四五六、ギリシア三大悲劇詩人の一人〕の『エウメニデス』に付された、古代の欄外注には、「殺人を最近犯したばかりの者」とある中に、動詞アウセンテインが現れる（注16）。

現代の、傑出した牧会書簡群注釈者の一人である、セロー・スピックは、第一テモテ2章12節には、支配の概念と並んで、女が男を死に至らせたとの暗示が見られると言う。彼は殺人の意味するところに注目し、罪を犯すようにアダムを仕向けたのは、彼の脇腹から取られた女殺人者であったと付言する（注17）。紀元前二世紀のユダヤ人作家ベン・シラは、罪の創始者が女であり、彼女のゆえに私たちはみな死ぬ運命にあると述べた（ベン・シラの知恵25・23［25・24か］）。アウセンテインは、霊的にいのちを奪うことではなく、象徴的に、あるいは本当に、いのちを奪うことを指している可能性もある。

多神教の伝承にも、キリスト教の異端の伝承にも、女が男の殺害の張本人である祭儀が含まれていた。そのような所作は現実的というより象徴的なものだと思われるが、だからといって、所作の持つ宗教的な意味が減じられるわけではない。男子を秘儀に導く秘儀参入式では、女性が祭式執行者を務めることがしばしばあった。秘儀参入式は三つの要素から成ると言われていた。その三つとは、語られること、演じられること、遂行されることである。性という要素と、死という要素は両方とも示されていた。

秘儀参入の枠内に、授業と殺害シミュレーションの、両方が入る余地は十分にある。多神教のものであれグノーシス派のものであれ、本格的であれ再現的であれ、祭儀のそのような所作が教会に受け入れられる余地はまったくない。それは、作り話、もしくは他の教材の朗誦にも言えることだ。少なくとも第一テモテ2章12節を鑑定するのであれば、著者が祭儀のそのような習わしを禁じている可能性を、正当に取り扱うべきである。とはいえ、それが必ずしも唯一の可能性というわけではない。

第7章　アウセンテインという見慣れない動詞

私たちが研究対象とする節に、「殺害する」「創始する」また「交接する」を意味する、きわめて重要な語［すなわち、アウセンテイン］が、出てくるのはじつに不思議である。それというのも、これらはすべて小アジアで実践されていた秘儀宗教の要素だからだ。いくつかの語が、アウセンテインと同じ語幹から派生した。これまで、［そのうちの一つである］アウセンテースという語を主に論じてきた。アウセンテースは、ある行為を実行する人物を指す名詞である。（動詞であるアウセンテインの定義の一つが、「アウセンテースであること」であることに、議論の余地はない。）アウセンテースとは別にアウセンティアという名詞があるが、これは、「支配力」「肉体的な力」「独創力」さらには「気ままに振る舞いうること」という、抽象的な概念を意味する。アウセンティコスという形容詞もあり、「本来の」「まがいものでない」を意味する。近代英語の authentic［「真正の」「本物の」の意］は、そこから得たものである。アウセンティコースという副詞もある（「元をたどれば」「まがい物でなく」「正当な権能を持って」の意）。動詞アウセンテインに本来備わっている諸々の意味を、より完全に近い形で理解するためには、これらの単語のすべてが助けになる。第一テモテ2章12節のアウセンテインの最善の訳に、どの意味を採用すればよいかという結論は、容易に出るものではない。

翻訳は精密科学ではない。様々な翻訳聖書を比べてみるだけでも、意味が別の仕方で捉えられている箇所のあることがわかる。一定の箇所を有能な学者たちはいろいろに訳すが、そのどれもが、それなりに妥当である。ギリシア語の単語には、意味の二つ以上あるものが多い。したがって翻訳者の仕事は、節全体の意味にいちばん一致し、しかも背景／文脈にもちょうどよく合うと、翻訳者自身が納得のいく訳文を決定することである。

アウセンテインをどう訳すかは、第一テモテ2章12節を理解するためにきわめて重要である。したがって、アウセンテインの意味範囲に含まれるものはすべて調べ上げ、そのどれについても、この箇所の意味である可能性があるかどうか、入念に調べなくてはならない。資料は気軽に手に取ってみることのできないものなので、私たちはいろいろな可能性があることを、［読者のため］十分に説明する。小アジアの、まれに見る宗教的文化的状況を考慮するなら、いかなる可能性も排除されることがあってはならない。そこに例外はない。この章で提案される訳が、どれも、第八章で私たちが提案する解釈に比べれば、この節の意味に申し分なく適合するものではないということを、読者諸氏が理解されることが重要である。

支配力の奪い取りを意味する可能性はあるか

英語欽定訳聖書は、アウセンテインを「権利を侵害する」と訳すが、侵害が、この動詞が持つ意味の一つであることは確かである。その最も興味深い例が、エジプト出土の法律文書に見られる。乾燥した気候の下で、パピルス紙の古文書は多数保存されており、古代世界で実際に起こった多くの問題についての識見を得させてくれる。アウセンテインは法律上の問題において、より専門的な意味を持つ。優れたパピルス古文書学者であるフリードリッヒ・プライジグケは、フェルフュグングスベレヒティヒト ザインがこの語の意味であると述べている。このドイツ語は、地所およびその処分に対して、法的に正当な権利を持つことを意味する（注１）。プライジグケは紀元前六世紀の相続訴訟の、二つの事例を挙げており、それらは不動産の所有権が争われたものである。

第一件目のパピルス古文書によれば、相続人たちは、父母からの相続物件を兄がすべて取り上げてしまったと告訴した。兄は、それだけでなく、以前両親のものであった家々をひとたび借用すると、それを自分の物だと（アウセンテイン）、主張するに至った（注２）。兄は賃貸料を徴収していたが、それをも我が物にしてしまった。そのために周りの者は、（おそらく経済的にも、また居住場所についても）苦境に陥ったというのに……。その告訴自体が、長兄はその地所に対し、議論の余地なく所有権を有していなかった証拠である。彼が家々を勝手に自分の物にしたことは確かであり、ギリシア語文に見られる憤然たる語調は（ウー メーン アッラ カイ アウセンテーサイ、自分の物だと主張するまでになった、の意）、アウセンテインが最大の権利侵害であることを示している。その行為が傲慢さに満ちていることは明らかである。彼らにも取り分があって当然の物を、彼が奪い取ったことは間違っている。

第二のパピルス古文書は、フォイバムノンという医師による遺言である。彼は遺される妻の取り分となる遺産についての、指示を記している。遺産は非常にわずかなものである。

私は、私の最も高貴な伴侶である妻が、彼女自身の物およびわれわれが一緒になる前に、幸先の良い婚礼時に私から贈られた祝いの品だけを、その管轄下に置くことを望み、かつ命じる。彼女はこれに満足すべきであり、私の相続人または共同相続人の誰に対しても、これを超えて要求することはできない。また、私の諸所有物の何であれ、いかなる方法によっても、それを彼女自身の物であると主張し（アウセンテイン）、私の遺産からそれを完全に分離することはできない。彼女は私の何らかの物を占有すること、悪しき根性をもって私の遺産から奪い取ることを、望むかもしれない。彼女が私の死後それをしなければよいのだが。（以下は私の遺言である。）彼女が私の家を出るときは、彼女が自分の両親から相続したもの、すなわち彼女の両親の遺産から持参金として私のもとへ届けられたことが明白なものだけを、持って出ることができる。（注3）

遺言者は、遺される妻がこれ以外の所有物を要求したり、自分の物であると主張したり（アウセンテイン）できないようにしたいと思っている（注4）。両事例とも、アウセンテインという語は、自分には受け取る権利があると、他者が自覚している財産に対して、所有権を主張することに関して用いられている。その行為（アウセンテイン）を不当な侵害であると、利害を異にする側が理解するため、問題が生じる。

第一テモテ2章12節の命令は、ことによると女性が権力を奪い取ることを禁じているのかもしれない。特に新約時代には、エペソでもサルディスでも宗教的権威の重要な移動があったからである。紀元一世紀までに、男性大祭司による職務が女性大祭司による職務に取って代わられていたことが、碑文による証拠で明らかになっている。アルテミス崇拝の秘儀が女性大祭司によって執行されたことを伝える碑文は二つあるが、祭式執行者を男性だと示す碑文は知られていない。三世紀初期の碑文には、女性大祭司が「女神の秘儀をすべて復活させ、古代からの様式で確立させた」とある（注5）。リュディアのサルディスは、エペソの崇拝者集団の支部があったところだが、そこでもアルテミス神の女性大祭司が男性大祭司に代わって職務に就いたと思われる。

伝統的にアウセンテインのものとされてきた意味

「支配する」という伝統的な訳は、この動詞の意味として広範囲で用いられたものの一つとして認められている。アウセンテインとアウセンテースは、元をたどれば殺害に対して用いられた。だが紀元二世紀までに、権力あるいは権威を持つ、の意であるという、文書による証拠が揃った。とはいえ純正論者たちの間では、そのような意味に用いることは粗野とみなされた。二世紀後期のある文法家はこのように言う。「この言葉は、法廷で演説者がそうするように、専制君主に対して用いられることがあってはならない。自ら手を下して殺す者に対して用いられるべきである」(注6)。古代の別の注釈者も、書物の中で次のように言及する。アウセンテースは「殺人者」を意味するが、同時代の、彼ほどには教育を受けていない者の中に、「支配者」や「所有者」の意でこの語を用いる者もいると(注7)。現代のある学者はこう述べている。「この言葉がギリシア・ローマ期に『支配者』を意味したとは信じがたい。もはやわれわれの手には入らなくなったギリシア語文献の多いことは確かだが、もしギリシア・ローマ期の著作の中に、この意味で使った例が他にあれば、今日のわれわれよりも多くを読むことのできたアッティカ語使用者たちは、この意味で用いるのが誤用だと、それほど強調したりしなかった。」(注8)

二世紀の著者モエリスははっきりと述べている。本来「支配者であることを意味する」アッティカ語の単語は、どちらかといえばアウセンテインではなく、アウトディケイン(正義を自らの手中に収める、の意)であったと。それに対し、十三—十四世紀の文法家トーマス・マギスターは、どちらかといえば、より粗野なアウセンテインではなく、アウトディケインを使うようにと勧めている(注9)。

礼儀正しいか粗野かの問題はさておき、アウセンテインが、二世紀までには支配を意味するものとして使われていたことは確かである。このことが、新約時代に続く時代になって正式に伝えられるようになった。ダマスコのヨハネは、天の王の権力（アウセンティア）のことを記している（注10）。エウセビオス［紀元二六三頃～三三九］は、イザヤ書40章10節を以下のように注釈する。「ここにあなたの神がおられる。主なる神が力をもって来られ、その右の手で統べ治めるために来ておられる」。そして以下の説明を加えている。「預言者はさらにはっきり、『威厳と、権力（アウセンティア）をもって』と言っているかのようだ」と（注11）。エウセビオスは、神がいかにしてヤコブに、父なる神の権力（アウセンティア）を理解することへの手ほどきをしたかを伝えている（注12）。アウセンテースは所有者または支配者を意味するようになり、やがてトルコ語の単語エフェンディに転訛された。

教会教父たちはアウセンテインを、支配する、または権力を有する、の意に用いたが、別の意味にも用いた。たとえばヨハネス・クリュソストモスは、マリアが息子に会いに来たのは、訪問を望んだからではなく、どちらかといえば、自分が我が子に対して権威と支配力を行使する（アウセンテイン）ところを、人々にはっきりと示したかったからだと言っている（注13）。彼は、ピリポがアンデレに敬意を払って従ったのは、兄アンデレがピリポより優位に立っていた（アウセンテイン）からだとも言っている（注14）。だがクリュソストモスは、以下の例ではアウセンテインを否定的な意味で使っている。「貴殿の妻が貴殿に従っているのなら、彼女を虐げては（アウセンテイン）ならない。」「何もかも自分の思うようにしよう（アウセンテイン）としては

ならない。」（注15）

「支配」を意味する可能性はあるのか

「支配する」がアウセンテインの、正当な根拠のある意味であり、それは第一テモテ2章12節に適合する意味であるかもしれないし、そうではないかもしれない、ということには疑いの余地がない。だが、もしこの節の命令が、男性を支配することを女性たちに禁じていると理解されるなら、それは何を意味するだろう。直ちに問題となるのは、だとすると、この命令が他の箇所でパウロが言っていることとはまったく矛盾するということである。

第一テモテ5章5〜10節は、聖職者の構成員として名簿に載せられるべきやもめについて述べており、テトス2章3節は、女性の長老たちに、「神に仕えている者にふさわしくふるまうよう」求めている。第一テモテ3章11節は、女性の執事に求められる資質を挙げている（注16）。ローマ16章1〜2節は、フィベを、ケンクレヤにある教会の執事（または牧師）だと言っており、彼女はプロスタティス（監督、管理者、保護者）とも呼ばれている。この語と同じ語幹を持つ動詞は、初期の教会教父の一人によって、聖餐式を司式する（トー プロエストーティ アデルフォーン）人物を指して使われている（注17）。その動詞は新約聖書でも、第一テモテ5章17節で、よく「指導している（あるいは、「支配する」）長老たちを指して使われている。また、ローマ12章8節（「指導する」）や第一テサロニケ5章12節（「指導する」）でも使われている。プロスタティスというフィベの役職は指導の責任を伴うことが明らかであり、その責任は長老職の場合と同じである。

フィベはパウロ自身によってこの地位に任じられたか、按手礼を執行されたかではないかと考えられる（注18）。ゲネスサイという動詞は、パウロが「私は仕える者とされた」と言う場合に使われている動詞とまったく同じである（エペソ3・7、コロサイ1・23）。また、キリストが「大祭司とされた」ことを示す動詞ともまったく同じである（ヘブル5・5）。そういうわけで、ローマ16章2節は以下の意となる。「それというのも彼女は、ほかでもない私自身によって、多くの人を指導する指導者とされているからです。」

ユニアは「使徒たちの間でよく知られている」と言われている（ローマ16・7）。この一般的女性名を、翻訳者たちは男性名（ユニアス、あるいはユニアヌス）に変えようと努めてきたが、それは立証しえないことに議論の余地はない。パウロは、プリスキラを始め数人の女性を「同労者」として挙げており、これらの人たちに従うことを、クリスチャンたちに求めている（ピリピ4・2～3、ローマ16・3～4、6、12、Ⅰコリント16・16、19）。かなりの数のクリスチャン女性が、彼女たちの家庭で集う教会を主宰していたのは明らかである（使徒12・12、16・13～15、40、ローマ16・3～5、Ⅰコリント1・11、16・19、コロサイ4・15、Ⅱヨハネ）。また女性たちは、初期の教会によって最初に下された決断に関与していた（使徒1・14～26）。

教会最初期の数世紀に、小アジアの女性たちが指導的地位にあって活気にあふれていたことはもちろんのこと、聖書自体が、伝統的解釈に異議を申し立てるよう迫ってくる。権力を有する地位に女性が就くことを差し止めるのは、初期教会で女性たちが指導に当たっていたのは間違いないという、強力な証拠に矛盾する。思うに、彼女たちは、聖書のこの箇所が［彼女たちによる宣教の］妨げになるなどとは考えていなかった。では、どのように理解していたのだろうか。

それを知るには、さらにほかの面を検討することができる。それが以下である。すでに見たように、エペソ一帯の伝承は、エペソおよびエペソの崇拝者集団の始祖を、アマゾン［女人］族だとする言い伝えを基盤にしていた。もともとの祭儀、すなわちタウロポリアのアルテミス祭儀のアマゾン族礼拝者たちは、男性に対し支配力を振るったと言われる。すなわち男子を奴隷の身分にして屈辱を与え、女性がする仕事に就かせたと言われている（注19）。広範囲に及ぶ伝承によると、小アジアの女性たちがこのような特徴を示すことは続いていた。彼女たちが、古代世界のおおかたの他地域に比べ、はるかに大きな特権を有し、はるかに多くの指導的地位にあったのは確かである。女性たちは公認された競技を主宰し、市の行政官や使節の地位にあった。ある貨幣には造幣局長の女性名が刻印されている。とはいえ市民の仕事日の生活では、女性が男性の優位に立って役目を果たしたという証拠はない。

だが宗教界の様子はそれと著しく異なっていた。ウィリアム・M・ラムゼイは、小アジアの宗教界に存在した、特別な地域社会組織について書いている。エペソを始めとする大神殿の周辺には「聖なる村々」があり、そこでの暮らしは俗界のものとはるかに異なる仕方で組織されていた（注20）。神殿組織において、特に秘儀については女性による支配が一般的であった。ラムゼイの見るところ、リュディアの社会制度は「母権制が優勢なタイプであり、それは小アジア特有のものだったと思われる」（注21）。

一九八八年の夏、私たちは周遊旅行の一団とともにミレトスを訪れた。遺跡の視察を終えてバスに乗り込むや、突然ガイドが現れて私を指差し、こう言った。「あなただ。急いで来なさい！」私はバスを伝い降りるようにして、息せき切って彼の後に続いた。彼は私を、一団の男たちが発掘作業をしているところに連れて行き、その朝出土したばかりの記念柱を指し示した。その柱には非常に長い碑文があり、その一部はまだモルタルで覆われていた。「読んでみなさい」と、彼は命令調で言う。「さあ、急いで！」碑文の語間に区切りがないため、そんなに急いで多くを判読することは不可能であった。しかしそこにあるのは、紛れもなくギリシア語で「アジアの女性大祭司」を意味する語句であった。これが必ずしも、女性に大祭司職を認めた唯一の碑文というわけではない。だがこれは、歴史家ジェームス・ドナルドソンが、「人が受けるものとしては最高の名誉である」と言っていた職務である（注22）。

ラムゼイによれば、アマゾン族は「古い宗教」に属しており、その宗教では女性が支配し、伝統的に女性の役割とされていた仕事を男性に割り当てた。そのような異教の要素は、異性に対する敵愾心と、性別の役割の逆転を基盤とするものであり、エペソの教会の、意見を異にする者たちの崇拝態度に広く見られるものであった。イエスにあって男も女もないと教えた使徒が、そのことを非難していたのは確かである。その場合、非難の矛先は、どちらかといえば、女性が指導者としての地位に加わることにではなく、女性が宗教上の権力を独占することに向けられている。そのような独占的態度が教会において見られるとしたら、男性にせよ女性にせよ、正しくないことである。

不特定の相手との性行為や性別の役割の逆転の記述におけるアウセンテイン

ビザンティン帝国の歴史文献学者ミシェル・グリュカスによる文書の中に、女性による逆転した振る舞いについての記述があるが、そこに動詞アウセンテインが使われている（注23）。その内容はグリュカスのオリジナルというわけではなく、起源はバルデサネスによる論文、クレメンスによるペテロの評価［クレメンス一世、紀元三〇頃～一〇一頃］、エウセビオス、カエサリウス、さらにセドレヌスにまでさかのぼる（注24）。そのどれにも出てくるのが、［ヒンドゥー教の］バラモン階級からブリトン人に至る、さまざまな集団の概ね性的な習俗についての長々とした議論である。ある地域社会では（その社会の呼称は、言及する著者ごとに異なっている）、女性が男性の仕事に従事し、夫の嫉妬を買うことなく夫以外の男性と、こだわることなく情交に及び、また男性を支配する。ほぼ同様の内容はアマゾン族の地域社会についての記述にも見られる。

グリュカスは、自分が当たった一つ、あるいはそれ以上の資料の中に、当然アウセンテインという語を見出した。私たちが今日手にするような初期の形で、この動詞が現れることはないにしても。この動詞が、性別の役割の逆転、女性による支配、そして不特定の相手との性行為をその特徴とする行動様式の記述に、千年にわたって姿を現していることは注目に値する。こういったタイプの振る舞いは、これまで見てきたように、小アジアの女性たちの特徴だと言われていた。キリキアのタルソ出身であるパウロはその伝承に精通しており、教会において、彼はそれを不法であると断じた。

儀式として行われる去勢

性別の役割の逆転には、触れておくべき面が他にもある。その一つは、母神たちへの礼拝において自分自身を去勢した男性たちが、体験した逆転である。特に注目すべき母神は、シリアの女神キュベレと、エペソの女神アルテミスである。儀式として行われる去勢は暴力的で血まみれの風習であった。キュベレ神礼拝の場合、はっきりと「力の剝奪」と呼ばれていた。自身の男性性器を犠牲にした者は女性に変わったと断定され、以後女性とみなされた（注25）。彼らは女性の衣装と装身具を身に付けた。あるクリスチャンの著述家はこう証言している。「彼らは女性だと思われたいのである」（注26）。別の著述家はこうも付け加える。男性が神々の母に祭司として仕えることは、彼が女性に変えられるまで不可能であったと（注27）。ある一世紀の哲学者は、エペソのアルテミス神に仕えたメガビュゾスという祭司についてこう書いている。

エペソ人に比べるなら、オオカミやライオンはなんと優れていることか。彼らは互いを奴隷にし合うことはしない。ワシがワシを買い取ることもなければ、ライオンがライオンの召使いになることもない。イヌはイヌを去勢したりはしない。あなたがた［エペソ人］は、純潔であるべき女神が男性を祭司とすることを恐れて、女神に仕えるメガビュゾスに去勢をしているが……。［人の］本来の姿を汚すそのようなことをするとき、あなたがたが、木ででき た像に対し畏敬の念を示しているというのは本当か。そのとき真っ先に神々への呪いの言葉を発するのは、男性性器を剝奪される祭司その人だというのに……。女神が男性に仕えられるのを、あなたがたは恐れているかのようだが、そのように恐れることは、女神は性欲を抑制できないという非難を、女神に対してしたことになる。（注28）

この残酷な風習の名残は、キリスト教会の中に依然としていくらかあったと考えられる。去勢はクリスチャンの間で知られていなかったわけではない。たとえばオリゲネス［紀元一八四／一八五～二五三／二五四］は、一つには「天の御国のために」（マタイ19・12）、一つには彼の、よく知られている教義問答の授業で、スキャンダルを心配することなく女性たちを教えられるように、自らを去勢された男子とした。

性と謀殺

アウセンテースとアウセンテインという語は、性と謀殺が両方とも現在行われていることを背景にして現れることがある。この語はギリシア・ローマ期にはめったに使われていない。それだけに、よけい際立って目につくのは、残存している使用例のうち非常に多くが、性的な背景を持って現れることである。アッティカ方言の悲劇には、寡婦がアウセンテース、つまり彼女の亡夫の謀殺の張本人もしくは関連ある者とともに寝ると言われている例が三つある。エウリピデスのアンドロマケはこのように言って嘆く。「アキレウスの息子は、私をめかけにしたがっている。私は謀殺者たち（アウセンテースの複数形が用いられている）の家の奴隷にされる」（注29）。彼の正妻は、アンドロマケがアンドロマケの夫を殺害した者と寝て、アウセンテースの子を産むと言ってなじる（注30）。ソフォクレスは［アウセンテースではなく］アウトエンテスという異形を用いるが、［彼の作品の］エレクトラは、彼女の父の殺人の実行犯であるアウトエンテスと、彼女の母がベッドをともにすると言って嘆く（注31）。

ある種のいかがわしい状況で、神々は寛大であるかどうかを論じるエウリピデスの断片もある（注32）。ある一句は、しばしば、家族を殺した殺人犯と家を共同使用することを指すと理解されている。だがパイデスや、コイノネオー（共用を意味するだけでなく性交をも意味する）という単語が含まれているということは、その家の、アウセンテースのパイデス（少年たちもしくは奴隷たち）と、性的な交わりを持つことを示す（注33）。その場合、性的交わりの対象はその家の「アウセンテース パイデス」である（この語から「ペデラスティー［男色］が派生した）。だがエウリピデスの『救いを求める女たち』では、アウセンテースが対象とするのは若い男たちである。『救いを求める女たち』では、専制政治と民主政治を比較したうえでそれぞれの長所が論じられ、［アテネの伝説的英雄である］テセウスがこう述べている。専制政治では支配者が嫉妬に駆られて青年たちを殺すが、民主政治では人民がアウセンテースであって、自分たちの下で重荷に耐える青年たちに喜びを感じるのだと（注34）。

アウセンテースは、アレクサンドロス大王の母の誘惑者が口にする言葉の中にも見られる。この悪党は彼女に、彼女がまさに神の訪問を受けるところだと思い込ませようとする。実際は祭司である彼自身が神の役を演じるのである。アレクサンドロスの母は彼に、神である花婿との抱擁にいかにして備えるのかと問う。すると悪党は不埒にもこう答える。「彼自身があなたのところにアウセンティとして来るとき、彼はあなたに対し、そうせざるをえないことをする」と（注35）。

ヘルクラネウムの遺跡からは、風刺詩人フィロデムスの作品の炭化した断片が見つかっている。損傷を受けたテキストゆえ失われた文字もあるが、「愛の矢を受けてひどく傷を負った者たち」とほぼ読める句の中で、この詩人はアウセンテインまたはアウセンテースと見える語を用いている（注36）。

性と死の混合

別のギリシア風刺詩は、式の中で花婿がレイプされるという結婚式の状況を述べている。その家が崩れ落ちるとき、招待客たちは花嫁花婿もろとも死んでしまう。著述者がアウセンテース結婚式と呼ぶこの式で、血とバラの花々は一つに合わされる（注37）。アウセンテースという語は、フォノス（惨殺）という語を修飾することがあるが（注38）、それと同じように、「アウセンテース結婚式」の場合には、アウセンテースがガモス（結婚もしくは性的結びつき）という語を修飾している。

ギリシアの初期の文献には、性愛を扱うかのようにして死や惨殺に触れている箇所がある。「性愛がそうであるように、殺害には両義性がある。また、メイグヌミ［一つに合わさる、の意］のような動詞には、言外に、決闘で一つに合わさる、あるいは、交接で一つに合わさるという意味があり、どちらも詩人が戯曲を書く際の役に立っている。……ダマゾという語やダムネミという語には、同じような意味があり［どちらも、おとなしくさせる、の意］、その意味範囲には、関連を認めうる三つの行為が含まれている。すなわち、動物をおとなしくさせることと、女性をレイプすることと、男性を殺害することである。ホメロスには、交接と戦闘を洒落に用いる癖があるが、想像するに、それは彼が初めてではない。戦時の語り草や諧謔《かいぎゃく》として一般に知れ渡ってい

たものである。そのような考え方が広く好まれるのは、ギリシアの美術においても同じである。」（注39）

それぞれに理由は異なっても、ギリシア人もユダヤ人も性から死を連想する。ギリシア人の間には、性は時として男性に死をもたらすとの通念が存在した。結婚の神ヒュメナウエスは、妻と結ばれる歓喜の、最初の瞬間に死を遂げたと言われている（注40）。死はしばしば女神と連れ添う者に定められた運命であった。イアソンがクレテで［女神］デメテルと寝たとき、神々は彼を殺した（注41）。女王バチとしてのアルテミスと、その配下である女祭司バチたちも危険な存在であった。なぜなら、ハチとつがうことは男子に死滅をもたらすからである。

ユダヤ人の聖書およびキリスト教文書における性と死

正典に含まれていると否とを問わず、ユダヤ人の知恵の書では、誰とでも交接する女を、男を死に至らせる者だと見ている。その女は、男を情交へと誘い込むことによって彼を殺害する（箴言2・19）。知恵には、男をそのような危険から遠ざけておくことができるのだが、みだらな女［のもとへ向かうなら、彼女］は自分の餌食となる者たちを、死と地獄へ至る道に立たせてしまう。「この女のもとへ行く者はだれも帰って来ない。いのちの道に至ることはない」（箴言2・19）。死がその正体不明の女の家に潜んでいる（同9・18）。『ベン・シラの知恵』の著述者はある人妻を、「相手の男にとっては死の塔だ」と見ており（シラ書26・22）、気持ちが彼女に傾くなら「破滅に至らないとも限らない」と見ている（同９・９）。

性的不品行が死の原因となるという考えは、クリスチャンの間でもユダヤ人の間でも、広く受け入れられていた。『クレメンス説教集』の中で、ペテロは貞淑な妻であることの持つ価値について説教し、以下のように締めくくる。

たった一度の姦淫は、多くの殺害に匹敵するほど邪悪である。姦淫が恐ろしいのは、その数々の殺害に潜むぞっとするような不敬虔が、人目につかぬままに進展することである。流血の場合、死体は人の目前に置かれ、その行為の恐ろしさにだれもが肝をつぶされる。だが姦淫によってなされる霊的殺害は、目には見えないため、それをもくろむ無謀な者に、抑制されることのない動機を与えてしまう。（注42）

秘儀宗教における性

道徳的に許されない性は、クリスチャンやユダヤ教徒には、霊的な死をもたらすと認識されていたにしても、異教徒たちにはもっと肯定的に受け止められていた。秘儀宗教が、啓示と救いを、性を介在させて提供していたことは確かである。神の代行者との［男女の］結びつきは、来世において予期される神々との結婚を示すものであった。二世紀の著述家は具体的にこう述べている。「結婚は秘儀への参入と呼ばれ、それゆえ結婚した者は秘法を授けられた者と呼ばれる。結婚の女神ヘラは秘法を授けられた方（と呼ばれている）」（注43）。秘儀では、結婚式の用語と儀式の両方が用いられ、秘法を授けられた者は、「ごきげんよう、花婿殿、ごきげんよう、新しい人」と言われて迎えられた（注44）。

スミルナ（エペソの隣の都市）のテオンは、秘儀への参入の最終段階は、自身が神々にとっての最愛の者であることを知ることだと断言している。墓の絵画や葬送奉納物では、死者が、さまざまな神の花嫁あるいは花婿として描かれることが多い。埋葬された者たちは秘儀への参入を行ったゆえに、不死を保証されているのだ。死の向こうには神との結婚が彼らを待っていた。

性と死が一つに合わさる文学伝承は、エペソのアルテミス神崇拝に関連して伝えられてきた（注45）。この二つのテーマが対になって、古代の小説に何度も登場している。それらの小説を、ワインホルト・メルケルバッハ、C・ケレニュイ、E・ローデらは、秘儀教育の際の教材であると考えている。

アルテミスは「高貴なる救いの女神にして、秘法を授けられた誰もが近づきやすいお方」と呼ばれており（注46）。女神の信奉者エペソのアルテミドルスは、秘儀参入の祭儀は死と結婚の両方を示すと考えていた（注47）。彼は、結婚と死が、秘儀参入がそうであるように、どちらも「成就」であると言う。秘儀への参入式では、生身の人間が神の役を演じ、崇拝者を不死の者との結婚状態へと導入した。病気の人間が、神との性的結びつきを夢で見たなら、それは死の予兆なのであった。なぜなら、「魂はおのが住み家である肉体を離れる時が近づくと、神々との性的な結びつきを先見する」からである（注48）。小アジアでは広範囲にわたって、聖堂で神にささげる売春が行われており、その聖堂の崇拝者にとっては、それが神との結合の儀式でもあった。

グノーシス派でも新参者を、性的行為を通じて神聖な知識（グノーシス）へと導き入れた。彼らは鋭い観察で、聖書の「知る」という語が性交を指す婉曲語句であることに気づいていた。グノーシス派の中には、しばしば、性と死という両方の要素を儀式の中に含める者たちがいた。興味深いことに、グノーシス派のいくつかの文書においては、登場する女性たちが性交を通して「男性から彼の力を奪った」！　それは、彼女たちが男性たちに霊的な恵みや力を授ける際の方法でもあった。

上記の事実を、これまでに挙げた特殊な事情の、少なくともまずまずの量の証拠とともに、きちんと並べてみることが肝心と思われる。それら特殊な事情［を確認すること］が、第一テモテ2章12節の、既存のものに代わる、疑問の余地のない解釈を可能にする。この節には妥当と思われる二つ以上の訳し方があることを、読者は知る権利がある。とはいえ、牧会書簡群のメッセージの全体に最もよくあてはまる訳は、既存のものに代わるものであって、それは一つである。それは、とりわけ第一テモテ2章12節のすぐ後に続く二つの節に、最もよく適合するものだ。次章はそれを取り上げる。

第8章　ほかには何と訳せるのか

これまでにアウセンテースと、それに関連した［動詞］アウセンテオーの意味のいくつかを精査してきた。［アウセンテオーは、既出動詞アウセンテインの、直説法現在能動態一人称単数形。アウセンテインは不定形。］第一テモテ2章12節にそれらが使われているが、そのことについての、現行のものに代わる、いくつかの解釈や理解を提案してきた。いずれの場合も、そう解釈できる可能性があることを述べた。しかし、書簡全体にも、13～14節でパウロが続ける議論にもさらに一致する、特定の意味に翻訳することを可能にするひとまとまりの意味が、それ以外にあることを確信する。

フランスの語源学者ピエール・シャントレーヌは、アウセンテースについて次のように言っている。「本来の意味は、『ある行為に関し、それをなし遂げる者、その行為の首謀者、その行為に責任を問われる者』である。そこから派生したのが、（組織・集団の）長を意味する用法である。……『殺人犯』という意味は上記の『首謀者』に由来する。……互いに明らかに異なる、アウセンテースの意味群をひとくくりにする必要があるが、その唯一の方法は、ある行為または役割遂行の責任が主語にあると、この語が示す点に注目することである」(注１)。そこで、シャントレーヌが最も基本的と考えている意味、すなわち何事かを引き起こすこと、あるいはその事に関し責任を問われること、という意味について論じよう。この語に関連する形容詞アウセンティコスは、英語の authentic がそうであるように、原物の、あるいは、本物の、を意味する。紀元前二世紀になるまでに、アウセンテースは、創始者あるいは扇動者を意味して使われていた。ポリュビオスは紀元前一五〇年頃、ある刑事被告人について述べ、彼は「その行為の首謀者（アウセンテース）」だと言っている(注２)。ユダヤ人の著述家たちもギリシア人の著述家たちも、「その罪を真に犯した者」「これらの罪の首謀者」「これらの悪事を犯した者」を意味して、この語を用いた(注３)。『ソロモンの知恵』12章６節に出てくるアウセンテースの、ウルガタ［ヒエロニムス＝紀元三四七頃～四二〇＝によるラテン語訳聖書］訳は、アウクトル（首謀者、事を生じる者、の意）である。同じく語源学者のＭ・ピシャリは、この箇所のアウセンテースには、（行為に関し）責任を負うことになるという意味での、（行為を）始めた者の純然たる責任、というニュアンスがあると言っている(注４)。

使徒パウロの約五十年後に生きた、ギリシア人修辞学者も、アウセンテースをこの意味に用いた。異なるタイプの演説法での論じ方について、また演説法によって異なる、聴き手の責任について、修辞学者アレクサンデルは次のように説明している。

審議会の論議では、聴き手には行動を起こす責任がある（アウセンテース）。というのは、彼らは、自分自身が何をなすべきで、何をなすべきでないかを決定するからである。訴訟では、判事は、あたかも自分自身の事柄を調べるかのように、他人の行為についてそれが正しくなされたものであるか否かを決定する。しかし賞賛の辞では、何事かをなす責任を負う者（アウセンテース）も、判事も必要ではない。必要なのは聴き手だけである。（注5）

初期キリスト教文書では、神が、塔の建築家また建設者（アウセンテース）と呼ばれている（注6）。二世紀のキリスト教小説でこの語は「唯一の創造者」を指して使われている（注7）。他のところではキリストが、救いの新しい啓示のアウセンテース（創始者）また導入者、福音の働きのアウセンテース（創設者）また先導者、おきてと教えの教師またアウセンテース（主導者）と呼ばれている。私たちの救い主の権威は、そのおきてと教えによって明らかにされる（注8）。「地球や星空が存在する前、御父および聖霊とともに、彼は創造する（アウセンテース）『ことば』であった」（注9）。ある初期の教皇は、「彼自身が創造者（アウセンテース）なので、彼は来て創ったのだ」と言っている（注10）。

名詞形であるアウセンティアには、第一原因という意味も力という意味もある。七十人訳聖書のある箇所では、「本来の地位」を意味しているようだ（第三マカバイ記2・29）。エウセビオスは「御父の、すべてのものを創造する力（アウセンティア）」について書いている（注11）。ヘルメスの著作では、重要な神であるポイマンドレスが次のように断言する。「私はポイマンドレスであり、究極の始まり（アウセンティア）の、英知である。……その光は私であり、英知であり、あなたの神であり、湿った物質界が人知れぬ場所から現れる前にいた者である。……あなたは原型なる者を目にしており、果てしない始まりの前から存在する第一原理を目にしているのである。」（注12）

この語の、独創性や創造という概念からは、ほかの用い方が生じた。特に三、四世紀エジプトのパピルス呪術書にそれが見られる。アウセンティコン オノマとは、正真正銘の、正当な根拠のある名、すなわち第一原因が有する名を意味したが、それが、神を呼び出す呪文の一部として使われた（注13）。アウセンテースは、現存で、しかも最初から存在する支配者としての太陽を指して用いられている（注14）。新月祭の、七つの部分から成る奉納物と祝祭自体はアウセンティコスと呼ばれている（注15）。非呪文文書の中には、アウセンティコスである文書、つまり本来、または本物の、著者直筆、すなわちアンティグラフォン（写し）ではない文書への、言及が多数みられる。

クレメンスの第二の手紙の著述者は、キリストを男性とし、教会を女性としつつ、次のように書いている。「教会は、その起源を天に持っており、霊的なものであり、キリストの体において明らかにされた。彼女［教会］を肉における堕落から守る者は、聖霊にあずかることができる。なぜなら体は霊の写しだからである。写し（アンティテュポン）を堕落させる者には、原物（ア

ウセンティコン）にあずかることができない。」（注16）

他の派生語と同じように、［派生語］アウセンティアは、絶対的な力、あるいは究極的な創造力の、どちらをも意味する。ドイツの語源学者A・ディーレは、この語が、初期キリスト教教理においては専門用語として重要なものだったと指摘している。彼の観察によれば、「アウセンティアは、もともとの意味では、エクスーシア（権力、権威）を同義語としていたが、アウセンティアがアウセンティコスに変換される時点で、『原物の』を意味するようになっている」（注17）。一世紀のエペソのグノーシス派であるケリントスは、「アウセンティア」を、すべてのものがそこから分派し発生する、主神を指して用いた（注18）。プロクロスは神について、神はアウセンテース デミウルゴス（主たる創造者）であると書いている。

根源や「根源の真正性」という概念も、権勢という観念を生じさせた。紀元前一世紀のパピルス文書は、船頭に支払われる料金についての論争を伝えていて興味深い。著者は交渉の過程で当初の値段（アウセンテイン）を押し通し、一時間以内の指定料金という形での船渡しを承諾させた（注19）。三世紀中頃の文書は、アウセンテースという語を、税の徴収に任用された者本人たちに充てており、代行者や代理役たちとはっきり区別している（注20）。

動詞形のアウセンテオー（不定詞ならアウセンテイン）は、［アウセンテオーは直説法現在能動態1人称単数形］、何事かの管理を引き受けること、または、ある状況で率先して行動することを意味した。ある政府は「都市を改良する公共工事の再開」を率先して行った（アウセンテイン）

（注21）。バシレイオスは、教会総会の法規が厄介で多くの時間を要するため、重大事局を扱う特使を任命する責任を果たすよう（アウセンテイン）求める手紙を、ローマの監督に書き送った（注22）。エジプトの監督は、とりわけ醜悪な離婚問題を処理するよう（アウセンテイン）求められた（注23）。何事かを始める、率先して行う、何事かの主たる責任を負う、の意で、動詞アウセンテインは、初期の教会教父たちによってさえ神の創造の働きに関して用いられた（注24）。ヨハネス・クリュソストモス（四世紀後期）は、ユダに代わる使徒の補充が、使徒の働きの書に記されているのを論じる中で、「ユダは、［キリストへの裏切りという］事に、第一に責任を取るべきであった（アウセンテイン）」と言っている（注25）。迫害の時代にキリストへの信条を捨てた兄弟への対処を論じる中で、アタナシオス［紀元二九五頃～三七三］は、強いられて信条を捨てはしたがそれを扇動する（アウセンテイン）側ではなかった者に対し、寛大であるようにと、それとなく提案している（注26）。

ギヨーム・ブデは、ガザのテオドロスの『デ メンシブス』を引用しつつ、次のように断言する。「彼はこのような特有の表現をもって、この語がかつては『自らの手で殺害する者』を意味したと言い切っている。実際、後にギリシア語アウセンテインは、ラテン語を話す人々の間で、『行為者、［何事かを］始動させる者』の意である語を示すようになり、それが千年以上に及んだ。」（注27）

ルネッサンス後期は、学者たちが古代ギリシア・ローマ期のテキストを、今日よりもっと徹底的に研究した頃であり、私たちにはもはや利用できない資料を自由に使えた時代である。その頃の辞書編集者たちによって、この語のさらに別の定義が挙げられている。praebeo me auctorem つまり、自分自身を何物／事かの創始者、あるいは製造／供給者だと断言すること、である。第一テモテ2章12節の場合がそうなのだが、アウセンテインが属格とともに用いられる際は、主権者であることを主張する、の意であるだけでなく、創始者であることを主張する、の意でもある。「自分自身を何物／事かの創始者、創設者、製造／供給者であると断言する」という定義は、さまざまの古い辞書でなされていた。たとえば、広範囲で用いられたコーネリス・シュレヴェルの辞書や、今なお基本辞書であり続けるステファヌスのギリシア語概念別分類語彙集（Thesaurus Linguae Graecae）などである（注28）。これらが最初に収録された時期は、ルネッサンスにまでさかのぼり、最終の収録は十九世紀である（注29）。

創設者であることを、創設者だと公言することと区別するのは道理にかなっている。いくつかのテキストで見られることだが、自分を何事かの創始者あるいは製造／供給者だと言い切るという意味のあることにより、その意味するところは強められる。バシレイオスは、三七〇年頃にしたためた手紙の中で、そういう意味にアウセンテインを用いているようである。彼は、友人であるディアニウス監督が三六〇年にアリウス主義の教義に賛成した際、ひどい苦しみを味わっていた。だが三六二年、重体であったディアニウスがバシレイオスを呼びにやり、自分はカトリック主義の信仰をいまだ保持していると告白し、バシレイオスの腕の中で息を引き取ったとき、二人は和睦に至った。後に、バシレイオスが自分の旧友に破門を言い渡したとの流言が行き交ったことに、彼は激怒した。そして、こう切り返した。どこで、自分が破門というようなことを申し渡したというのか。そこに誰が同席したというのか。自分は、単に誰か他の者によって先導されただけなのか、あるいはそのような不法を自分自身で扇動したのか、それとも自分自身をその不法の創始者と明言さえした（アウセンテイン）のか、そのどちらであると言うのかと（注30）。アウセンテインは、バシレイオスが入念に組み立てた、この言い分において、列挙されている行動の頂点にある。受け身的な役割に始まり、能動的な役割へと進み、さらには、扇動の任を負うていることを断言するに至っている。

コンスタンティヌスの勅令には、自身を審判の創始者だと宣言する神のことが書いてある（注31）。レオ教皇はエウティクスのプルケリアに宛てて手紙を書いたが、そのプルケリアは、自らをコンスタンティノープルの教会における内紛を引き起こした者だと認めた人物である（注32）。

ほかには何と訳せるのか

第一テモテ2章12節を、「私は、女性が、自分自身を男性の創始者だと教えたり、断言したりすることを許さない」の意であると解釈すれば、禁じられている教えの内容が、女性は男性の創造を遂行したというものであることが理解できる。物議をかもす系図、すなわち根源の問題にまつわる先入観が、牧会書簡における［正しい教えへの］反対者たちの、主な特徴の一つだったことが思い起こされる。この場合、ウーデという語が、二つの関連した概念をつないでいると理解する。したがって、以下が、第一テモテ2章12～13節の意味である。

私は、女性が、自分自身を男性の創設者であると教えたり、断言したりすることを許しません。女性は（聖書に）従っているべきです。（あるいは、そういう教えを秘伝のままにしておくべきです。）なぜなら、アダムが初めに造られ、次にエバが造られたからです。

「静かにしている」［エイナイ エン ヘースキア］は、「何事かを秘伝のままにしておく」の意である。秘伝の知識は、古代の秘儀宗教やグノーシス主義の重要な構成要素であった。グノーシス主義には、エバはアダムの創造者であるとの考えがあり、それは、信奉者が手にすることのできる「秘伝の知識」の一部であった。それ以外の者に秘伝が打ち明かされることはなかった。

しかし、ヘースキアという語は「静けさ」や「落着き」をも意味する（Ⅰテサロニケ4・11、Ⅱテサロニケ3・12、Ⅰテモテ2・2も参照）。この箇所では、この語はそのように訳すのがよいと確信する。著者は、女性たちが神のことばに従った教えを受けることを求めたように、ここでは、女性たちが聖書の啓示と調和する見解を述べるように求めている。この箇所での、そのような見解とは、女性は男性を創造しなかったし、エバはアダムに霊的啓示をもたらさなかったという見解である。牧会書簡全体を通して、神のことばは違った教えに対する矯正手段として提示されている。女性たちは、学んだり教えたりすることが聖書と食い違っていないか、確かめる必要があった。彼女たちは常軌を逸した教理を広めることからは退き、神のことばと一致する立場に身を置かなくてはならない。

新約聖書の時代には、ヘースキアは、公的な生活や討議から解放されることも意味した（注33）。政治活動や激した感情は、本格的研究とは折り合いが悪いと見られていた（注34）。著者はこれまでのところですでに、啓発するところのない論争に心を奪われている者はすべて、それをやめるようにと求めている（Ⅰテモテ１・４）。この箇所は、特に、論争に巻き込まれていた女性たちに向けて、そのような対立からは離れて、福音の真理を学ぶことに専念するように求めている。

この箇所でウーデは別の使われ方をしているかもしれない。とはいえ、それによって意味にさほどの違いが生じるわけではない。しかし、この難解な箇所は二通り以上に訳せる可能性のあることと、ギリシア語文の構造が二通り以上に解釈できるようになっていることを、読者諸氏は理解しておくことが重要である。牧会書簡群の特徴の一つは、さまざまに解釈できる言い回しが使われている点である。それを心に留めておく必要がある。

第9章　女性を主たる根源と見る

女性を主たる根源とみなした社会に、（第八章で紹介した）訳がそれとなく触れている事実のあることは確かである。アナトリアでは、すべての生命は偉大なる母に由来すると考えられていた。物事の起源を求めることはギリシア・ローマ時代を通して重要であったが、それが小アジア西部では社会と特に深く関わっていた。今日に至るまで、アナトリアでは少女たちが、幼少のうちから母親観を植え付けられている。彼女たちが持つのはバービー人形ではなく母人形である。伝統的なトルコの人形は、豊富な栄養を供給できる豊かな乳房を持つ女性の姿をしている。両腕が二体の赤ん坊で出来ており、両手のあるべきところには、ボンネットをかぶった赤子の小顔がある（図7）。この地では、母親という概念は地中深くに確立されている。アナトリアの今日の地名アナドルでさえ、トルコ人によれば、「母たちの地」を意味すると言われている。

図７　両腕が赤ん坊の姿をした
アナトリアの母人形

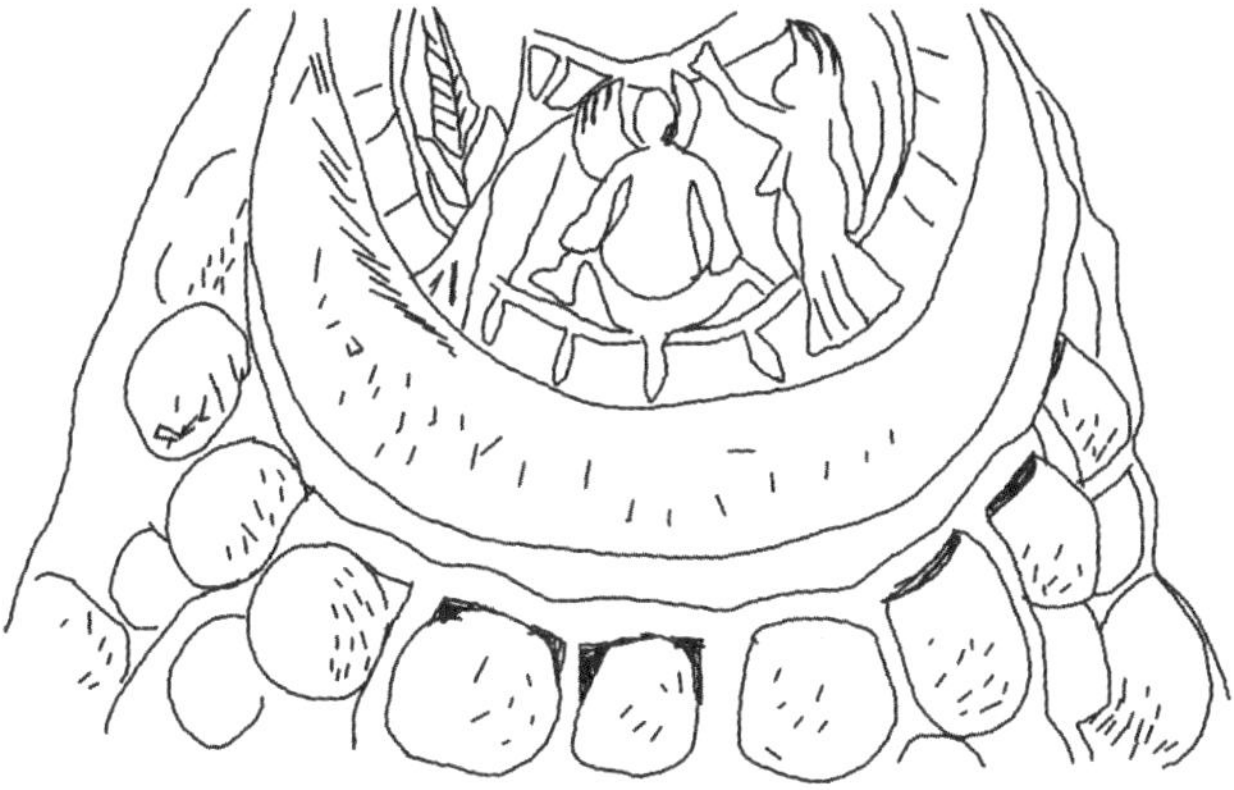

図８　崇拝のための像の、胸当てに描かれた出産の場面

一千年にわたって宗教思想を支配した、子を産み生命を与える女神のことは、すでに記してきた。アルテミス神は出産の女神であった。新生児にしてすでに、自分の双子の弟アポロンを分娩する、自分の母を手伝っていた。崇拝のためのある像には、胸当てのところに出産の場面が描かれている。分娩の際しばしば見られる姿勢をした女性がおり、そのわきに二人の付き添いが立っている（図８）（注１）。エペソ人の説明によれば、偉大な聖堂が焼け落ちてしまったのは、女神がアレクサンドロス大王の分娩に付き添っていて、自分の聖所を守ることができなかったゆえである。

山岳母神キュベレ

エペソではアルテミス神が唯一の母神ではなかった。キュベレ神は山岳母神としても知られており、山中や洞窟や荒野で礼拝されていた。そのじつに堂々たる彫像は

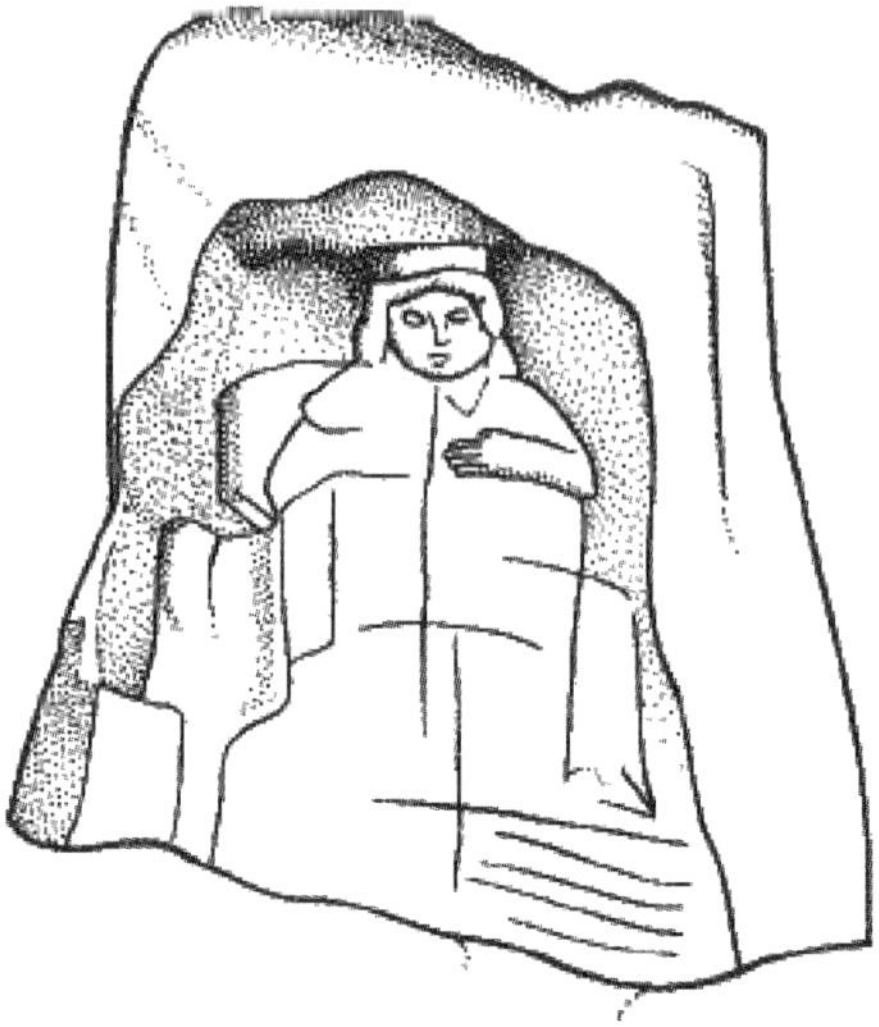

図９　山岳母神キュベレの彫像

四千年前に制作されたものである。エペソの北東で、ヒッタイト式のとてつもなく大きな、その女神の彫像はシピュルス山から周囲の田園地帯を見下ろしている。女神は座した姿で、エペソのアルテミス神のものに似た冠を着け、両手を胸に当てている（図９）。キュベレ神の聖所には、エペソを見下ろすパナジル ダグ（ピオン山）の、北東部傾斜地に位置するものがある。その丘の斜面沿いに、岩の祭壇と、キュベレ神に奉げられた多数の壁龕《へきがん》がある。壁龕にはテラコッタ製女神小彫像の納められているものが多い。エペソでは、キュベレ神に奉げられた燔祭の残存物さえも発見されている（注２）。

キュベレ神の、大母神としての力が小アジア全域に及んでいたことに、議論の余地はない。アルテミス神が大聖堂を支配下に置いていたのに対し、キュベレ神はその神殿の上にそびえる山を本拠地としていた。二女神は特徴も特性もしだいに類似のものになっていったが、大体において両者は独自性を保った（図10）。アルテミス神は雌ジカを抱き、キュベレ神はヒョウを抱いている)(注3)。キュベレ神は、女性のように見える若い恋人が伴っていたが、それは彼女の息子でもあった。キュベレ神はその恋人ともども、狂気じみた乱痴気騒ぎの祭儀の中で崇拝された。それはやがてアダム、エバ、蛇への崇敬に同化されていった。

イシス神

エジプトの仲保者であり救済者である女神イシスは、ときにはエペソのアルテミス神とほとんど見分けがつかなくなり、アルテミス-イシスと呼ばれることさえあった(注4)。どちらの女神も月の神であり、呪術に精通し、その専門分野は分娩であった。イシスの名は確かに地中海世界全域に知れ渡っていた。クレタ島のディクテで、この女神はアルテミスという名を持ち、アルテミス神がそうであったように、小アジアでは四つ辻で崇拝されていた(注5)。

図10　アルテミス神(左)とキュベレ神(右)。右端には崇拝者が2人

イシス神は、自分にはエペソのアルテミス神域に自分用の神殿があるとさえ主張していた（注6）。コリントでは自分を次のように言い表した。

自然界の万物を生み出した者にして、自然界を構成するすべての物の女王、代々にわたり生み出される者のうちで最初の者、神なる者のうちで最高の者、死者の女王、諸々の天にある者のうちで最も偉大な者、諸々の神と諸々の女神との一体化である者。私は、私の意志で、天上の光輝く高所と、健康をもたらす海の風と、黄泉の国の陰鬱な沈黙とを統治する者である。私の比類なき神性は、全世界で、多くの様相を呈しながら、多様な祭儀において、またさまざまの異なる名称をもって尊ばれている。そういうわけで、人間の中の最初に生まれた人間フリュギア人は、私を、神々の母にしてペシヌスに君臨する者と呼ぶ。（注7）

ここでは特に、イシスが諸々の神の母であることが明らかにされている。

イシスはオシリスと結婚したことを通して、自身の信奉者を、至高者を知る知識へと導いた。そういうわけでイシスは、神たる者との霊交に対して、人間が抱く強い願望を満足させた。紀元一世紀の末、プルタルコス［紀元四六／四八〜一二〇頃］は、イシスこそ「霊の根源にして女性」であると断言した。彼はさらに、イシスを、プラトンが語ったところの「自然界の根源にして女性」であり、自身の内にあらゆる世代を包み込む者であると認めた（注8）。イシスは宇宙「創造の根源」であり、神の恵みの仲保者であった（注9）。小アジアの諸女神がそうであったように、イシスは母にして根源である者とみなされた（注10）。彼女は夫オシリスの生物学的助けを得ることなしにホルスを産みさえした（注11）。すべての生ける者の母であるエバが、グノーシス派の作り話においてイシスとほぼ同一視されるようになったが、それについては後に論じる。

人間である母も根源と見られた

母たる者が根源であるとされる中には、女神たちはもちろん生身の人間である女性たちも含まれていた。リュキア人は、伝説として伝わるアマゾン族と同様、父方ではなく母方の家系で名乗った。ヘロドトスは、自分の名、母の名、そして女性の先祖たちの名をもって自己を紹介する、リュキア人の男がいると述べている（注12）。ヘロデ大王の年代記編者である、ダマスカスのニコラスは次のように断言する。「この人たちは男性よりも女性に敬意を払っており、母方の姓を名乗り、財産を息子たちにではなく娘たちに遺す」（注13）。紀元前三世紀の、ヘラクレアのニンフィスは、「父方ではなく母方の名で名乗るのが、クサントス人の慣習であった」ことに触れている（注14）。リュキア人の墓碑は、母親の名が父親の名に取って代わっている例がけっこうある。「父は知られていない」と付け加えられることもある（注15）。父系が不明の者が公務員としての重要な地位を占めることもあった。議員さえ例外ではない。その場合は、志願者の適不適を断定するために、家柄が徹底的に精査された。それはヘロドトスが述べたことと一致している。彼によれば、その場合、息子は公務上の地位を母親の社会的地位から受け継いだ。それゆえ、母親が貴族階級の家柄の者なら、父親とは関係なく息子も母と同じ家柄だとされた。より辺境の地では、母方だけの墓碑銘が占める率のかなり高い場合があった（注16）。ウィリアム・M・ラムゼーによれば、「宗教は、婚姻に基礎を置かない地域社会を持つ人々の間で始まった。そこでは母親が一家の長であり、家族関係は母親を通してだけ成り立っていた。フリュギアでは、社会が高度の形態のものになってからずっと後も、宗教は原初の社会での実際の姿を保持した。だがそれは秘伝のものとなり、秘儀においてだけ明るみに出された」（注17）。青銅器時代以降、小アジアでは出産を神聖と見る見方が重要視された（前掲の図8を参照）。

古代世界ではそれ以外の民族も、女性を生命の根源と見ていた。母親を、父親の子の単なる保育者として遇する者たちに対し、小アジアのソクラテス以前の哲学者たちは、そしてヒポクラテスさえ、母親の存在は子を設けるのに欠かせない要素だと反論した（注18）。子孫を設ける際の父親の役割は、しばしば格下げされ、完全に無視されることもあった。新約時代においてさえ、母親を究極的要素と見る逆戻りが見られた。プルタルコスは、女性の持つ種を「権威または根源」と見る者たちに対し、不賛成の意を唱えた（注19）。

グノーシス派による根源の追究

グノーシス派の著作物には、「女性による世代（ゲンネマ セレイアス）」を論じているものがある（注20）。とはいえ、女性だけによって生み出された者が、必ずしも最高の歓呼をもって迎えられたわけでない（注21）。テルトゥリアヌスもエイレナイオスも、グノーシス派が、女性は男性の助けを得ずに人間を生じさせうると信じていることを非難した（注22）。ヒュッポリュトスによれば、ネーセネ人は「原因として働く種子の中に、宇宙の持つ生じさせる本質を見ていた。」（注23）

根源の問題は、グノーシス派にとってどうしても見過ごせないものであった。「真正な教え」と称するグノーシス派の小論文は、言葉がいかにして精神に働きかけたかを、以下のように伝える。

彼は彼女の眼に、あたかも薬のように言葉（ロゴス）」を注いで、彼女が彼女の知性（ヌース）によって見、彼女の一族（スンゲネース）に関心を寄せ（ノイエイン）、彼女の始祖についての知識を得られるようにした。それによって彼女が、彼女の生まれ出た分家（クラドス）にしっかりと属し、その結果、彼女が彼女に属するものを取り、それ以外のもの（ヒュレー）は捨てることができるようにした。（注24）

根源を知ることは救いをもたらした。プトレマイオスはフローラにこう書き送っている。「次に、神が許したもうなら、あなたは彼らの起源や系図を知るのだ。そのとき、あなたは使徒を継承するにふさわしいとみなされる。われわれもまた使徒の地位を継承によって授けられた」（注25）。自分の起源を理解するという差し迫った欲求は、果てしのない系図を生じさせた。それが、牧会書簡で取り上げられているものである（Iテモテ1・4、テトス3・9）。救いをもたらすのは自身の起源についての知識であった。テオドトスはこう述べている。「（知識が）われわれを自由にする。人を自由にするのはバプテスマだけではない。知識もそうである。われわれは誰であったのか、何者になったのか、何者であったのか、どこへと投げ出されたのか。どこに向かって急いでいるのか、どこから救い出されたのか、出生とは何であるのか、再生とは何であるのか」（注26）。『真理の福音』にもそれと同じ思想が繰り返されている。「知識を有するほどの者は……自分がどこから来てどこに向かっているかを理解している」（注27）。それとは別のナグ・ハマディテキストは次のように断言する。

だが（デ）息子よ、お前の初めの父である神と、お前の母である知恵（ソフィア）のもとへ帰れ。お前は最初彼女から現れたのだ。そうすればお前のどんな敵とも、お前に敵対する（アンティケイメノス）どんな勢力（ドゥナミス）とも戦うことができる（注28）。……お前の出生を知るのだ。お前自身を知るのだ。すなわち、お前がどんな特質（ウーシア）を持ち、どの家系（ゲノス）の出身で、どの一族（フレー）の者であるかを。（注29）

いのちの根源である自分の母を知っていることは、死者の魂がより高い領域へ上って行こうとする際、非友好的支配者や下位権力者たちに受け入れられるために欠かせなかった。そこでマルコス派［二～四世紀に南ヨーロッパで活動したグノーシス派の一派。マルコス派の共同体では女性は特別な地位にあり、預言者と見なされ、聖体の儀式を執り行うことに参加した］は、安全に通過できるように［以下のような］決まり文句を持ち合わせていた。

「私はお前を生んだ女よりもかけがえのない存在である。お前の母親は自分自身の祖先を知らないが、私は自分自身を知っており、自分の出自を理解している。私は不朽不滅のソフィアの名を唱える者である。このお方は『父』の中におられ、しかもお前の母親の母である。父親も男の連れ合いもないままで。そうだ。女から生まれた女がお前を存在させた。しかもお前の母親は自分の母を知らず、自分ひとりで存在したと思っている。だが、私にはお前の母親の、母の名を唱えることができる。」彼らは、デミウルゴスに関するこれらの事実を聞かされて、とてつもなく動揺してしまい、自分たちの祖先や、母親の始祖を非難する。

（注30）

このくだりを読むと、女性がいのちを生み出すことが第一に重要とされていることに圧倒される。イシス同様、「母」は男性の連れ合いの助けなしにいのちを生み出す。しかも彼女自身が女性だけから生じた者である。魂が救いを手に入れるためには、自分を存在せしめた、女性の存在者を理解しなければならない。グノーシス派の中には、神なる母という天的存在についての知識を、この世の助産の手順を示す用語で定義した一派がある（注31）。

あるグノーシス派の一員が古代儀式の説明文を残している。彼によれば、それは秘儀の重要な部分をなしていた。彼は蛇の崇拝者である。ヴァルター・ブルケルトによれば、ナアス派のこの人物は（ナアス［ナーハース］はヘブル語で蛇の意）、「すべての秘儀は、基本的にはキリスト教グノーシス主義であると断言している」（注32）。最も古い儀式はフリュギアの秘儀だが、そこに他の崇拝者集団の儀式が何のこだわりもなく取り入れられた。そのナアス派の著者は、エレウシスから借用したフリュギアの儀式の一つについて記している。

秘儀参入式の聖なる夜の間、「赤々と燃える火の光のそばで、大祭司は、語ることのできない、大いなる秘儀を執り行う。そして大きな声でこう叫ぶ。『神聖なる貴婦人は聖なる子を御産みになった。ブリモがブリモスを御産みになった』と。より正確に言うなら、ひとりの強い女性が、ひとりの強い男性の根源であると。（ナアス派メンバーが言うことには、）その誕生はあがめられるべきもので、霊的で、神々しく、天来のものである。偉大なのはこのようにして生み出された者である。」（注33）

奥義中の奥義の一部をなしたのは、威厳ある母からの誕生という奥義であった。この儀式の言葉には、それがそのまま残っていた。サタル・ヒュユクの壁に出産の瞬間が描かれたとき以来、この知識〔奥義〕は千年にわたってアナトリアの宗教の中心に存在した。ジェーン・エレン・ハリソンは言う。「小アジアがまだ新しい文明を取り入れていない頃に残っていた、古い時代の宗教において、『母』は最も有力な要素であった。コティス、キュベレ、レア、偉大な母などの、いかなる名で呼ばれるにせよ、最も有力な要素であった。息子は、最初は母親の属性であるにすぎないのだが、それは家母長制の社会では当然のことである。」（注34）

牧会書簡群の著者は、母こそが最高の実在だと、歓呼して宣言する教えに反対していたのではないだろうか。私たちの聖書は、性というものについてまわる限界をまったく超越した神が、天と地を創造したと主張し、それゆえ万物は神のものであると主張する。

四世紀後半の聖書注釈者、盲目のディデュモス〔前八三頃〜前一〇〕は、第一テモテ２章12節を、男性を女性の根源と見る考え方に焦点を合わせていると理解したようである。（ギリシア語で「頭」を指す語は通常、どちらかといえば「支配力」ではなく「根源」を意味する比喩として用いられた。その点が英語とは異なる）（注35）。ディデュモスは次のように言っている。

使徒は第一テモテで、「私は、女が教えることを許さない」と言い、第一コリントでも、

「女が祈りや預言をするとき、頭にかぶり物を着けていなかったら、自分の頭を辱めることになる」と言う。彼が意味するところはこうである。彼は、女が独断で、厚かましくも本を著したり、違った教えを教えたりすることを許さない。そのようなことをすれば、女の根源である男を冒瀆することになるからだ。なぜなら「女のかしらは男であり、男のかしら（根源）はキリストである」からだ。女にそのような沈黙が課せられる理由は明らかである。初めに女が教えたということが、人類に対しかなりの無秩序をもたらす原因となった。それというのも、使徒が言うように、「惑わされたのは男ではなく女であった」からだ。（注36）

もし第一テモテ2章12節が、起源であることからくる支配力を、女性が主張することを禁じていると訳されるなら、それは次節からの論駁の言葉と適合する。女性は、女性の働きが男性を存在するに至らせたと教えることを禁じられている。なぜなら、聖書によれば、アダムが初めに創られたからである。エバは、啓発された状態をもたらすことを望んだにもかかわらず、霊的知識ではなく背信をもたらした。そのことは、特別な啓示を得た女性たちがいるとする、グノーシス派の者たちの主張を否定する。この箇所をそのように解釈することは、第一コリント15章12～57節、第二テモテ2章17～19節、第一テモテ4章3～5節、ローマ3章8節で、パウロが、異説を示した後でそれに反論していることと一致する。

第3部

禁令の論理的説明

（第一テモテ2章13〜15節）

第10章　非難なのか、反論なのか（第一テモテ2章13〜14節）

第一テモテ2章12節が女性に、女性は男性の創設者であると教えるのを禁じ、教えの内容をヘブル語聖書のメッセージに一致させることを強く命じているとしたら、13〜14節をどのように理解すべきであろう。

アダムが初めに造られ、それからエバが造られたからです。そして、アダムはだまされませんでしたが、女はだまされて過ちを犯したのです。（Ⅰテモテ2章13〜14節）

13〜14節は、女性に福音宣教を禁じる理由づけが意図されているのではなく、どちらかといえば、一般的な異説への反論になっているのではないだろうか。特にこの箇所は、エバをあがめる、グノーシス派もしくは原グノーシス派の神話体系に向けられていると考えられる。違った教えを説く教師たちの抱く先入観と、彼らがゆがめて作った作り話についてはこれまでにも触れた。

グノーシス派の考える起源とは

グノーシス派の作り話には、整然とした話を期待すると非常に失望させられる。エイレナイオス〔紀元一三〇頃～二〇二〕は、グノーシス派では二人が論じて同意見であることはまずないと述べた。またケルソスは、これらの派が教えに関して意見がまとまるなどということはありえないと断言した（注1）。グノーシス派の話は、固定していない点で並外れており、ひとつの暗喩に別の暗喩が打ち込まれている。はっきりした境界線のないことがしばしばある。作り話の資料の、自己矛盾した扱いに歩調を合わせるかのように、ある話が同一文書中で二回、別の仕方で語られる。そういうわけで、時々作り話どうし相反していても驚いてはいけない。

たいていのグノーシス派は世界の始まりを説明しており、ヘブル語聖書の神をしのぐ至高の存在者を大々的に取り上げる。しかもそれは、じつにさまざまである。興味深いことに、その存在者はアウセンティアと呼ばれていることがある。至高の存在者は、男性ではなく女性である場合もある。実のところ、霊的存在者たちには男性も女性もいて、多数であり、一般に「力ある者たち」と呼ばれている。男女一組の力ある者が、より下位の力ある者を、子孫として産みだすのが一般的である。

イアルダバオスは、位の低いほうの、力ある者の一つである。創世記1～3章の神がイアルダバオスと呼ばれることもある。イアルダバオスは物質界を創造する。だがその物質界は嘆かわしい過失である。グノーシス派の見解によれば、物質界は悪であって、三流の霊的存在者によって作られたものである。そういうわけで、旧約聖書の神は、はなはだ始末の悪い存在である。なぜなら、彼は物質から成る世界を創造しただけでなく、自分を最高の統治者だと見ているからだ。イアルダバオスはあまりに分別がないため、自分より力のある者たちの存在をも知らないほどである。「イアルダバオスは不遜にも、これらのものはすべて彼の支配下にあるとうぬぼれており、こう言った。『私は父なる神である。私の上に存在する者は誰もいない。』しかし彼の母は彼がそう言うのを聞くと、彼に向かって大声で言った。『嘘をついてはならない、イアルダバオスよ。』」（注2）

アダムとエバがエデンの園に置かれているとき、二人はイアルダバオスを最高の神だと信じている。そこへもう一人の力ある者、サタンが最高の恩恵授与者として登場する。彼は、アダムとエバが、イアルダバオスの仕掛けたごまかしにはまっており、世界で最高の存在者を知っていないことを了解する。二人はその存在者の存在すら知らないので、近づいていくこともできない。問題は彼らが知識を欠いていることだが、彼らは知識の木から食べることさえ禁じられている。サタンは蛇の姿になって、この最高のグノーシス、つまり知識を、エバに授け、エバはそれをアダムと共有する。いまや二人は、物質界のはるか上にいる最高の存在者を追い求めることができ、地上を離れ、純粋に霊的な彼のもとへ上っていこうとすることができ、イアルダバオスの不適切な支配から脱しようとすることができる。

（グノーシス派によれば）「一方イアルダバオスは、自分よりも上にいる母のことも父のことも、人間によって記憶に留められることを望んでいなかった。ところが蛇は、人間にそうするよう仕向けて人間に知識を得させ、ここに挙げた秘儀宗教の知識のすべてを男と女に教えた。蛇が人間に明かした知識のゆえに、父、つまりイアルダバオスは激怒し、蛇を天上界から投げ落とした。」（注3）

どの作り話も違う話になってはいるが、その多くが、エバとその啓示の働きに対して高い評価を下している。私たちが目指すのは、エバに関するさまざまな作り話のすべてを詳細にわたって説明することよりも、第一テモテの著者が反論しようとしていたと思われる作り話を正確に記することである。パウロ書簡群の著者は、違った教えの主要部分である作り話を、再三再四虚偽であるとして切り捨てている。しかし二つの話についてだけは言及している。それはアダムとエバの話であり、ヤンネとヤンブレの話である。ヤンネとヤンブレは、蛇をたくみに用いてモーセの威信に傷をつけようとした者たちである。そこには重大な意味がある。小アジアの、ある種のグノーシス派では、蛇をことさらに崇敬していたからだ。ある学者はこのように言及する。「蛇がした行為は、世界とその神を非難する、すべての『霊的知識』の始まりを告げるものであり、そのことがはっきりと形に現れた反抗である。」（注4）

グノーシス派の作り話では、アダムとエバの作り話が、真のグノーシス（知識）に人がたどり着く際の霊的経験を述べるためにしばしば用いられた。その中には、エバが、真理に到達しようとして様々な取り組みをする霊魂として描かれる場合もある。だがイレイン・パージェルスが述べるように、「すでに知られているグノーシス派テキストの大多数は、（エバではなくアダムを）プシュケ（霊魂）として描き、エバのほうは、より高位の根源である、霊的自己として描かれる」（注5）。しばしばエバは、霊魂に啓発をもたらす、霊的目覚めの根源と見られていた。パージェルスはこう続ける。「また、正統派が堕落の責任をしばしばエバに負わせて、女性が服従することをその妥当な罰としたのに対し、グノーシス派はしばしば、エバや、エバによって表される、女性の霊的な権威を、霊的目覚めの根源として描いた。」（注6）

そこで、エバの神話体系の要素、つまり第一テモテが執筆された当時に広く受け入れられていたと思われる、考え方を捜し出すことにしよう。第一テモテ2章13～14節に見られる系統立った反論は、それに対するものと思われる。それらの要素のうちの多くは、今日知られている通りの形であったとは考えられない。とはいえ、そのような準備期間がなかったなら、これらの考え方がそこまで広範囲に及ぶことはなかった。その期間に、アダムやエバや蛇についての、正統的でない神話体系が成立したと考えられる。

第一に、アダムが初めに造られ、次にエバが造られたとの反論がなされている（Iテモテ2・13）。グノーシス派の作り話はそれとはまったく違う見方をした。エバはアダムよりも先に存在し、アダムに生命を吹き込むという責任を遂行したのだ。そこで、先在していたとされるエバ、すなわちアダムが創造される以前にあらゆる種類の、好奇心をそそる活動をしていた、エバから見ていくこととする。彼女はゾーエーまたソフィアであって、ヴァレンティヌス派では、偉大な創造主また始祖として熱烈な支持を受けていた（注7）。

別の神学体系では、エバは世界の創造において蛇と関連付けられ、ヨハネの福音書第一章のことばがエバに当てはめられている。聖ヒッポリュトス［紀元一七〇頃～二三五］は嫌悪の情を抱きつつペラタエの書を引用する。ペラタエは蛇を畏敬していた。

宇宙的存在である蛇とは、エバの、知恵ある言葉である。……ペラタエは言う。この言葉について次のように書かれていると。『初めにことばがあった。ことばは神とともにあった。ことばは神であった。この方は、初めに神とともにおられた。すべてのものは、この方によって造られた。造られたもので、この方によらずにできたものは一つもなかった。この方にはいのちがあった』（ヨハネ1・1～4）。ペラタエにおいては、この箇所は、いのちであるエバが造られた、と言っているのだ。なぜなら、彼女はすべて生きているものの母（創世記3・20）、すなわち宇宙全域の母エバだからだと。それは、神々、天使ら、不死の者、死すべき者、理性を持たぬ者、理性を有する者の母である。なぜなら、『すべて』と言っている者は、『すべて』を意味して言ったのだからと。」（注8）

ペラタエにとって、エバは宇宙全域に及ぶ創造の力となっていた。アダムよりもずっと前から存在する「天上界のエバ」については、いくつかの伝承がある。地上界のエバは、天上界のエバの「イメージであり象徴である印章」と呼ばれていた（注9）。

エデンの園におけるエピソード以前に、エバは様々な変遷を経ていた。エイレナイオスが引用するグノーシス派の資料は、このように断言している。「しかし、他の者たちがやって来て彼女の美しさに驚嘆し、彼女をエバと呼んだ。彼らは彼女に対して肉欲に燃え、彼女によって息子らをもうけ、しかもその息子らを天使であると言う」（注10）。エバは父親を異にするさまざまな息子たちの母となる。作り話の中には、旧約聖書の、悪意に満ちた神イアルダバオスが、エバによってカインとアベルの父親になると教えるものもあった。ある物語は、エバがヤハウェとエロヒームをいかにして産んだかを述べている。そういうわけで、エバは正統派キリスト教にとってもユダヤ教徒にとっても至高の神の、母となる。それとは別に、エバがいかにして「主」と呼ばれる方を産むかを伝える話もある。それが以下である。

それで（デ）、ヘブル人ら（ヘブライオス）は自分たちの母を、いのち（ゾーエー）のエバ、すなわちいのちの（女性）教師と呼ぶ。だが彼女の子は、主であるところの子孫である。後に権力者たち（エクスーシア）はその子を「獣」（セーリオン）と呼んだが、それはその子が、彼らの形作った生き物たち（プラスマ）を欺く（プラナン）ことになるようにであった。獣（セーリオン）を解釈（ヘルメーエイア［ヘルメーネイア?］）すれば、獣とは（男性）教師のことである。というのも（ガル）、彼らはその獣が彼らのうちの誰よりも（パラ）賢いことを知ったからである。なぜならエバ（ヘウア）は首席処女（パルセノス）であって、夫を持たずして産んだ者である。彼女は自分自身にとっての、医師である助産婦を務めた者である。」（注11）

アダムの創造の話は様々なやり方で伝えられている。中でも特に私たちの興味を引くものが二つある。第一のものは、創造されたアダムをエバが生気に満ちさせるまで、彼がいかなる様子で地に横たわっていたかを伝えている。アダムは生命を持たず、ぐったりとしていたのだ。

生気に満ちた（プネウマティケー）女が彼のところに来て、彼と言葉を交わした。「アダムよ、起きよ。」彼は彼女を見ると、こう言った。「あなたは私にいのちをくれた方だ。あなたは『生きているものの母』と呼ばれる。なぜなら、私の母であり、女性医師であり、妻であり、産んだ者であるからだ。」（注12）

それとは別の、「この世の起源について」という小論文も、それとよく似た内容である。

安息（アナパウシス）の日の翌日、ソフィアは、エバ（ヘウア）と呼ばれている、自分の娘ゾーエーを指導者として（ホース）遣わした。それは彼女が生命を持っていないアダムを生かし立たせるためであった。そうすれば、彼が生む者たちは光の器（アンゲイオン）になる。エバは自分によく似た相方が長々と横たわっているのを見たとき、彼を哀れに思い、こう言った。「アダムよ、生きよ。起き上がって立て。」彼女の言葉はすぐさま行為（エルゴン）となった。というのも（ガル）、アダムは起き上がるや、直ちに眼を開いたのである。アダムはエバを見たとき、こう言った。「あなたは『生きているものの母』と呼ばれる。あなたは私にいのちを与えた者であるから。」（注13）

ソフィア ゾーエー（通称エバ）は、心霊あるいはいのちあるアダムを創造するが（注14）、後に、肉体を持つエバが地上界のアダムの脇から取られる（注15）。「アルコンの本質」も、エバがいかにしてアダムにいのちの息を吹き込むかを伝える。エバは、霊的根源である女性としてアダムを教え導き、権能を与えるために、今やアダムの内にとどまる（注16）。その後、支配者「アルコン」たちは、アダムのうちの女性である部分を切り取ってしまう。アダムは女性の要素と男性の要素のどちらをも包含する者なのだ。この手術は、肉体を持つエバだけでなく、霊的根源である女性のほうも取り去ってしまう。アルコンたちの目的は、この霊的根源である女性を抜き取ってレイプすることにある（注17）。しかし、霊的根源である女性は彼らの邪悪な陰謀の手を逃れ、ベントレー・レイトン訳によれば、「しくじることなく蛇の中に復帰する。それは、解放という良い知らせを伝えるためである」（注18）。この文書では、天上界のエバ（または霊的根源である女性）が蛇の内にいて、自らの啓示の内容を地上界のエバに対して述べている。

それだけではない。エバが果実を食べ、それをアダムに手渡したことを、私たちは罪だと考えるが、グノーシス派からは、このことは非常に異なる扱いを受ける。ある派ではこう断言する。「彼らが食べたとき、彼らは万物の上にあるあの『力』の存在に気づいたのだ。そして彼らは彼らを造った者に対し反抗した」（注19）。これは、エペソから遠くないスミルナ出身のエイレナイオスの情報によるものである。彼による証言は、当時小アジアに流布していた伝承を私たちに理解させるのに役立っている。

アダムは惑わされていたのか

グノーシス派のおおかたの物語では、エバはアダムよりも前に存在している。ある物語では、エバは実は両性具有者であり、アダムはそのエバから取り出されている。この資料は反論の第一点（Iテモテ2・13～14）に釣り合うものである。第一テモテ2章13～14節では、著者は、アダムはエバより前に創造されており、したがって、エバはアダムにいのちを与えることに少しも関与してはいなかったと断言する。また、第二に主張されるのが、アダムはだまされてはいなかったという点である。だがしかし、グノーシス派の確信する重要教義によれば、アダムはまったく欺かれていたのである。

ある作り話は、力ある、より高位の者たちがいかにしてアダムをだまし、彼は実はエバよりも前に造られたのだと信じさせるかを伝えている。しかも、そこに大変興味深いひねりを加えている。

だが（デ）、アダムには伝えないでおこう。彼はわれわれの仲間ではないのだから。その代わりに（アッラ）、彼を眠らせて、眠っている間に教え込むとしよう。あたかも彼女は彼のあばら骨から生じたかのように（ホース）。その結果彼女が従う（ヒュポタッセイン）ものとなり、彼がその主人となるかのように。（注20）

力ある者たちが、アダムとエバの両方をだますつもりでいたことは明らかである。しかしこの作り話自体、アダムは意図的にだまされていたとしても、エバが事実最初に造られたことを、グノーシス派が前提としていたことを、はっきりと示している。もしこの種の説がエペソで流布していたとすると、それは、私たちが論じている難解な聖書箇所を、これまでとは異なる光の下に置く。

グノーシス派の話が伝えるところによれば、惑わしとされている点はほかにもある。それは、アダムが、物質界を造った神を、自分の霊性の根源であり、自分が礼拝をささげる、主なる神と考えていたことである。それについてのさまざまな話は多数あったが、どれもが、アダムが「知識」を欠いていたことを大々的に取り上げている。

そこで支配者［アルコン］たちは彼を連れ出し、楽園（パラデイソス）に置いてから、彼に言った。「食べよ。豪勢なものを。」確かに（カイ ガル）彼らの言う豪勢さ（トゥルフェー）は苦みが強く、彼らの言う優美さは背徳的（アノモス）である。つまり（デ）、彼らの言う豪勢さ（トゥルフェー）は偽り（アパテ）であり、彼らの木々は不敬虔（アセベース）であり、彼らの果実は中和しえない毒物である。（注21）

同じ小論文の、ある異文には、支配者［アルコン］たちは「彼をだますつもりであった」と注釈が挿入されている（注22）。現存するテキストはギリシア語の文書のコプト語訳だが、翻訳者は「だまし」を意味する、ギリシア語アパテーをそのまま用いた。この単語の動詞形は、アダムはだまされ（アパタオー）なかったと言われる、第一テモテ2章14節に姿を現す。

グノーシス派は、情け深い蛇がエバを仲立ちとして、アダムがこうむっていた惑わしを取り除いたと主張した。サタンは、物質界よりもはるかに高位である霊的世界と、アダムがイアルダバオスから提供されたのよりもはるかに壮大な、霊的な事実についての情報をもたらしたのだと。

神が人間を創造し、アダムとエバに対し誠実で、うそ偽りがなかったというのは、私たちの確信する基本的信条である。二人は真実を伝えられていたのに、虚言を信じるほうを選んだ。それが原罪であり、それに打ち勝つのは私たちの救い主の死のみである。神がアダムに少しも誠実でないなら、私たちの神学の大部分は崩壊してしまう。そういうわけで、私たちが研究の対象とする箇所に、「アダムはだまされなかった」という主張が出てくる。神が唯一の真の神であることと、その当を得た命令とは、アダムに対して明らかにされていた。

ヘブル語聖書でもその七十人訳でも、創世記の物語には、ある語句が含まれているのだが、英語訳聖書ではそれがしばしば行方知れずになっている。だが、牧会書簡群の著者には、この語句のあることとは知られていた。エバは「自分と一緒にいた」夫に果実を渡したのだ（創世3・6）。アダムは誘惑が行われる間ずっとその現場にいた！　しかしパウロはこの箇所で、グノーシス派の文書へ反論するに急なあまり、アダムは知識の木について神から警告を受けていたのに、故意に罪を犯したという事実をあいまいにしている。（故意に罪を犯すのと、惑わされるのとでは、論理的にも神学的にも、どちらがより悪質だろうか。）

教導者としてのエバ

次に出てくる、「エバはだまされて過ちを犯した」という一文は（14節）、エバがまったくだまされたことと関係してくる。エバを、より重要な知識を備えた霊的指導者だとするグノーシス派の考えは、がっしりと確立していたので、パウロはそれに対して全面的に反論する。エバによって明らかにされた真理についてのくだりの一つを調べてみよう。アダム黙示録は、しばしば「一世紀のグノーシス主義の証拠として挙げられる」書（注23）であるが、その中でアダムは以下のように言っている。

神が私を土から創ったとき（ホタン）、あなたの母エバをも一緒に創ったのだが、私は彼女と一緒に栄光のうちを歩いたものだ。その栄光を、エバは、われわれの存在の基になった霊体（アイオーン）の中に、すでに見ていた。エバは永遠の神の知識（グノーシス）の言葉で、私を教え導いた。それゆえわれわれは偉大な永遠の天使（アンゲロス）に似ていた。それというのも（ガル）、われわれは、われわれを造った神よりも、また、その神とともにいる、われわれの知らない力ある者たちよりも高位であったからだ。（注24）

最も重要な点は、創られた順序以上に、エバが精神をつぎ込んでいたと考えられる活動はどのようなものだったかである。エバは、天上界の力ある者と、特にサタンと、交わりを持っていたと書かれている。アダムの創造の前か後かに、エバと蛇は性的な関係を持っていたとある伝承が多いことも、驚くには当たらない（注25）。紀元前一世紀のラビ、ヨハナン・ベン・ザッカイが、蛇はエバと性的交わりを持ったと確信していたことは、三回引用されている（注26）。「知る」は、ヘブル語聖書では性交の遠回しな言い方として用いられることがあるため、その確信は増すことにもなった。また、グノーシス派にとっては、重要なのは、エバと蛇の間でやり取りされた知識であった。

すでに見たように、エバはアダムを眠りから覚ます「いのちの教導者」として遣わされる（注27）。眠りはしばしば霊的無知と死を象徴するものだが、この霊的な死から、アダムはエバによって呼び起こされた。グノーシス派の別の小論文は、女はアダムを賢明な者にしたが、蛇がエバを賢明な者にしていたのだと述べている（注28）。

エピファニオスは、エバ福音書について記している。彼は言う。その書はエバの名を取って名付けられたが、それは、エバが、「蛇によって彼女に語られた啓示を通して、グノーシス（神聖な知識）の食物を見出した」からであると（注29）。蛇の知恵はグノーシス派の主要なテーマであった。オーファイト派は、その名をギリシア語オフィス（蛇）から取ったが、彼らは、すべての知識はこの蛇特有のものだとし、その知識は人類にとっては知識の始まりだったと言う（注30）。

牧会書簡群の著者は、蛇の知恵と、「蛇から」エバに伝えられた知恵とを否定する。エバの得た、より重要な知識というのは、まったくそのようなものではなかった。エバの間違った見方を言うのに用いられている語エクサパタオー（完全に欺く）は、アダムの場合に用いられている語をさらに強めたものである。つまり、エバは完全にたぶらかされたということである。強められたほうの語は、第二コリント11章3～4節で、エバの場合に用いられるのと同じである。

蛇（オフィス）が悪巧みによってエバを欺いた（エクサパタオー）ように、あなたがたの思いが汚されて、キリストに対する真心と純潔から離れてしまうのではないかと、私は心配しています。実際、だれかが来て、私たちが宣べ伝えなかった別のイエスを宣べ伝えたり、あるいは、あなたがたが受けたことのない異なる霊や、受け入れたことのない異なる福音を受けたりしても、あなたがたはよく我慢しています。

完全に欺かれたという言い方は、普通は、善悪の区別のつかない婦人への激しい非難だとされるが、この言い方は、むしろ正統的信条や、聖書で述べられてきた事に、断固として訴えているのではないだろうか。エバは霊的に洞察された知識をもたらしたのではなく、暗闇と、神からの疎外をもたらした。彼女がもたらしたと考えられている、いかなる「知識」も排斥されなくてはならない。なぜなら、それが違反をもたらしたのであるから。キリスト教真理が置かれるのは、イエス・キリストと、神のことばとを通じての、神ご自身による啓示という基盤の上であり、エバによって中継されるいかなる秘伝の上でもない。

第11章　聖書の重要記述はいかにして覆されたか

ごく普通の聖書読者なら、聖書の記述があまりにけしからぬゆがめ方をされていることに、肝をつぶされる。創世記の初めの数章が、なんと恐るべき、似ても似つかぬものにされていることか！　それはまさに、牧会書簡群の著者が申し立てたとおりである。彼はこのように言っている。ユダヤ教の伝承が、捻じ曲げられた形で語られ、しかも人々はその話に心を奪われていると（Ⅰテモテ1・4、テトス1・14）。その架空話は神への反対を明らかにしており、多くの者を真理からそれさせている。それらの話は年寄り女たちによって徐々に広められている（Ⅰテモテ4・7、Ⅱテモテ4・4）。単に作り話を伝えることが神学的問題を生じさせるなどということは、私たちにはばかげて見える。しかし古代社会では、神学は、すでに広く受け入れられていた作り話に、しばしば自らを順応させなければならなかった。グノーシス主義の場合も、作り話のほうが先に到来し、紀元前一世紀か二世紀までにそれが流布していたと思われる。

歪曲された作り話が、聴き手を異なる神学的方向へ動かす主たる要因だったことを、疑う余地はまったくない。人々の信仰や考え方がすっかり変わってしまうことが、ギリシア語では方向転換を表す動詞によって示される。テトス1章14節によれば、作り話や人間による指図は、人々を真理から離れ（アポストレフォー）させた。人は真理から離れたとき（アポストレフォー）、それまで知らなかった新しい神話体系にそれていった（エクトレポー［原文ではエクトレポマイ］、Ⅱテモテ4・4）。違った教えを説く教師たちに欺かれた者たちは、無益な議論にも走った（Ⅰテモテ1・6）。そして一方若いやもめたちは、サタンの後について行った（エクトレポー、Ⅰテモテ5・15）。

それとは対照的に、テモテは、俗悪な無駄話や、間違って「知識（グノーシス）」と呼ばれている、神への反対論を避けるようにと言われている。

年寄り女たちによって語られる作り話が、牧会書簡群の著者が反対する違った教えの、きわめて重要な部分であるのであれば、作り話自体についても、それを話す人たちについても、その本質を調査しなければならない。いかにして、どこで、いつ、なぜ、そのような架空話が発達したのだろうか。いったいだれが、そんなにも捻じ曲がった形の話を語ったのだろうか。私たちは、グノーシス主義によるエバの記述を発達させることになった、主な要素が四つあると確信している。

1　小アジア西部に見られる、途方もない文学的独創性

2　新しくて、ときにドキリとさせる神学的思想を伝えるために、それ以前の多くの作り話を

3　エバに、ユダヤ教伝承の中にある、まだ知られていない多くの要素を同化させること
4　エバと、いくつかの母神を融合させること

まずは、小アジア定住者の、並外れた文学的創作力を考察することにしよう。

作り話とその語り手たち

映画もテレビも、ラジオさえも知られていない時代、人々を魅了する娯楽の提供には、それなりのやり方があった。作り話の語り手はいくつもの段階での評価をされていた。年寄りの家庭婦人もいれば、村の人口集中地での語り手もおり、架空話を歌う、放浪の歌い手もいた。古代の英雄たちについての、一連の架空話を、イリアスやオデュッセイアとして知られる叙事詩に作り上げたのは、小アジアの職業的吟遊詩人たちだったに違いない。初期の、ギリシア哲学書の草稿が作り上げられたのも、この地である。

最も普及している、ギリシア人の作り話の多くは小アジアが舞台であった。例えば、ベレロフォンとギンザメ、アラクネ、ニオベ、イアソンと金の羊毛、トロイ戦争、ヘラクレスとオムパレーは、そうである。これらの作り話が、エーゲ海の西岸はもちろん、東岸でも繰り返し語られて

いたことは疑いない。劇作家たちも、口頭で実に自由に語られる作り話の持つ、豊富な素材をうまく利用した。これらの作り話は、ギリシア悲劇の作者たちによって成型され、その過程で、それまでには見られなかった、詳細や意味づけが取り込まれた。

だが、古代の人たちの作り話は、もっと質素な生活環境で語られることのほうが多かった。特に子どもたちは、家の者が長々と物語るのを聞くことを好んだ。今日の子どもたちとまったく同じように、しつこく作り話をせがんだに違いない。私たちは、かつて女たちが子らに語り聞かせたときの架空話を、聞くことはできない。読み書きができない老女たちには、聞き手の心の中に留めておく以外、それらの話を保存しておく方法はなかった。私たちには、男たちが私たちに残した、書かれた作り話から、その内容を復元することができるだけである。

歴史文献

小アジアでは、作り話にいくつもの型があった。それまでになかった著述のスタイルが、この地で発達したからだ。ハリカルナッソスのヘロドトスとクニドスのクテシアス（紀元前四〇〇頃）は、この、最初期のギリシア語散文様式を初めて用いた。それは、歴史文献とも、「ヒストリア」の著述とも言われるものである。現代の歴史的著述の先駆けであったとはいえ、その題材はより包括的であった。旅行記や、民族文化の研究報告や、各地の言い伝えが、重要な構成要素であった。実際の歴史上の事件の報告は、作り話を物語る部分との織り交ぜになっている。トーマス・ハッグは次のように言っている。「ここでは、民間に流布していた作り話が取り上げられ、文芸の鋳型に投げ込まれている。……ヘロドトスやクセノフォンの作り話には、東洋的なテーマを扱ったものが非常に多いのは、偶然の一致ではない。イオニアは東洋と西洋の境界地であった。そこは、『ヒストリア』の生まれた、小アジア西岸にある地方であった」(注1)。歴史文献学者によって書き留め置かれた作り話が、男たちの集まるやや正式な場所はもちろん、子ども部屋の灯火の明かりの下でも語られていたことは確かである。

寓話

小アジアで発達した、もう一つの重要な様式は寓話であった。奴隷のアイソーポス［イソップ］は、リュディアのクロイソス王の廷臣たちを、驚くほど人間じみた持ち味の動物たちが登場する架空話で楽しませた。どの場合も、その寓話は教訓に注目させるために語られる。政治目的を果たすように作られることもあり、男たちが夕食後に寓話を取り交わした際の、娯楽価値のゆえに広まっていった。とはいえ寓話は、子どもたちを大いに楽しませたり教育したりするために一番よく用いられた。

古代の小説

キリスト以前の二つの世紀の間に、小アジアでは新しい別の文学様式が現れた。それは伝奇物語であり、現代の小説の元祖である。その筋書は、しばしばエウリピデスやメナンドロスの戯曲を回想するものであった。それらは散文で書かれているが、それは、それ以前のこの種の物語が、エジプトにおいて散文で書かれていたからである。話の筋は『ポーリンの冒険』型になっており、そこにぎっしりと詰まっているのは、薄幸な恋人たち、放浪、難船、海賊や盗賊による誘拐、臨死体験、そして大団円である。

少なくとも男性と同じくらいには、女性に興味を引き起こさせる文学が、初めて生まれつつあった。さらに言えば、著者の中には女性たちもいたようである（注2）。これらの架空話には苦難が多く出てくるが、その苦難は、どちらかといえば、自分本位な神々によってではなく、邪悪な男たち（盗賊、海賊、奴隷商人ら）によって引き起こされている。女性たちの心に特に訴える神性具有者らが肯定的に描かれており、その者たちはしばしば救いの女神として描かれる。

まことに興味深いことだが、これらの伝奇物語では、エペソが際立って重要な役目を果たしている。エペソのアルテミス神と、性と死のモチーフの、異様な融合がしばしば見られる。シェークスピアの『ロミオとジュリエット』の起源は、クセノフォンの「エペソ人の物語」にある。そこでは、花嫁の寝室が墓となり、墓は花嫁の寝室となる。しかし、クセノフォン版では、薄幸の恋人たちがエペソに戻るとき、すべては大団円となり、それがそのまま続く。

キリスト教的伝奇小説

小アジアの一般人に見られる、作り話を話す天賦の才は発達を続けた。紀元二世紀には数多くのキリスト教的架空話が流布し始めた。これらの作り話は、使徒たちとその仲間たちが宣教した際の、予期せぬ体験を述べたものであった。仲間たちはしばしば女性であった。その作り話は女性たちによって語られたようで、とりわけ女性たちが聞いて楽しんだようだ。構想に見られるある種の要素は、私たちがすでに論じた、同時代の伝奇物語から借用したものだった。女性の役割は断然重要視された。彼女たちは福音の、活力あふれる主唱者として、実際に効果を上げている。

デニス・マクドナルドは次のように言う。牧会書簡群は、一つには、これらの作り話に反論するため、また、それらが、女性が聖職に就くことを是認していることへ反論するために書かれたのであると（注3）。これはきわめて興味を引く提議である。とはいえ牧会書簡群が訴えているのは、作り話が「ユダヤ人の作り話」であることだ（テトス1・14）。もしかすると、それが、使徒20章30節で「曲がったこと」と言われているものの、重要な要素であるのかもしれない。そこで、特に、その内容が［正統的］ユダヤ教の要素を徹底的にゆがめ、変えてしまったものであるな時代の作り話を探すのが賢明と思われる。

女性たちの架空話に見られる改作

　作り話を話す女性たちの技量や、彼女たちが夜灯火の下で語った架空話に触れた文書は多い（注4）。ディオン・クリュソストモス［紀元四五頃～一一五頃］は、子どもたちが罰を受けた後、彼らをなだめるために、保母たちがいかにして作り話を語り聞かせたかを回想している（注5）。子どもたちは、まずは子ども部屋で保母たちによる架空話を覚えた後、イソップの架空話へと進んだ（注6）。ケルソスという異教徒は、エバを女主人公とするエデンの園の物語は、女性たちの並外れた傾聴を引き寄せると述べている。

　作り話を話す女性たちは蛇に興味をそそられ（注7）、自分の架空話に蛇を取り入れた（注8）。エペソ付近の古代美術によって表現されている作り話は、興味深いことに、その特徴となっているのは女性と蛇の間の奇妙な親近性である。メドゥサは髪が蛇であり、人気を博している。ポセイドンの妻アムピトリテは、とぐろを巻いた蛇とともに、海の生物に乗っており、これも人気がある。アムピトリテは、これも海の神であるトリトンを産んだ。トリトンは、胴は人間の男のものだが、脚は蛇である。アスクレピオスの娘ヒュギエイアは、しばしば、知識と治癒の象徴である蛇とともに描かれている。古代の碑文は、エペソとその周囲ではユダヤ教的要素と異教的要素が混じり合っていたことを、如実に物語っている。そういうわけで、エペソは、エバと蛇の作り話の、それまでになかった解釈にとっては肥沃な平地であった。

フィロストラトスは、女性たちによって語られる作り話が、神々や英雄たちが人間（普通は女性たち）に加えた残酷な行為でいっぱいになっていること、またテセウスがアリアドネを見捨てたことを、保母たちが涙を流して嘆くのを知っていた（注9）。性的誘惑、レイプ、遺棄、そして非嫡出子妊娠に対し復讐心に燃えて怒ることは、ごく普通に出てくることであった。ティアナのアポロニウスは、イソップを、神々への中傷を末代に残さないほどには分別があると言って弁護した。イソップの寓話は、子どもや年寄り女向きと言われていた（注10）。エウリピデスでさえ、神々の根本的な不道徳性と取り組んだ。その神々は、無分別な行為と、それへの責任感の欠如によって、罪もない人間たちをかくもおぞましい窮境に放置した。エウリピデスは、虐待される女主人公の多くをその作り話に登場させた。彼はこう結論づけている。人間は、しばしばその神々よりもはるかに高い道徳規範を持っていると。

キリスト教徒であるオリゲネスは、否定されてしかるべき、神々の架空話を語る老婦人たちについて書いている（注11）。それをしたのは彼が初めではない。それよりはるか以前、プラトンは、詩人や母親や保母たちによって語られる作り話に対し、神々の悪い面をかくも強調したとして、激しく異議を唱えた。彼は特に、年取った妻たちのする架空話が、若者に及ぼす悪影響を警告した。母親や保母たちは、自分たちの語る就寝前の作り話が神々を誤って伝えることのないよう、作り話に検閲を受けるべきだと、プラトンは抗議した。彼はさらに、彼女らが語ったことの幾分かは、最も深淵な宗教的秘儀においてだけ明らかにされるべきものだと言った（注12）。彼のこの論評は、女性たちのこれらの架空話の題材が、秘儀宗教の核心に迫るものであることを示している。アレクサンドリアのクレメンスは、女神デメテルに仕える女性たちによる、アナトリアの秘儀が、ペルセポネのレイプという作り話を、いろいろに変化させて劇化したものであることを指摘した（注13）。

しかし、他の者たちは架空話をもっと肯定的に見ていた。エラトステネス（前約二七四～前一九四）はこう主張した。作り話を語る年寄り女たちはもちろん、詩人たちには、手にした素材を、自分が適当と思うものに一致するよう、創作する権利があったと（注14）。年寄り女たちには、作り話を一定の状況に合うように翻案できる、非凡な素質があったと、ホラティウス［前六五～前八］は書いている（注15）。彼女たちの語りは、単に作り話を型どおりに語るものではなく、しばしば彼女たちが自分で創作を付け加えていた。洗練された伝奇小説は、それを語る保母のギリシア語を、どこまでも正確なものであるようにしていたが、保母の語った作り話は、彼女自身の考案によるものであった。

キケロ［前一〇六～前四三］は、女性たちの作り話は、その宗教的特徴が知識人の興味を引くことはほとんどなかったにせよ、重要な神学的内容を扱っていたと、認めている（注16）。ストラボンはこのように言った。哲学的要素は哲学に興味のある者にとっては結構だが、女性や下層社会の者にとっては、宗教が、「三叉の武器、たいまつ、蛇」といった要素を伴う、作り話を備えていなければならないと。彼は、古代の神学がどれも、作り話であったのは確かだと述べている（注17）。作り話はしばしば神学よりも前に生じており、作り話が神学を創作している。そこで、ミヌキウス・フェリクスは次のように述べている。過去の異教社会において、年寄り女たちの寓話はいとも手軽に宗教上の信念を創り上げたと（注18）。年寄り女たちには、作り話を一定の状況にぴったり合うよう翻案する、非凡な素質があった（注19）。

これらの証人たちは、男性はもちろん女性たちが、作り話の内容の、徹底的改変に当たっていたことを明らかにしている。一世紀に至るまでに、エバについての作り話も、作り話の内容の改変が一般化していた中に、含まれていたことは確かである。

第12章　作り話が改変される

エピファニオスはこう言っている。ギリシアの宗派はどれも、ギリシア語の作り話を自分たちの目的にかなうように変えており、新約聖書時代の前でも後でも、エバについての架空話だけが根本的改変を遂げるわけではないのだと。本章では、異教の作り話が再解釈されたもののいくつかを、念入りに調べ、そこに見られるいくつかの傾向に触れるが、それはエバの神学体系にも認められる傾向である。再解釈の過程に、男性と女性両方による巧妙さが関わっていたと見られ、私たちはその手がかりとなるものをたどっていく。

伝統的な女主人公に霊的な意味づけをする

ミヌキウス・フェリクスはこう述べている。古代の異教社会では年寄り女たちの寓話が、宗教的な見解をいともたやすく形成したと（注1）。これらの作り話は語られるにしたがって姿を変え始めた。紀元一世紀までには、作り話に霊的な意味づけをする段取りが広範囲に知られていた。例えば、プルタルコスは作り話を「神秘主義的な神学」に変化させたと、敬意をこめて言われている。作り話はメッセージ性を持つものにされつつあり、しばしばそのメッセージは、作り話が作られた際の目的とはまったく一致していなかった。

クインティリアヌス［紀元三五頃〜一〇〇頃］は、作り話を語る者たちが、著しく良識に反したこしらえ事を、基本となる作り話に割り込ませて、それまでとは違う解釈を据え付けるやり方に不平を言った。語る者の中には年寄り女もいた（注2）。クインティリアヌスによれば、しばしばその架空話はひどくゆがめられており、元の著者にもそれとわからぬほどであった（注3）。それだけではない。これらの異様な潤色は、話を覚えにくいものにしていた（注4）。作り話の内容は、十中八九そのような操作を受け、ときにその操作は、極端にばかばかしく、恥ずべき、下品なものになっていた。操作に手を下している者が利口で罰を受けることもなく、公然と嘘をついていたことは確かである（注5）。以上のような証人たちが明らかにしているのは、男性はもちろん女性たちが、作り話の根本的改訂に従事していたことである。紀元一世紀までには、当時広い範囲で行われていた、作り話の内容改変に、エバについての作り話が取り込まれていたことは確かである。

作り話の保存者として最も重要な一人は、詩人であり、劇作家でもあるエウリピデスである。彼の作品には、女性たちへの、注目すべき哀れみの情が見られる。あの年寄りの保母たちがそうであったように、彼も自分の語る作り話に出てくる悲哀に精通していた。彼の戯曲には、もとはと言えば、女性たちの部屋で耳にした話を語り直していると、暗示されている箇所が多い。彼は彼女たちの作り話を再現したが、その内容が基本的に不道徳であることを承知していた。そこで彼は、女性たちに加えられる不品行を、より建設的に解釈することに真剣に取り組んだ（注6）。

ギリシア・ローマ古典期後の時代になって、エウリピデスの作り話は、救いをモチーフとするものとして用いられるようになった。その適例が、この偉大な劇作家のアルケスティスに対する扱いである。アルケスティスは、自分の夫のいのちを助けるために自身のいのちを与えた女傑妻である。彼女はヘラクレスによって黄泉の国から救い出され、彼女の死を悲しみ嘆いていた家族のもとへ戻された。以後、宗教思想において、アルケスティスは救いと不死の象徴となった。エペソの有名なアルテミス聖堂から出土した、円筒の太鼓形石材には、エウリピデスの作品の女主人公アルケスティスが、霊魂の案内者ヘルメスによって、死へ引き渡される場面が見て取れる。アルケスティスはしばしば納骨甕《かめ》や、石棺や、墓の壁に、慰めの象徴、また死に対する勝利の表象として描かれた。

そのようにして、悲哀に富んだ作り話に登場する女主人公が、救いを意味することになり、今や、幸せな来世の象徴なのであった。それ以来エウリピデスは、「謎めいた話の中に神学的な真理を見出す」ことのできる「戯曲の哲学者」と呼ばれた（注7）。彼はギリシアの宗教に多大な影響を及ぼしたため、彼の基本的な考え方は、他にも多くの場面において熱狂的に普及していった。そういうわけで、エウリピデスが作り話を書き直して女主人公を宗教的な指導者に仕立てたことは、作り話の女性登場者たちの霊的意味づけが発達する中での、重要な役割を果たした。

イスタンブールの考古学博物館には、紀元一世紀に作られた新アッティカ様式の浅浮彫がある。それはエペソから遠くないスミルナ（現在のイズミール）で発見されたものである。この作品は描かれている人物の名を示しているので、とりわけ有益である。中央にはエウリピデスが座している。その後ろはディオニュソス神の古風な像で、飲み物の容器を持っている（この場合はおそらく霊感のワインである）。エウリピデスの椅子は、ディオニュソス神とは反対側を向いている。しかし、椅子の背には、たぶん小さな供物台もしくは神秘のかごに載っているのだろうが、演劇用の仮面があり、その仮面はディオニュソスと向き合っている（霊感を受け止めているのであろうか）。エウリピデス自身は一人の女性と向き合っており、彼は彼女に、それとは別の悲劇の仮面を差し出している。その女性登場者にはSKENEという印がつけられている（Sceneあるいはト書きである）。その仮面の大きく開いた口は彼女のほうに向けられており、仮面の頭部の背面はエウリピデスに向けられている。スケネは片方の手で、差し出された仮面を受け取っている。だがもう一方の腕の下では剣をしっかりと保持している。第三の仮面、それは長い巻き毛のある女主人公の面で、スケネの足もとに置かれている。その仮面の頭部の背面はスケネに向けられ、仮面の顔面は、やや判然としない物、たぶん蛇に向けられている。この浅浮彫は、神がエウリピデスに、霊感と、神からの教えを与えているところであると解釈できる。神は、演劇的描写という手段によって、特に女性として表現された者を通して託宣を伝えるのだ。

メラニッペについての話

古代世界で、とりわけエペソ周辺の作り話の中に、女主人公が特に重要視されるよう解釈し直されたものがあった。話の形は絶えず変えられていき、女主人公の役どころは、完全に、元の作り話での範囲以外のものになった。一般に、女主人公はなんらかのすさまじい窮境にある、生身の女性である。その彼女たちが、特別な宗教的意義を獲得するに至った。その意義は、しばしば、いわゆる秘儀崇拝の、秘法を授けられる者にだけ明かされた。こういった崇拝では、救いと不死の秘伝を自分たちの信奉者には提供するが、他の者を来世のしあわせの約束から除外した。秘伝は特別な仲保者を通して伝えられ、仲保者はしばしば女性であった。

これらの崇拝における神々は、大体において女性であり、いずれも自身がすさまじい体験を余儀なくされた犠牲者であった。ディオニュソス神はティーターンにむさぼり食われたことがあり、デメテル女神は娘を黄泉の国の王に奪い取られていた。イシス女神は、手足を切り取られた夫の、遺体の一部を捜し求めて全地をさまよった。［大地母神］キュベレは、愛するアッティスの死に憔悴しきっていた。女性たちは、悲嘆、哀悼、死別、悲運を味わったことのある、神々や女主人公たちのもとに押し寄せた。

不利な境遇に置かれ、権利を奪われていた女性たちは、ギリシア神話の不運な女主人公たちに山ほど加えられる、残酷な行為をわが身に重ね合わせていたに違いない。レイプ、酷使、屈従、新生児を見捨てるよう無理強いされること、また没個性的にされることが、しばしば、作り話を家庭で話す者たちに定められた運命だった。彼女たちが不幸せな女主人公たちに感情移入をしたなら、その悲劇に、救いをもたらす霊的な特質を付与したことだろう。それは、彼女たち自身のわびしい人生に新しい希望を与える特質であった。幸いなる来世があることは、彼女たちの現在の生活の惨めさをやわらげた。悲劇的な作り話であったものは、墓や納骨壺の壁面に描かれ、慰めと不死の約束を伝えるほどのものにと変えられた（注8）。

エバは、グノーシス派のテキストに示されているところによれば、変装した天上界の者によってレイプされ、重要な始祖となる子どもを二人産み、著しく良識に反する虐待を受け、圧迫されて、最終的には、善悪の知識を人類に伝える。グノーシス派のテキストにあるこの話は、霊的な能力を持つ、しばしば聖職者であるらしき女主人公が、超人間的存在（変装した神々であるのが一般的）によってレイプされて妊娠し、子どもを二人産む（男児であるのが一般的）という、他の作り話と非常によく似ている。彼女たちはしばしば、子どもが生まれた時点で強制的に子らから引き離された。母親たちは、苦労、放浪、さまざまな形をとった圧迫、家族からの離縁、死別、そして没個性的にされるという苦しみに、耐える。それが、メラニッペ、アンティオペ、レア・シルビア（ロムルスとレムスの母）、ダナエ、アウゲ、ティロ、イオ、カリスト、クレウサ、その他大勢の女主人公たちである。ヴァルター・ブルケルトはこの種の架空話を「未婚女性の悲劇」として分類する（注9）。それを最初に語った者たち、すなわちホメロスとヘシオドス［前七〇〇頃に活動と推定される］は、女主人公たちが神と結ばれることと、彼女らの息子たちの起ち上げた、都市や民族の重要性とを強調している。

最後には、これらの女傑たちはみな汚名を晴らされている。最も多く苦しんだ者は秘伝の知識を得、それを他の者に分け与えることができた。その適例がメラニッペである。エウリピデスは、子どもの頃に女性たちのところで聞いた作り話に出てくる、他の悲劇的女性たちに対してそうだったように、メラニッペに感情移入をし、彼女に戯曲を二つ進呈した。一つは「囚人メラニッペ」というもので、メラニッペが、法律上の婚姻によらぬ妊娠ゆえの、長年の収監中に体験した苦境を伝えている。二つ目のものは「賢者メラニッペ」と題され、彼女が得た霊的洞察を伝えている。

メラニッペは、この劇作家が設けた主要場面で、次のように断言している。宗教において女性たちは最高位の役割を有し、女性たちだけが運命と復讐の女神たちに仕える。女性たちだけが、デルフォイとドドナの有名な神託において、神々の意思を語る（注10）。メラニッペのこのせりふは、女性たちの「権利」、およびその宗教的仲介者としての有効性の、注目すべき擁護となっている。宗教的な事柄における女性の役割は重要だと、彼女は主張する。いかなる悲嘆、危難、死別がメラニッペを襲おうとも、彼女は女性たちが持つ宗教的権威と、その正統性についての認識に自信を持っている。

劇中で、メラニッペはオルフェウス信条の主唱者にもなっている。彼女による説示は、オルフェウス教として知られる教義体系の、今なお重要な研究資料である。メラニッペが、「これは私が言うのではなく、私の母が言っていることだ」と言って、意見を差し控えたことで、その説示はかえって真正さを増している（注11）。メラニッペの母シーアは女預言者で、彼女もまた「未婚女性の悲劇」を体験していた。母にしても娘にしても、苦難を体験することで洞察を得たのである。

エペソのほぼ真南にある町ハリカルナッソスのディオニュシオス（前六〇～前七以降）は、エウリピデスはこの宇宙発生論的一文において、古代のある信条を、メラニッペを通して支持したのだと言う（注12）。メラニッペは重要な信条を教える代弁者となる。メラニッペが、洞察を母親に帰した前置きの言葉は、古い時代にはしばしば引用されて、意見表明を特別に強調するため用いられた（注13）。この前書きは、古代世界の至るところで、プラトンや他の者たちによって用いられた。「私の言葉ではなく、私の母の言葉」というこの句は、その洞察が話者自身のものよりも深いことを断言していた。少なくともメラニッペの場合には、エウリピデスは、女主人公とその母親の持つ、特別な宗教的役割を主張したと思われる。彼は従来の作り話の基本構想を拡張し、宗教的仲介者、霊的秘伝伝達者としての女性という概念をそこに含ませた。苦難に耐えた女性たち、特に母親たちは、救いに至らせる秘伝のグノーシスを授けることができた。すべていのちある者の母であるエバも、その例外ではありえなかった。

アンティオペとその作り話

取り上げるべき作り話がもう一つある。ゼウスによるレイプの犠牲者のうちでも、最もひどい扱いを受けたアンティオペの話である。サテュロスに変装していた、神々の王ゼウスによって犯されたアンティオペは、妊娠したことを父親が知ったとき、父親の怒りを避けて身を隠さなければならなかった。しかし彼女は父の配下の兵士たちに捕らえられ、双子の息子たちを無理やりキサイロン山に捨てさせられた。その山で、息子たちは思いやりに満ちた羊飼いに見出されて育てられる。アンティオペの父親が死ぬや直ちに、彼女への仇討ちが、復讐心に燃える叔父と、悪意に満ちたその妻ディルケによって行われた。他の作り話では、レイプ被害者への迫害は比較的短期であったのに、アンティオペの場合は、ついになんとか逃げおおせるまで二十年間というもの、収監、拷問、労苦、降格に耐えたのであった（注14）。エウリピデス戯曲の一場面を描いた、ある壺の絵では、アンティオペのために定められていた死刑が、彼女の代わりにディルケに対して執行されている。アンティオペはその場に圧倒されて、後方で恐怖のあまり縮こまるが、彼女の息子たちはディルケの夫、リュコス王を亡き者にする手はずを整える。しかし最後の瞬間に、ヘルメスによってその手をとどめられる。ヘルメスは、息子たちにその真の親が誰であるかを告知し、息子たちをテーベの、正当な王の位に就かせるよう要求する。アンティオペは、自由の身になることと、自分の子らの復位のほかは何の報奨も受けていない。他の作り話では、レイプ被害者たちは自分の子どもを養育することができたり、幸せな結婚生活に入ったりする。中には不死さえ授けられる者もいる。

法的に是認されない妊娠を容認されなかった、ある女性についての作り話は、当然のことながら、同じような理由で女性たちの部屋での単調な骨折り仕事に就かされる女性たちの、心の琴線に触れた。アンティオペの話が、小アジアで次第に作家や芸術家に評判の良いモチーフとなったのは、個人の家で頻繁に形を変えて語られた結果かもしれない。ティアティラとアクラソスの硬貨（注15）や、ティアティラの公営肉市場の彫像（注16）、そしてキュジコスの聖堂にある円柱（注17）に、この話の場面が描かれていた。二人の彫り物師が、模型もしくは実物のファルネーゼ雄牛を彫刻した（注18）。小アジア南部のトラレス出身の二人は兄弟であり、古代世界では最大の群像彫像である。この巨大な彫像は今日ナポリ美術館にあって、雄牛は後ろ足で立ち、それを「アンティオペの双子の息子である」アムピオンとゼトスが御そうとする、印象的なものである。ディルケは差し迫る破滅からの救済を請うており、それをアンティオペは後方から無気力に見守っている。

紀元前三世紀の初めまでには、エペソから二十四キロ離れたコロフォン出身の哀歌作家が、アンティオペの話に新しい解釈を施していた。ヘルメシアナクスは、アンティオペを預言者ムサエウスの愛人として、また秘法を授けられる者にエレウシスの秘儀を教える女祭司として描いた。アンティオペの名声はあまりにも高くて、「死者の国」ハデスでさえ知られているほどだと、ヘルメシアナクスは断言した（注19）。彼女の権威は、どう見ても、来世での祝福を与えるまでにはなっていた。この解釈は、エウリピデスによる創作から一世紀経つか経たない、早期に記されたものだが、アンティオペを、悲しみに沈む犠牲者から、宗教的な支配力と権威を備えた人物へと一変させた。アンティオペの耐えた苦労は、秘儀参入の一部として知られていた厳しい試練と完全に対応し、彼女は儀式を通して他者を導くことができるのだ、という認識に至らせていた。

ハドリアヌス帝の頃（二世紀前半）までに、小アジア出身のケファァリオンは、アンティオペを女祭司として、またディオニュソス神の秘伝に他者を導く者として描いた（注20）。アンティオペは秘儀における熟達者へと変化を遂げていた。ローマに近いイソラ・サクラにある、三世紀以来の墓に描かれた絵では、アンティオペは、若きディオニュソス神自身のための儀式の、秘法を彼に伝授している。もはやアンティオペは、エウリピデス戯曲での委縮した女主人公ではなく、ファルネーゼ雄牛にまつわる群像における無気力な傍観者でもなく、しっかりと前景に位置している。それはアンティオペが、若さあふれる神を、異教のいわゆる救いの知識に導き入れる際の、喜々とした自信のほどを示す絵である。アンティオペの横に「サテュル」と印された人影があるのは、変装したゼウスである。そのことが、アンティオペが神の愛人であることを、あらためて明らかにしている（注21）。

小アジア一帯の、作り話を話す者たちが、この女主人公アンティオペの話を繰り返し語ったため、彼女はもはや、ありとあらゆる苦しい試練を耐えた母親ではなく、秘伝の洞察をし、それを他の者にも分け与えることのできる女性であった（注22）。アンティオペの話は、圧制の下にある者、とりわけ女性たちに、特によく適合していた。彼女たちはそこによりよい未来という希望を見出した。当然のことながら、この話は、家名に傷をつけた罰を長年にわたりこうむっていた、レイプの犠牲者たちに慰めをもたらした。アンティオペがそうだったように、彼女たちはしばしば自分の子どもを取り上げられ、家の中で事実上奴隷の身分に格下げされていたに違いない。アンティオペの話には、他の話が提示する幸福な結末のそれよりも、はるかに多くの綿密な描写が見られる。ことによると、それが、より多くの希望を提供した理由かもしれない。アンティオペを秘伝的に見る見方が、最初に生まれたのは女性部屋においてであった。

小アジアでは、秘儀参入の別の場面を描いた、ある護符が発掘された。それは、ディオニュソス神自身の秘儀でディオニュソス神を指導する、アンティオペのものと、ある程度まで似ている。その護符（図11）では、エバが善悪の知識（グノーシス）をアダムに分け与えている。E・R・グーデナフは、この護符に恥がまったく表されていないことにかんがみて、これはグノーシス派のものであると認定している。それが、キリスト教美術と大いに異なる点である（注23）。蛇は木に巻き付いていて、エバに接吻しようとしている。

図11　エバがアダムに、善悪の知識を分け与える場面を描いた護符

それは、ことによると性的結合を思わせるものであるかもしれない。木のそばにはヘブル文字のヘスとダレスが見える。ビルガー・ピアソンは、それはいのちと知識を意味しているのではないかと述べている。「創世記2章9節の二本の木は、グノーシス的に理解されており、護符では一本の木として示されている」（注24）。確かに、いのちと知識は、グノーシス派の作り話が、アダムにエバが授けた二つの恩恵だと主張しているものである。護符でも、墓に描かれた絵でも、女性が、秘法を授けられる立場にある男性に対し、知識を提供している。そして、どちらの場面でも、女性は、その啓示を可能にした、性的パートナーである男性を伴っている。

キューピッドとプシュケ

エバについての作り話が発達するための、原型となった作り話がもう一つある。それはキューピッドとプシュケの架空話である。この作り話は古代世界で広範囲に流布していたと見られるが、それが、アプレイウスによるある小説の中で、私たちのために保持されている。それは、盗賊たちにさらわれてきた若い花嫁を慰めるために、年寄り女によって語られるというようになっている。

その話の中で、ヴィーナスは、その名をプシュケという若い美女に嫉妬する。プシュケとは「霊魂」の意である。ヴィーナスは恨みを晴らすために、自分の息子キューピッドを、その不運な少女に差し向ける。ところがキューピッドはプシュケと恋に落ち、何とかして彼女を軽やかに運び去ろうとする。彼は夜だけ彼女のところに来ては、彼女に対し、自分を見てはいけないと命じる。プシュケの姉妹たちは彼女を訪ねることを許され、プシュケに、彼女のいわくありげな恋人を探るよう説きつける。姉妹たちはプシュケの置かれた美しい環境に嫉妬していたのだ。プシュケはランプをともし、眠っているキューピッドをじっと眺めた。ところが、彼女は熱いランプの油を一滴彼の上にこぼしてしまい、それで彼は眠りから覚める。キューピッドは憤激し、プシュケを残して去っていく。プシュケは悲しみに沈み、キューピッドを捜し求めて地上をさまよう。

絶望の中にあって、プシュケはヴィーナスのもとに向かう。ヴィーナスは彼女に大変な仕事をするように命じる。他の女主人公と同様に、プシュケは苦境、厳しい試練、そして危険を耐え抜く。最終的に、ヴィーナスはプシュケを死者の国そのものに送り込む。そこでは、黄泉の国の女神ペルセポネが、プシュケに、おそらく美が入っていると思われる、封印をした広口の壺を与える。プシュケは、その壺を開けてはならないと警告されていたにもかかわらず、封印を破ってしまい、もう少しで、死を招く眠りに襲われるところであった。一方、キューピッドは今や自分のした性急な振る舞いを悔いて、彼女に寛大になっており、ジュピター（ゼウス）に、プシュケとの結婚への許可を願う。諸王の王ジュピターはそれを聞き入れ、プシュケは彼女を愛する者の花嫁として天に移される。この話の筋を見れば、秘儀参入式を貫く構想に沿って展開しているのは明らかである。

女性を主人公とする古代の作り話すべての中で、この話は、魂が救いを捜し求めることと、人と神である者との男女の結合を、最も明確に述べている。グノーシス派における、ソフィアーエバの作り話のたどった変遷は、その多くがプシュケの話の変遷に対応している。学者たちは、エバについての作り話の、グノーシス派による翻訳版に、キューピッドとプシュケの作り話からの借用例を見ている（注25）。エバもまた、霊魂として、しばしば寓話的に解釈されており、エバの話には、極悪非道の悪事、悲嘆、さすらい、危難、苦境がしばしばしば含まれる。エバについての作り話は、多くの先例となる話を下敷きにしていた。

移り行くエバ像

これらの作り話は、どれを見ても、道義に外れた行いへの、長々と続く罰を、一人の女性が耐えぬくものであった。それは、超人間的存在が言い寄る惑わしを、撃退できなかったゆえであるのが一般的である。憎むべき罪の下手人である女性たちでさえ、より寛大な見方で解釈し直された。古代ギリシア・ローマの神話体系には、ダナオスの娘五十人が、それぞれ自分の従兄弟との結婚を強いられたという話がある。暴行を加えられたその娘たちは、それぞれ自分の夫を殺害することで問題を解決した。しかしそれゆえ、彼女たちはハデスで、水漏れのする広口壺で水を運ぶという、終わることのない労働による、果てしない欲求不満をこうむった。ところが新約聖書の時代になるまでに、水を運ぶこの女性たちは、死者に対して慰めと不死をもたらすと考えられるようになった。すでに見たように、他の罪で有罪となった女性たちも、祝福をもたらす存在へと姿を変えた。

エバほど一貫して非難され続け、多くの罪に定められた主人公はいない。二世紀になる前に、エバに関して、著しく相異する二つの見方が徐々に現れた。第一の見方は、人が女性に生まれたためにこうむる苦労や不快の多くは、エバに責任があると見る。月経や陣痛や服従は、エバが堕罪において主たる役割を果たした結果だと考えられた。それは、キリスト教の伝承だけでなく、ユダヤ教思想においても考えられたことである。初期のユダヤ教では、エバが死を世にもたらしたゆえ、女性たちは葬儀で遺体の前を歩くことを求められた。エバが闇をもたらしたゆえ、女性たちは安息日の灯りをともさなければならない。さらなる償いとして、彼女たちは練り粉のささげものを用意しなければならなかった。それは、世の、混じりけのない練り粉であるアダムが、配偶者エバによって台無しにされたゆえであった（注26）。これらの求めは、女性たちが依然として、エバの罪ゆえの不名誉を身に帯びていることを、絶えず思い起こさせるものであった。

罪と死の到来に対する責任を、最初にエバに負わせた著述者は、紀元前二世紀のベン・シラである（ベン・シラの知恵25・24）。新約聖書の時代になるまでに、エバについての作り話の偽典は、エバは天上界の誘惑者に惑わされたと言って、彼女を激しく糾弾する。エバは永遠に罪の重荷を担わなければならない。アダムとエバの生涯として知られる一世紀の偽典で、エバはこう叫ぶ。「ああ、悲しいかな。よみがえりの日になると、罪を犯したことのある人たちはみな、こう言って私をののしる。『エバは神の戒めを守らなかった』と言って。」（注27）

作り話を語る者たちに、エバは努力目標を与えたのかもしれない。エバもまた、他の者たちのように、汚名を晴らされ、秘伝の知識を与えられる。エバは全人類の不名誉を身に帯びたとはいえ、人類にいのちと教えをもたらした仲裁者でもある。グノーシス派内では、エバについてのもう一つの見方が徐々に現れた。エバは、どちらかといえば、罪ではなく祝福を、死ではなくいのちを、闇ではなく光を象徴するようになった。更生、もしくは、ことによると支配権力への挑戦を決意している女性たちは、エバに象徴される大義を、当然のことながら支持した。これは、エバの罪を論じる、一つのやり方であった。

私たちは、使徒パウロが「彼女は救われる」と断言したときに（Ⅰテモテ2・15）、エバの立場についての、それらとは異なる認識を述べたと見ている。彼はエバを、永遠に続く糾弾へ引き渡すのではなく、どちらかといえば、創世記3章15節の約束のほうを指さしている。そこにあるのは、蛇は女の子孫にかみつくが、女の子孫は蛇の頭を踏み砕くという約束である。イエス・キリストの十字架上でサタンが敗北したことを通して、エバの罪は拭い去られた。世に救いと赦しをもたらした、聖なる「子孫」を通して、エバが罪を贖われたことは確かである。第一テモテ2章15節のメッセージは、これまでのものとは別のレベルでの、良い知らせを女性たちにもたらすと思うが、どうだろうか。後続の章でそれを取り上げる。

第13章　グノーシス的ユダヤ文書における女主人公

作り話の潤色については、その始まりがエウリピデスによる作り話であることが、非常にはっきりしている。しかし潤色の進展はそこで終わらなかった。作り話を語る者たちは、他の作り話にそれと同じやり方で潤色を施した。作り話には、権威ありとみなされていた他の出典に由来するものもあった。権威ありとみなされていた、そういう出典の一つがヘブル語聖書であり、その基本的な話を解釈し直したものが多数現れた。明らかに年寄り女たちに大いに好まれていたのは、エデンについての作り話であった。とはいえ、形を変えて語るということに、女性たちはもちろん男性たちも関わっていた。

よく使われた手法は、（知恵やいのちのごとき）深遠な属性に、ひとりの人間、特に女性の特質を付与することであった。この特徴は、アレクサンドリアの著者たちにはっきりと現れていた（注1）。ソロモンの知恵の著者（紀元前一世紀）は次のように断言する。自分は知恵（ソフィア）を抱擁し、花嫁に迎えた（8・2）。知恵は彼女自ら信者たちに神の知識を手ほどきし（8・4）、彼女自ら秘儀宗教をもたらし（6・22）、彼女を切に求める者に対して教師を務めた（6・

17）。彼女は過去をも未来をも知っており、謎を解くことを理解していたと（8・8）。それと似たやり方で、ユダヤ教の偽典、第四エズラ書（最終改訂版は紀元約一〇〇〜一三五）は、預言者として指示を与える女性の姿を描写する。やがて彼女は天の都シオンであることが明らかにされる。

ユダヤ世界は、エペソであれそれ以外の地であれ、女性たちに異例の霊的支配力を付与することにやぶさかでなかった。ギリシア文化を受容したユダヤ人の思想をたどることのできる資料の一つが、アレクサンドリアのフィロン〔前二五〜紀元四五〕による、大量の文書の中にある。彼はイエスともパウロとも同時代の人である。フィロンはユダヤ教徒だが、ギリシア的宗教思想に深く影響を受けていた。彼はしばしば、ユダヤ教をギリシア的宗教思想で解釈し直そうと努めた。彼は、ギリシア化した考えを伝えるために、聖書の物語を寓話化することをとりわけ好んだ。

多神教の秘儀においては、宗教的経験を強調したり、演じたりするのに性的結合が用いられたので、フィロンはそれと同じ手法を活用する。彼によれば、秘儀における教示は、聖書の人物なり、ソフィア（「知恵」）のような抽象概念なりの、女性の姿をした存在によって授けられた。そういうわけで、神は「知恵」の夫なのであった（注2）。しかし、フィロンは、「女性的な霊的原理」をもう一段階進め、教え導く者のイメージを、聖書に登場するさまざまな女性に割り当てた。彼は、アブラハム、イサク、ヤコブの結婚を、彼らの霊的成熟の始まりとして寓意的に解釈した（注3）。彼らの妻たちは天的な知恵を象徴しており、婚姻の完成は神聖な教導をもたらした（注4）。サラを例にとれば、彼女は「教えを通して非の打ちどころなくされた美徳」を象徴する（注5）。リベカという名は、神の娘である「知恵」として寓意的に解釈される。その神とは、最初に生まれた、万物の母である（注6）。リベカの、水を汲み、運ぶという働きは、神聖な泉から、永遠の知恵である知識を汲み出して運ぶことを象徴する（注7）。フィロンはリベカを指導者だと考えた。「なぜなら、言葉は、人を教える彼女のものであり、耳は、その教えを受ける彼のものであったから」（注8）。サラがそうであるように、リベカは男を教える教師であり、リベカの母の家は「知恵の、母である家庭」と呼ばれている（注9）。ラケルの夫が、英知の知恵を好む者を妻とせよという、自分の父イサクの命令を守ったとき、ラケルもまた夫に、啓発された状態をもたらした（注10）。「彼は、知恵の家以外のどこに、確かな判断をし、いつもともに生きることのできる伴侶を見つけるだろう」（注11）。モーセの妻ツィポラは、神聖なものを熟考する崇高な美徳を象徴し、エバは、アダムを啓発し導いた（注12）。

フィロンはユダヤ教徒であったが、ユダヤ教よりは秘儀宗教のほうにはるかに近かった。それで彼は断言している。アダムとエバの結合は秘儀参入の起点であり、知識は、秘儀参入の秘伝を授けられた者だけに行き渡るべきであると（注13）。最も興味深いのは、フィロンが、アダムを知性とし、エバを知覚として、寓意的に解釈することである。その筋書は実に驚くべきものである。彼はこう主張する。エバは、「生きているものが、それを通していのちを得る存在を表している」と（創世記3・20）（注14）。フィロンによれば、エバの存在なくしては、意義ある生がありえないことは明らかである。アダムに欠けているものを、彼にもたらしたのはエバである。
好奇心あふれる、このアレクサンドリア人は、次のように説明する。アダムにおいて象徴されている知性は盲目であった。その盲目はありきたりのものではなく、あらゆる感知能力をまったく取り上げられている状態にあった。その知性は感覚器官をすべて欠いていた。アダム（知性）は外界については何も知らなかった。「なぜなら、それを通して外界を知れるもの、つまり知覚が存在しなかったのである。」エバがいなければ、アダムは知識を得ることができなかった。物質から成るすべての物体は、闇にくるまれていた。彼は、「よろめく足取りを支える感覚器官がないため」、まっすぐ立って歩くことさえできなかった。彼は完全な人間の半分にすぎなかった。

神は、そういうわけで、彼に、霊的な体だけでなく、物質のぎっしり詰まった肉体を所有させたいと思い、すでに念入りに作られたものとの対をなす、第二の部分を織り合わせることにより、欠けた部分のない人間をこしらえあげた。神はその第二の部分に「女」という一般名称を付け、「エバ」という個人名を付けた。エバという名は知覚を暗示している。彼女［知覚］は、創造されるや否や、彼女の各器官から、開口部を通すかのようにして、集中した光を知性に当て、もやを消散させた。

エバは、知性が物の本質をはっきり見られるようにした。今やアダムは、以前には知りえなかった現実を知覚することができた。エバがやって来るまでは、彼には知識を得るすべがなかった。「夜中に急に差し込む陽光のきらめきに目をくらまされる者のように、あるいは深い眠りから覚まされた者のように、はたまた突然視力を回復する視覚障碍者のように、人間の霊的部分は、被造物を構成する物すべてが集まっているところに出くわした。」（注15）

これらの語句は、秘儀宗教やグノーシス主義で用いられる言葉や概念を連想させる。エレウシスのデメテルや、コリントのイシスの秘儀の中では、真夜中にきらめく光が輝いていると言われた。グノーシス主義で盲目や眠りは無知を象徴し、その無知は真の知識（グノーシス）によって消散させられた。そのような伝統と一致することだが、エバは寓話的に解釈され、フィロンによって、いのちを授与する者としても、光をもたらす者としても、描かれる。

ここでフィロンが、エバについての解釈を寓話に仕立てているのは明確である。とはいえ他の箇所では、フィロンは、エバのせいでアダムは死んだと非難する。フィロン自身は、創世記の記述をゆがめる者に対して不平を言っている。けれども、そのフィロンが、エバを、アダムに光と識別力をもたらす者と見るのであれば、彼と同時代の、より正統的でない者たちには、エバについての記述はどのように解釈されるだろう。フィロンが、エバを、たとえ象徴的にでも、「生きているものがそこからいのちを得る者」として描くのであれば、他の者たちが、エバについての記述を、エバを人類の根源とするように変えても、驚くべきことではない。

フィロンは、まさしくパウロから反駁を招いたテーマを用いている。つまり、アダムに知識と、意義のある生をもたらす者としてのエバというテーマである。この作り話へのフィロンの扱い方自体、彼がよりグノーシス的なものの見方に接触していたことを示している。フィロンは、文字通りの意味が入る余地を残さぬまでに、聖書を寓話に仕立て上げた、アレクサンドリアのあるユダヤ人について書いている（注16）。しかし、そのフィロン自身が非難を免れなかった。すでに見てきたように、一世紀初期までに、フィロンによる寓話化はエバを、アダムを誘惑する者から啓発し導く者へと変えてしまっていた。彼は創世記2章21節を、文字通りのものではなく、どちらかといえば「作り話らしきもの」とみなした。彼によれば、蛇さえも、真の知識を得させるために知性と知覚を結合させるという、良き結果への媒体として、寓意的に解釈されている（注17）。

ビルガー・ピアソンは、ときとしてフィロンは、特にグノーシス的教えに向けて反論していたのではないかと言う（注18）。フィロンが相手にしていたのが、紛れもなくグノーシス派だと論証することはできないにしても、「キリスト教の発生と時間的には同一の広がりを持つ」アレクサンドリアのユダヤ教に、異端的要素が存在したことは論証できる（注19）。アレクサンドリアとエペソのユダヤ世界は、商業取引でも宗教でも強い絆を保持していた。アレクサンドリア出身の博学のユダヤ教徒アポロは、エペソの会堂に喜んで迎えられて教えていた（使徒18・24～26）。他にも、アポロほどには正統的でない説教をする者たちがいた。

エバについての記述の翻案

グノーシス主義は、非正統説を抱く離散のユダヤ教徒によって作り上げられたもののようだ（注20）。概念の移り変わりは、いっせいに生じたわけではなく、すべてが同じ場所で生じたわけでもない。その過程についての情報は、教会教父たちの記したものが頼りであり、その大部分が小アジアの宗教的状況に基づいていた。この知識は、エジプトのナグ・ハマディでグノーシス派の文書が収蔵文庫ごと発見されたことにより、大いに増大した。ナグ・ハマディ文書が発見される前に、グノーシス的教えの起こりは、小アジアの折衷主義のユダヤ人にあると、初期の学者たちは考えていた。フリュギアのユダヤ人たちは、異教の道徳観や教義に簡単に同化してしまうことで悪名高かった。その社会ではありとあらゆるものが、宗教活動を混合させる誘因になった。

様々に形を変えた、アダムとエバについての作り話がユダヤ人社会に流布し、ヨセフス［紀元三七～一〇〇頃］は、そのうちの、より正統的でない翻訳版をいくつか知っていた（注21）。ヨセフスは、アポロニウス・モロン、リュシマコスなど、モーセを詐欺師、人をだます者と中傷した著述者たちのことを伝えている（注22）。モーセによって伝えられた聖書の話の、拒否および歪曲が、グノーシス的な作り話の主な要素であったのは確かである。中には、「モーセが言ったようにではなく」ということが、基本的考えになっているものがある（注23）。

グノーシス派のテキストでは、アベルではなくカインが英雄であり、エバと蛇が、救いをもたらす登場者であり、旧約聖書の神は極端に低く評価されている。実際、あるグループでは、ユダヤ教徒の神は邪悪であるから、あらゆる点で彼に反抗する必要があると教えた。ユダヤ教の神は「汝、姦淫するなかれ」と命じていたので、グノーシス主義の信奉者たちには、可能な限り姦淫を犯すことが奨励されていた！　ヘブル語聖書の神を拒絶することに、基礎を置く倫理体系を思い描くことは、私たちには困難である。P・ヴァン・バーレンは、「グノーシス主義は反抗の宗教である」と断言した。

エピファニオスが述べていることだが、グノーシス派の者たちは、自分たちの神学に反するとみなすものは何でも、「この世の霊」によって語られたとして退けた。だが、聖書に記されていて、彼らの大義を推進するものは何でも、「真理の霊によって語られた」と断言された（注24）。そのようにして、彼らは聖書の内容を根本的に変えてしまった。

すでに明らかなように、これは信仰としては非常に逸脱したものであり、創世記の記述を甚だ勝手に変更している。異教徒のケルソスは、蛇についての記述を老婦人の架空話であると考えており、グノーシス派の者たちが、エデンの園についてのユダヤ教徒の作り話を、老婦人たちに語ったのだと述べている。つまり、彼は、これらの架空話はあまりにも荒唐無稽なので、老婦人たちだけにお似合いだと言っている（注25）。

ハッガーダー、ミシュナ、七十人訳の要素が用いられている

グノーシス派の著作物には、ハッガーダーの伝承（蛇、木、創造者である神）が、用いられていることが見てとれる。中には紀元前一世紀にさかのぼるものもある。W・E・オルブライトは次のように言う。「グノーシス派では、最も際立った派のいくつかが、エルサレム陥落（紀元七〇）よりもかなり前にすでに生じていた」と。それに対しヘンリー・A・グリーンは、証拠となるものに目を通して次のように言う。「確かなことは、紀元一世紀の終わりまでに、ユダヤ教のハッガーダーの伝承がグノーシス派の者たちによって用いられていたことである」（注26）。ビルガー・ピアソンらは、ミドラシュや七十人訳の内容が、エバに的を絞った言い伝えへと発展していることを突き止めた（注27）。特に知恵伝承の場合がそうであった。その識見は大変有益である。だが、忘れてならないのは、ユダヤ教文書に精通している者たちが論議を交わしていたとき、使用人たちがその部屋を出入りしていたことである。もし、彼らがその論議の全部を聞くことはできなかったとすると、彼らが受け止めるのは、ことによると、切れ切れになった記憶だけである。論じられていた主題を小耳にはさんだだけの者の頭の中では、エバと、ゾーエー［生命］やソフィア［知恵］や木との間に、連関が生じた。

奴隷の身とされた者たちは、しばしば故郷から遠くへ移され、それまで慣れ親しんできた作り話を新しい環境に持ち込む。アダムとエバについての記述は、正典における記述のままでも語る

に足る、傑出したものの一つである。非常に頻繁に語られてきた、ある架空話が、聖書的出典よりは、どちらかといえば、異教の古典的出典にさかのぼって、あらかじめ考えられた枠に合うよう作り変えられたとしても、全然不思議ではない。作り話を家で語る語り手として、異教徒の奴隷たちは、ユダヤ人家庭で、古典的神話体系のものよりは、どちらかといえば、聖書の登場人物の作り話を語るように要求された。すでに自分たちが知っていた構造という古い革袋に、聖書の人物という新しいぶどう酒を注ぐことは容易であった。女性部屋では、どこよりもたやすく文化の取り交わしをなしえた。ここでは幼少の男児も女児もその架空話を聞き、それが彼ら彼女らの考え方を方向づけた。高い知能を持ちながらも苦々しい思いの中にある、奴隷の身の女たちは、作り話を故意に捻じ曲げて、ユダヤ教の神への反抗の話にしてしまった。エバに対する、横柄な支配者たちによる酷使と虐待が、すでに彼女たちの知っていた異教の作り話と、軌を一にするように彼女たちが発展させた、モチーフであったことは疑いない。

エバには多くの顔がある

エバはグノーシス派の著作物にしばしば登場する。しかも、実に多種多様のイメージで現れる。天上界のエバも、地上界のエバもおり（注28）、しばしばソフィア（知恵）あるいはゾーエー（生命）と互換性を持ちつつ行動するエバがいる。エバというヘブル語の文字通りの意味は

「いのち」であり、創世記3章20節では、エバは「生きるものすべての母」と呼ばれている。エバはしばしばゾーエーと同義になる。七十人訳の創世記3章20節では［原著では21節となっている］、アダムが妻の名をエバではなくゾーエーと名付けている。新約時代に、ヘブル語聖書のこの翻訳版は広い範囲で読まれており、しばしば使徒パウロによって引用された。フィロンはこのギリシア語テキストを用いてこう記した。アダムは新しく創られたエバを見ると、「アダム自身の死であるこの者に、いのち（ゾーエー）という名を与えた」と（注29）。

七十人訳による箴言3章18節の訳は、知恵ソフィアを、彼女を堅く握る者にはいのち（ゾーエー）の木であると断言している（注30）。フィロンによれば、神の娘ソフィアは、男性が担うはずの父親役を担っており、子を設けることもすれば、産むこともする（注31）。さらに、七十人訳による箴言4章13節の訳では、ソフィアを訓戒として提示し、彼女［訓戒］を自分のいのち（ゾーエーであるエバ）として守るよう、読者に警告する。そういうわけで、ギリシア文化を受容したユダヤ教の伝承においては、エバはソフィアやゾーエー（知恵やいのち）はもちろん、訓戒とも同一視されている。

いのち、蛇、教師、そしてエバを指すアラム語は、語根が近似しており、ユダヤ教の伝承においても、グノーシス派の伝承においても、語呂合わせになって現れた（注32）。創世記ラバー20章11節のハッガーダー［教え］では、この語呂合わせが創世記3章20節の注解として取り上げられた。「人は妻の名をハヴァー（エバ）と呼んだ」「彼女は彼に助言者（あるいは教師）として与えられたが、蛇がそうであるように、彼女は立ち聞きする者の役を演じた。……彼は彼女に、彼女がどれくらい多くの世代の者を死に追いやったかを示した」（注33）。ラビ・アハによる注解は、以下のように、エバへの呼びかけ形式になっていた。「蛇は汝の蛇であった。そして汝はアダムの蛇である」（注34）。当時、語の音が類似していることは、しばしば、それ以外でも近い関係にある証拠と信じられていた。ビルガー・ピアソンが触れているように、「蛇もエバも教える役を担っていることが、グノーシス派の著作物においては、かなりの量の考察の題目である」（注35）。アダムとエバは、男であり女である存在として結び合わされている間は、神である要素を備えた者どうしだが、別居すると同時にその要素を失う（注36）。神であるこの要素は、その後、霊的世界の女性エバに宿り、彼女は地上界のアダムを教える（注37）。いくつかの伝承では、エバは力を得るが、後にはそれを失う（注38）。

紀元一世紀になるまでに、エバは人間の水準を超えるものになり、秘儀的な知識を伝達する能力を持つようになっていた。すでに論じてきた、諸文書中の女主人公同様、エバには人間を教え導くことができた。上述のように、七十人訳は、エバは知恵の女神ソフィアと同一視されるという考えを生み出した。したがって、グノーシス派の著作物において、エバは、ときにゾーエーとして、ときにソフィアとして、ときにエバの内にあるエピノイアあるいは後知恵として、さらには女性である教導原理としても、登場する。ある伝承は次のように断言した。

このゆえに、彼女は「ゾーエー」と名付けられた。すなわち、上なる存在、アウセンティアの持つ、将来に備えた深慮（プロノイア）のおかげで生きているものの、母と名付けられた。それゆえ、彼女を通して、彼らは完全な（テレイオス）知識（グノーシス）を感得した。」（注39）

さらに紛らわしいのは、地上界のエバと霊的世界のエバという、ときには二人のエバが存在し、その二人は言葉を交わす場合があることだ！　天上界のエバは、より優れた教導原理が擬人化されたものであり、地上界にいる、もう一方のエバを導くのである。

エデンの園のくだりのグノーシス派の伝承では、いずれの場合も、実を取って口にするようにという、エバへの指示は、宇宙の根源である女性から来る（注40）。すなわち、「いのちの女教導者」であるエバ－ゾーエーからであり、（注41）、「教導者である、霊的世界の女性」からであり（注42）、光のエピノイアからである（注43）。蛇の内部にあって、実際に指示を下しているのは母たる者である（注44）。しかも蛇は、それ自体が知恵である（注45）。次の章では、エバが母神と同一視されていることについて、さらに厳密に調べる。

第14章　偉大なる女神たちとエバ

エバが、アダムにいのちを与えるほどに、いかに力ある存在と考えられたかを理解するには、古代人がエバを異教の女神と同一視したという事実を知っていなければならない。その始まりは紀元前二〇〇〇年紀よりも前にさかのぼる。古代近東の広い範囲で、フルリ語化されたエバという名の女神が礼拝されていた。E・A・スパイザーによれば、どちらかというと、「エバ」の本来のセム語名が、フルリ語名に言い換えられたのであって、その逆ではなかった。ヘバト神（あるいはヘパト神）は典型的な母神と認識されており、エブス人であるエルサレムの王が、エル・アマルナ文書（紀元前14世紀）の中で、「ヘパト神のしもべ」と呼ばれていた（注1）。この女神は、バビロニアの作り話の中では無名だったわけではない（注2）。フルリ人の勢力が広まるにしたがって、ヘバト神はヒッタイトの万神殿へ至高の女神として入り込んだ。紀元前一二五〇年までには小アジアへ勝利の入場を果たした。ヘバト神崇拝はプドゥヘパス女王によって導入されたようである。プドゥヘパスはハットゥシリス王の、フルリ人の連れ合いで、彼女自身が神々の女祭司であった（次頁図12）。

図12　プドゥヘパス女王がヘバト神に献酒をしている（フラクティンの浅浮彫より）

現代トルコの、ボガズコイに近いヤジリカヤ出土の、紀元前十三世紀の浅浮彫を見ると、ヘバト神はメソポタミアとフルリの女神一行を引き連れて、ヒッタイトの神々との会見に臨んでいる（図13）。ヘバト神の名はルウィー語の象形文字で書かれている。彼女はヒョウに乗って、ヒッタイトの嵐の神テシュブに会いに行き、結婚する。彼女の花婿と従者たちは山々の上に立っている（先端のとがった帽子を着用した男たちがそうである）。花嫁は、キュベレ神やエペソのアルテミス神が着けたのと同じような、高い冠と、堅いひだの付いたスカートを着けている。彼女の後ろには随行の女神たちが続き、テシュブ神との間に生まれた息子サルマや、娘アランズも続く。ダキタも随行している。ダキタとは「セム語で『幼子』の意で、神話体系に出てくるヘバト神のしもべかもしれない」（注3）。その後にはフテナ神とフテルラ神が続く。彼女たちは出産の女神で、神話では人類の女創造者たちともされている。ヘバト神の熱狂的な帰依者である、プドゥヘパス女王の働きかけがあって、この新参の神ヘバトは、ヒッタイトの万神殿の主女神である太陽女神アリンナとすぐに同化した（注4）。ヘバト神は、古代のテキストでは天の女王とも同一視されている（注5）。

威光と権威に満ちたヘバト神だが、彼女には不幸に見舞われる弱さもある。ある作り話によれば、この頑健な女神は、自分の聖堂から追い立てられたり、閃緑岩の男から危害を加えられたり、連れ合いの破滅に煩悶したり、九死に一生を得たりする。それだけではない。彼女は、トウモロコシをすり砕き続けるという、つらい労働に引き渡される危機に陥る（注6）。そういうわけで、ここでも、そして他の箇所でも、バビロニアのイシュタル神との関連は明らかである（注7）。

ヘバト神についての作り話の大部分は、「賢女」あるいは「老女」として知られる、女性信奉者たちに用いられたヒッタイトの儀式の中で保存された。そのような女性たちが実際に主宰した祭儀のうち多くの名もそうだが、彼女たち三十二人の名は今も残っている。特に、儀式のうちの多くは、その創始者が女性であったと言われている（注8）。これらの女性たちの名前と、彼女たちが使用した言語は、多くの場合フルリ語である（注9）。

図13　ヘバト神が描かれている。ヤジリカヤの礼拝堂より

図14　キュベレ神の彫像

ヘバト神の名は、ヒッタイト語やフルリ語のテキストに登場する。だがそれは、新しい言語集団が小アジアに入り込み、ヘバト神がフリュギアのキュベレ神に合体させられるまでである。以後、ヘバト神はフリュギアの女神として発展していくが、それを系統立てて示すことはさらに難しい。フリュギア語テキストはまだ発見されておらず、フリュギア語碑文は大部分が判読できないからである。図14では、キュベレ神が、高さのあるかぶり物と、ヘバト神もエペソのアルテミス神も着用した、堅いスカートを着けているのが見て取れる。次章で確認することだが、エバは、フリュギアの非常に古い伝承のもとに寄り集まったと思われる、互いに異なる二集団によって崇敬された。

キュベレ神

母神キュベレの祭儀は小アジアに広く行き渡っていたが、この神もエバとのかかわりがあった。キュベレ神は、早くも紀元前五五〇〇年にはサタル・ヒュユクで崇拝されていたことが、図像学で論証されている（図15）。何千年にもわたり、この母神は神々と人々の母であり続けた。そして多くの世紀を経た後、依然としてキュベレ神の祭儀を行っていた者たちは、先輩女神キュベレがかくも長い間担ってきた権限を、エバに与えた。すなわち、「自然界のありとあらゆる生けるものの母で、神々、天使、不死の者、死すべき運命の者、理性ある者のうちにある理性なきものの母」としての権限を与えた。

キュベレ神崇拝は小アジアだけにとどまることなく、ギリシア・ローマ世界の隅々にまで広まった。この母神の系図や、アッティスへの悲恋の言い伝えは多くの形で語られている。それらの作り話は様々な詳細を伝えるが、その中心にあるのは、キュベレが人間として生まれたこと、父親が彼女の妊娠を知ったときに父から受けた迫害、アッティスへの傾倒、その愛へのアッティスによる裏切り、アッティスの死へ

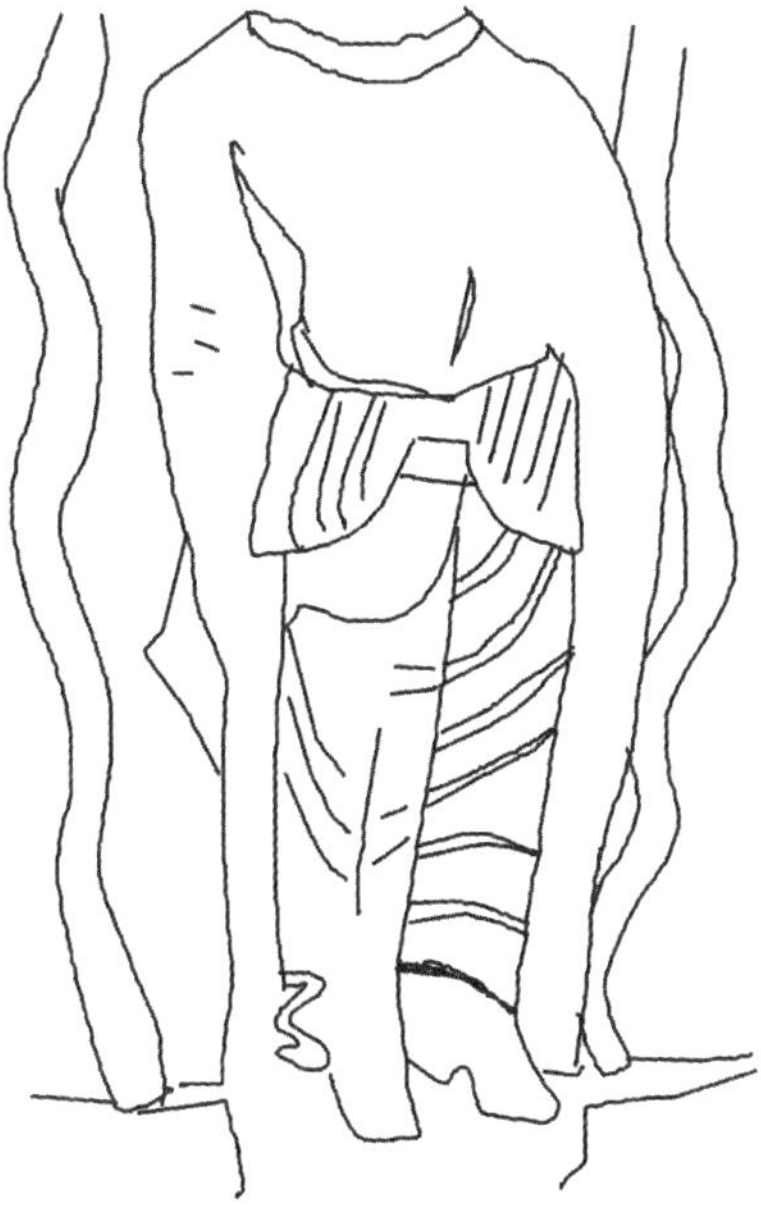

図15　その側面に蛇が位置するキュベレ神石碑

の、彼女の嘆き悲しみである。どの話も、キュベレが人間として受ける苦難と、神的存在として持つ絶大な権能の、どちらをもキュベレの持つ面であるとしている。

キュベレ神に数え切れないほどの言い伝えがあるということは、女性たちがその語り部であったことを、それとなく示している。その作り話には、キュベレが持つ二つのイメージが保たれている。つまり、かつては人間であり、恐ろしくはあっても情け深い女神、というイメージである。それは、明らかに、エバの神話に徐々に現れる特質である。しかし最終的には、啓示者としての、強靭なグノーシス派のエバと、悲嘆に暮れ、非常に人間的な、ユダヤ人女主人公エバという、二項対立がどこまでも拡大されていき、天上界のエバと地上界のエバに分離した。キュベレ神の本質と作り話に見られる、この相反する特徴は、一年周期の儀式に込められた。その儀式では、彼女の悲しみと嘆き（血の日）が描き出され、次に、狂喜と野放図な祝賀（ヒラリア）が描き出される。雰囲気がこのように取り替われば、それへの崇拝者の反応は必然的に正反対なものとなる。雰囲気のこの交換は、この崇拝の持つ力の強さの一つであった。

エバがイシス神と同一視される

エジプトでは、エバはイシス神と重ね合わせて見られた。イシスは古代の女神だが、ヘレニズム時代になって活性化された。イシス神崇拝は、すでに見てきたように、エペソを含む地中海世界全域で広く行われていた（注10）。イシス神と蛇とのつながりは強固で、以下は、ある帰依者が見たイシス神の姿である。

入り組んだデザインの冠が、何種類もの花で、彼女の額の上部を取り囲んでいた。冠の中央では、鏡のような平らな円盤が、彼女の顔の上にあって輝いていた。いや、それはどちらかといえば月の白い光で、それが顔を照らしていた。彼女の左右にあるのは、首をもたげたクサリヘビのらせん状になったものであった。……彼女の左手には金のカップが掛かっており、そのカップの柄からはコブラが頭を高く上げ、のどを大きく膨らませた姿で立ち上がっていた。コブラがいるのは最も目につくところであった。（注11）

プトレマイオス一世の命令により、イシス神は、エレウシスの祭司テモテによってヘレニズム風に解釈された。以後、イシスはエレウシスのデメテルと違わない存在に移り変わっていった。デメテルは、ゼウスによってレイプされて娘を産んだ地母神で、その娘はすぐに、黄泉の国の神ハデスに奪われてしまった。悲しみに暮れる母が、深い苦悩のうちに世界中を捜しまわった末、少女は母のもとに戻された。デメテル神の儀式は、イシス神の儀式と同様に、秘法を授けられた者に対し喜ばしい来世を保証した。献身的な妻であるイシスは、殺された夫の亡骸を捜して世界中を回った。最終的には、彼女は全人類の救済者また統治者の地位に就き、彼女を信奉する者たちに、最高位にある者を知る知識（グノーシス）、すなわち真理の知識を与えると約束した（注12）。

イシス神については、聞く者を仰天させる主張がなされた。これらの主張は、イシス神が自身の価値を宣言する、いわゆる価値のリストの中に出てくる。価値のリストは、しばしば「私は……である（エゴー エイミ）」という定型句で表現される。聖書の読者なら、それがヨハネの福音書で繰り返し用いられている定型句であることに目を留める。以下に挙げられる、「……である」ことのリストは、小アジアのキュメから出土された、より初期のものである。

私はクロノスの長女である。
私はオシリス王の妻であり、また姉妹である。
私は人間のために果実を見つける者である。
私はホルス王の母である。
私はシリウスに命令を下す者である。
私は女たちの中にあって神と呼ばれる者である……
私は戦いにおける女主人である……
私は法の制定者と呼ばれる者である。（注13）

イシス神がシリウスを管理したのであれば、エバは、天にある中で最も明るい星座の一つ、カシオペアだとされた（注14）。万人の母である者として、イシスがエバと合体させられていることは明らかである。特に、蛇の姿で崇拝されたイシス・セルムティスについて、それが言えた（図16参照）。彼女の像は、蛇の姿をしていてさえ、幼い自分の息子に授乳していることもあった。実際、古代の世界でそのような親近性が見られなかったわけではない。ラビ・ユダは、特に、自身の赤子に授乳するイシスの姿で偶像を作ることを禁じた。「乳を飲ませている女は、全世界を養ったエバにさりげなく言及することになる」という理由によるものであった（注15）。禁止したということは、そのことに実際に携わっている者がいたことを、通常は意味する。

エジプトのその女神の特徴、および、ほぼ箇条書になって現れることのある価値が、エバについてのグノーシス派のテキストに取り込まれていることについては、十分言及されてきた。ローズ・ホーマン・アーサーは次のように述べた。「イシス神の要素が、エバについての伝承に同化されたことは、エジプトの要素とユダヤ教の要素

図16　蛇として描かれる
イシス・セルムティス

の混交の、顕著な一例である」（注16）。グノーシス派の資料における、エバについての要素も、「エゴー エイミ（私は……である）」という定型句を採っていることがある。しかしその「エゴー エイミ」は、しばしば、道理に合わない、当惑させるようなリストの中に配置されている。


なぜかといえば、私は最初であって、最後なのだから。

私は尊ばれる者であって、さげすまれる者なのだから。

私は娼婦（ポルネー）であって、崇められる者（セムネー）なのだから。

私は妻であって、処女（パルセノス）なのだから。

…………

私は、私の父の母であり、私の夫の姉妹であり、私の夫は、私が生んだ者なのだから。（注17）

これが、イシス神の「……である」ことのリストにおける定型句を模倣しているのは明白である。だがそれは、古代世界で女神は重要な地位にあったことを忘れていなければ、さほど驚くべきことではない。

雷・全きヌース（叡智）の中で、天上界のエバは次のように断言する。

力ある者から、私は生み出された。
私のことを思う者のところへ、私は来た。
それゆえ私は、私を探し求める者の中で見出された。
聞け、私について思いめぐらす汝らよ。
私に耳を傾ける汝らよ、私の言うことを聴け。
私を待ち望む汝らよ、私を汝ら自身のもとに受け入れよ。（注18）

なぜなら、多くのものは魅力的な姿（エイドス）をしている。その姿は、様々な要素を備えた罪悪と、淫乱と、肉欲（パソス）と、その夜じゅう（プロス）続く快楽（ヘードネー）において存在する。人々は素面になって（ネーフェイン）、その安息所（コイメーテーリオン）に避難するまで、それらのものを握りしめている。だがそのところで彼らは私を見出し、そして彼らは生きる。もはや死に戻らない。（すなわち、監獄のような肉体に生まれ変わることはない）。（注19）

ここでは、エバが、肉体という罠にかけられていた魂を解放するために世に遣わされた、救済者として描かれている。ベントレー・レイトンによれば、彼女は「権威と安息の異世界から」降りてきて、「彼女は苦しみを受け、魂に対し、真面目になることと、彼女の素晴らしい国とを思い起こさせる。そして、救いを受ける者のための道を示しつつ、再び上っていく」（注20）。レイトンはこのテキストの注釈を以下のように続ける。

彼女は人類の救済者である。彼女は、知性と心に新たな方向づけを求める説教をして、救済する。彼女はイシスによる支配、つまり知恵の女神による支配と比べるようにと促す。彼女は、彼女がそこへと遣わされた者たちの中に見られる一要素でもある。事を広める彼女と、事を受け入れる彼らは同一の者である。彼女と彼らは同じ奇異な状況に置かれている。それゆえ自己認識と救済者認識は、少なくともある程度まで同じである。結局、彼女と、彼女に救われた者は、同じ国の者である。（注21）

そういうわけで、エバのイメージは、欺かれた罪びとから、救いを必要とする者を霊的洞察に導きうる、力に満ちた霊的存在へと進展していた。彼女が人間として持つ弱さは、女神の持つ達成力に取って代わられた。エバについてのおびただしく多様な作り話が、今やエバを霊的権威ある者に描き、それらは危険で破壊的な教えにと、自らを作り変えていた。牧会書簡群の著者が偽りとして否定したのは、それである。

第15章　蛇とエバが崇敬される

空想話のほかにも、蛇を崇敬するグノーシスの教えが、新約時代になる前の小アジアに存在したという証拠はあるのだろうか。エペソおよびその周辺の文学伝承、聖書自体による証言、また考古学や美術史上の遺物、そのすべては、エバと蛇を称揚する作り話と祭儀とが、重要視されていたことの証拠である。これらの参考資料を理解すれば、第一テモテ2章9～15節の私たちの解釈は根本から違うものになる可能性がある。

蛇は宗教的象徴であって、紀元一世紀よりもはるか以前から広く崇敬されていた。ビュブロスのフィロン（紀元六〇～一四二）は、蛇は爬虫類の中で最も「霊的（プネウマティコタトン）」であると言っている（注1）。多くの聖堂では蛇が祭儀の一部になっており、秘儀宗教においては、しばしば籠に入った蛇が最も目立つ特徴であった。エペソ市出土の硬貨の片側にはアルテミス、反対側には蛇の入った籠が、はっきりと見て取れる。

女神キュベレやイシスと、蛇との間の親近性についてはすでに触れたとおりである（図15参照、233頁）。サバジオス神は、小アジアで広く崇められた別の神だが、しばしば蛇がその象徴とされていた。その蛇を礼拝する女性たちは、生きている蛇を胸もとに入れておき、それをスカートの下から引き出すこともあった。紀元前一三九年になるまでに、ポントスやカパドキアでは、非正統説を信奉するユダヤ人たちが、自分たちの信じる神は、このトラコ＝フリュギアの蛇神サバジオスであるとしていた（注2）。これらの礼拝者たちは、祭儀の中では「いと高き方」の名を呼び求め、また安息日を守っていた（注3）。要するに、どういうわけかユダヤ教と関連している蛇崇敬は、新約時代になる前から行われていた。

新約聖書に見られる証拠

発生期の蛇崇敬がすでに姿を現していたことは、新約聖書自体においても暗示されている。黙示録の七つの手紙は、サタンを崇敬するユダヤ教の異端から襲撃を受けていた諸教会に宛てて書かれている。二つの教会、すなわちスミルナの教会とフィラデルフィアの教会が、ユダヤ教と異端的要素の混交ぶりを露呈していたのは明らかである。というのは、彼らは「サタンの会衆」と言われているからだ（黙示録2・9、3・9）。著述者は、その者たちは「ユダヤ人だと自称しているが実はそうでない者たち」だと言って嘆く（同2・9、3・9）。蛇神アスクレピオスの主祭儀所であるペルガモンは「サタンの王座」であり、「サタンが住むところ」であるとされた（同2・13）。ここでは明確に、異教の蛇神はサタンそのものだとされている。実際、アスクレピオスはグノーシスの教えにも登場した。彼はしばしば女性たちとともに活動した。アスクレピオスは蛇の姿で現れる際、しばしばその娘ヒュギエイアの姿で描かれている（図17参照、注4）。

ティアティラの教会にはイゼベルという名の、違った教えを説く女預言者がおり、「サタンの深み」なるものを含む教えを教えていた（同2・20〜24）。会衆は彼女の教えを避けるようにと警告されている。キリストの教会を不安に陥れたこの教えは、ニコライ派のものであり（同2・6、15）、教えの中には、淫らな行いと、偶像に奉げたいけにえを食することとが含まれると言われている（黙示2・14、20）。どちらも正統的なユダヤ世界にとっては相容れないものであった。また、私たちはすでに、あるグノーシス一派に対する、姦淫の申し立てがあることに注目した。その一方で、牧会書簡に登場する、違った教えを説く教師たちは、（必ずしも性的行動を指してでないにしても）結婚することを禁じたり、肉食を禁じたりした（Iテモテ4・3）。［当該箇所の直訳は「食物を断つことを命じた」。］

図17　健康の女神ヒュギエイアのフレスコ画。脇には蛇が位置する

黙示録では、エペソの教会が、ニコライ派の人々の行いを憎んでいるという理由で賞賛されている（黙示録2・6）。そのことは、エペソの教会がニコライ派の教えに精通するに至ったことを示しているようだ。道を踏み外してサタンの後について行ったやもめたちや（Ⅰテモテ5・15）、サタンに引き渡されたヒメナイとアレクサンドロのことが思い起こされる（同1・20）。

コリント人への手紙第二は、アジアから、それもおそらくはエペソから発信された（Ⅱコリント1・1）。そこには、「別のイエス……異なる霊……異なる福音」を持ち込んだと思われるユダヤ人宣教師に対して意を唱えるようにとの、委曲を尽くした警告が含まれている（同11・4）。蛇（オフィス）がエバに対して行ったのと同様に（同11・3）、その宣教師たちは欺きのメッセージを伝える危険があった。パウロは信者たちに、キリストの弟子に変装したサタンの弟子によって持ち込まれるメッセージに対し、用心を怠らないようにさせる。エペソで違った教えを説いた教師たちが、キリスト者の群れの構成員であったのと同様に、コリントで教理の純潔を脅かしていた者たちは、表面上キリストのしもべを装っていた。

こういう者たちは偽使徒、人を欺く働き人であり、キリストの使徒に変装しているのです。しかし、驚くには及びません。サタンでさえ光の御使いに変装します。ですから、サタンのしもべどもが義のしもべに変装したとしても、大したことではありません。彼らの最後は、その行いにふさわしいものとなるでしょう。（Ⅱコリント11・13〜15）

グノーシスの教えの作り話は、本質的にはヘブル語の聖書の歪曲であったが、キリスト教の要素のうちのあるものを取り入れていた。中でも蛇崇拝者たちは、キリストは蛇のメッセージを伝える媒介者だと主張していた。「なぜなら蛇は彼らの間で、自身をキリストだと言っているからである」（注5）。蛇（オフィス）がエバを欺いたように、蛇崇拝者はキリスト者を欺くのだ。

教会教父たちによる証言

教会教父たちは、エバを称揚することが、紀元前二世紀までには小アジアに広く行き渡っていたと証言している。そのような称揚は、少なくとも一世紀までには進展を始めていたに違いない。そのことを示す一つに、エバを力ある霊的存在と見る伝承が、二つの別個の集団に影響を与えていたことがある。フリュギア人のこの二つの祭儀に、エバが登場することは偶然の一致とは思えない。それらの祭儀の起源は、ヘバト神と結び合わされた女神である大母神の、崇拝にまでさかのぼる。

この二祭儀のうちの一つは、フリュギア語を復活させ、フリュギアに起源を持つことを強く意識していた（注6）。フリュギアの都市ペプザは、新しい霊的なエルサレムとみなされていた。祭儀の創始者であるモンタノスはキュベレ神の祭司だったと言われていた。キュベレ神は、この神を信奉する男性が自身の男性生殖器を犠牲にしなければならないという、女神である。その後、その男性たちは女性の身なりをして、「女性祭司」として務め、互いのことは女性代名詞を用いて呼んだ。モンタノスはキリスト教への回心後、かつて自身を男性的特質除去へと向かわせたのと同じ、熱狂と熱中を、キリスト教の中でほとばしらせたのであった（注7）。

そういうわけで、モンタノスがキリスト教を彼／彼女自身の識見に適合させたのには、自身が女性であることが伴っていた。モンタノス派の教理は、自分たちは預言者や使徒が与えられたものより重要な、より優れた啓示を得たと、強く主張する以外はけっこう正統的だったようである（注8）。より優れたこの識見は、（男性から女性へ転換した）創始者だけでなく、代々の女預言者たちにも授与された。女預言者の中には、夢の中で女性として立ち現れたキリストから、直接に啓示を受ける者さえいた。そのキリストを、彼女は夢の中で女性として見た。彼女が断言するところによれば、女性となったキリストが、彼女に知恵（ソフィア）を授けたのだ（注9）。テルトゥリアヌスは、ある女性のモンタノス主義者に与えられた、精神に関する啓示について述べている（注10）。モンタノス主義者たちは、「自分たちの教えは女性たちに由来する」と断言してはばからなかった（注11）。そういうわけでモンタノス主義者たちは、彼らの究極の真理を女性の仲介者から得ていた。彼らは下フリュギア人としても知られる。

主要な神々が母系である地域では、すべていのちある者の母エバが、畏敬の念を抱かせるのは当然のことであった。その地域の女性たちが断固として主張するところによれば、エバが知識（グノーシス）の木の実を口にした最初の者であることは甚だ名誉なことであり（注12）、エバのゆえに女性たちが監督や長老や祭司として任命されたのだ（注13）。その先例として、彼女たちはデボラ、ミリアム、フルダ、アンナ、またピリポの預言する娘たちを持ち出した（注14）。グノーシス派ではないこの集団は、聖書を受け入れる点では正統的とはいえ（注15）、彼女たちの言う、より重要な啓示は、エバを啓示者、またキリスト教指導者の鑑として注目させるものである。ヒッポリュトスの見るところ、彼女たちは、どちらかといえば、聖書の正確な認識ではなく作り話や年寄り女の語る言葉のほうを好んだ（注16）。彼女たちは、自分たちは全宇宙の起源および創造を正しく説いていると考えており（注17）、テオドレトスが言うには、「モンタノスは世界の創造に関してわれわれが教えるのと同じことを教えていた」（注18）。しかしながら、正統的なこの教えの向こう側には、女預言者たちの語った言葉や、年寄り女たちによる空想話が存在していた。モンタノス派による聖書の歪曲は、エバは神からの特別な啓示を受けたとする点に集中していたが、その見解は聖書の記述とはまったく一致しないものであった。

オーファイト派とネース派による蛇崇拝

フリュギアの第二のグループがグノーシス派であったことに、議論の余地はない。そのグループとはネース派と、もうひとつはオーファイト派である。彼らは蛇、すなわちナアス（「蛇」を指すヘブル語）を褒めたたえる。聖餐式で、オーファイト派は卓上のパンの上で蛇をくねらせて聖餐を執り行った（注19）。ネース派は、蛇があらゆる時代に通じる特質を持つと力説した。彼らの主張するところによれば、他の宗教のどれもが、蛇を介して解釈されるべきであり、蛇自体が「偉大な信条であり、神秘に包まれたもの」であった（注20）。

　一世紀のものに、壮麗な大理石の王座の、背もたれを這い上がっていく蛇を描いたものがある（図18を参照）（注21）。射手である神の弓に蛇が巻き付いており、その下にある座面には神の矢筒とヘッドバンドが置かれている。ヘッドバンドは、アポロンの飾りリボンよりはアルテミスのものに似ている。王座の座面に弓道具一式が彫られており、統治者や祭司などの人間の腰掛に用いられることを、その彫が妨げていた。この王座は明らかに祭儀の道具である。

図18　小アジア西部出土の大理石の王座
（ローマ時代、紀元1世紀後期）

　この豪華な王座は小アジア西部の出土だが、その正確な出所については依然として議論が続いている（注22）。座面の最前部にはフリースの痕跡が認められる。それは、秘儀参入式で秘法を授けられる者が、そのフリースの上に座ったことをしのばせるものである。ローマ帝国を象徴する鷲たちが、それぞれ王座の前脚を止まり木にしており、前脚の下端は、ライオンの前脚の形をしている。ライオンの前脚は、しばしばキュベレ神やディオニュソス神に関連付けられた。聖ヒッポリュトスがネース派について述べた顕著な例だが、ヒッポリュトスによれば、ネース派は蛇以外の何者も礼拝しなかった。それればかりか、蛇は蛇自身のうちにあらゆる秘儀、祭儀、象徴、そして他の神々の特性を取り込んでいると主張した。蛇なくしては何者も成り立たない。死を免れない者であれ、不死の者であれ、生命のある物であれ、生命のない物であれ、そうなのである（注23）。この王座から見てとれるのは、蛇が、アルテミス神の矢筒と王冠の上にまで這い登り、女神の弓を包囲し、つまりは統治しているということである。ペルガモンについて記された、「そこにはサタンの王座がある」という一文が思い出される（黙示録2・13）。

オーファイト派は、創造についての創世記の記述を否定した。蛇は、貴重なグノーシスをエバに伝えた、啓示者であり恩恵授与者であると宣言された。ネース派は多神教を根源としており、フリュギアの、大いなる母キュベレ神への秘儀を続け、アッティス神への賛美の歌唱を続けた。アッティス神はキュベレ神の愛人であり、その神はどうやらアダムと融合されていた。

ネース派の祭儀が、アッティス神とキュベレ神の祭儀から発達したことには少なからぬ証拠がある（注24）。ネース派はエバとアダムを、キュベレ神とその連れ合いアッティス神として礼拝し、彼らへの敬意をこめて、フリュギアの秘儀宗教の祭儀を執り行った。二十世紀前半に、ドイツ人学者ウィルヘルム・ブセットが指摘したところによれば、エバの印象は、誘惑者の餌食となりやすい者であるよりは、小アジアの母神にはるかに似ていた。ブセットは、「大いなる母」が持っていた肩書がエバへ移転したことに触れている。それは、「すべていのちある者の母。神々、天使、不死の者、死を免れない者、理性のない生物、理性のある生物のすべてに備わる、活力の母」という肩書である（注25）。「アルコンの本質」には、エバが蛇の中に入ることについての記述がなされているが、その記述にネース派の著述者が同意している箇所を、ヒッポリュトスが引用している。そのネース派の主張によれば、蛇なる存在は、エバの、識別力を備えた言葉である。なぜなら、エバは蛇において、生命として形作られたのであるから。それゆえ、蛇の中にいるエバによって万物は創造されたのである（注26）。グノーシスの教えでは、エバはキュベレ神同様、自分の連れ合いに生命を授与する。イシス神の場合、それは普通にはありえない偉業である。

考古学上の証拠

エペソには、紀元一世紀に祭儀の行われていた部屋があり、その部屋には、儀式としての宴会に、蛇の加わっている光景を示すものが三つある。ここは蛇神礼拝のための聖所であり、個人が所有する家の中にあった（注27）。三か所の浅浮彫に、儀式として行われた酒宴の様子が描かれている。どの浮彫でも、蛇は宴席に連なる一人から、杯に入った神酒を差し出されて飲んでいる（図19）（注28）。浮彫の一つでは、蛇は一本の木に巻き付いた状態である（注29）。この三浅浮彫は、ヘレニズム時代後期あるいはローマ時代初期のもので、一世紀には神殿に据え付けられていたようである。本来は、死去した英雄または神をたたえる「死者のための宴会」を、展示する記念建造物として設計されたようだ。この場合は、おそらくアスクレピオスをたたえるために。浅浮彫が元の場所から移された後この部屋に集められたということは、宗教上の新たな目的に合わせるべく、浅浮彫が解釈し直されたということを意味する。

この部屋は個人の所有する礼拝堂として、数世紀の間ずっと用いられていた。三世紀前半には、威厳を誇示して頂上に達する、入り組んだ装飾の、大きな赤い蛇が神殿の柱に描かれた（次頁図20参照）（注30）。H・ヴェッターースは、この蛇に祭儀的な意味があることに、疑いの余地はないと注釈を加えている（注31）。浅浮彫も絵画も、すぐ後に上塗りがされていた。その部屋が礼拝のためにはもう使われなくなった際に、それらの持つ神聖さを保護するためだったかもしれない。蛇を神と同一であると見る

図19　葬儀の宴席に連なる蛇の石碑

図20　エペソの神殿出土の蛇を描いた絵

ことは、依然として論議の対象である。蛇が木の中にいる彫像があるが、それは、エデンの園の物語への、何らかの言及がある可能性を示している。エペソのものと似た一世紀の浅浮彫が、スミルナで発掘されて、今はイスタンブールの考古学博物館に存在する。その浮彫が示すのも、蛇が宴席に連なる儀式的宴会である。

エペソ出土の考古学的証拠が実証していることだが、蛇礼拝は、一世紀までには一か所を超えて行われていた。見事に均整の取れた青銅の蛇が、とぐろを巻きつつ体を起こして、高さ八十センチ弱にまで達している。初めは延べ金に覆われていたものだ（図21参照）。一世紀前期のものので、個人の所有の家で祭儀に使われていた（注32）。ティベリウス帝の胸像と、その母リヴィアの胸像との間にある、壁龕《へきがん》で発見されている。この彫像は堂々としており、単なる家の守護者にはとうてい見えないほどである。ローマ皇帝らの胸像の間に位置しているということも、その祭儀的価値を二級であったとは示していない。これは家の持ち主にとっての最も重要な神であった。

これらの蛇は、蛇自身の架空話を伝えているが、それはエペソが宗教的に陥っていた傾向そのものである。それらの話が、牧会書簡群、黙示録、多神教の資料、教父の著作、そしてグノーシス派の資料に見られる証言と重ね合わされるときに浮かび上がってくるのは、ある一派のイメージである。それは、間違ってグノーシス（知識）と呼ばれているものを是認し（Ⅰテモテ6・20）、聖書の記述をゆがんだものにしてキリストの弟子たちを真理からそらせる媒体としてしまった一派である（使徒20・30、Ⅱテモテ4・4、テトス1・14）。この一派は、ユダヤ教の異端に傾いており、系図に心寄せており（Ⅰテモテ1・3～4、テトス3・9）、エバを生命の源とすることにならざるをえなかった。証拠から明らかになるのは、いかにもグノーシス派らしい作り話である。それは、アダムに先在するエバの存在を主張し、エバには啓発の力があるとした。その啓発なるものは、聖書に啓示されている真理の神に公然と反抗するものであった。

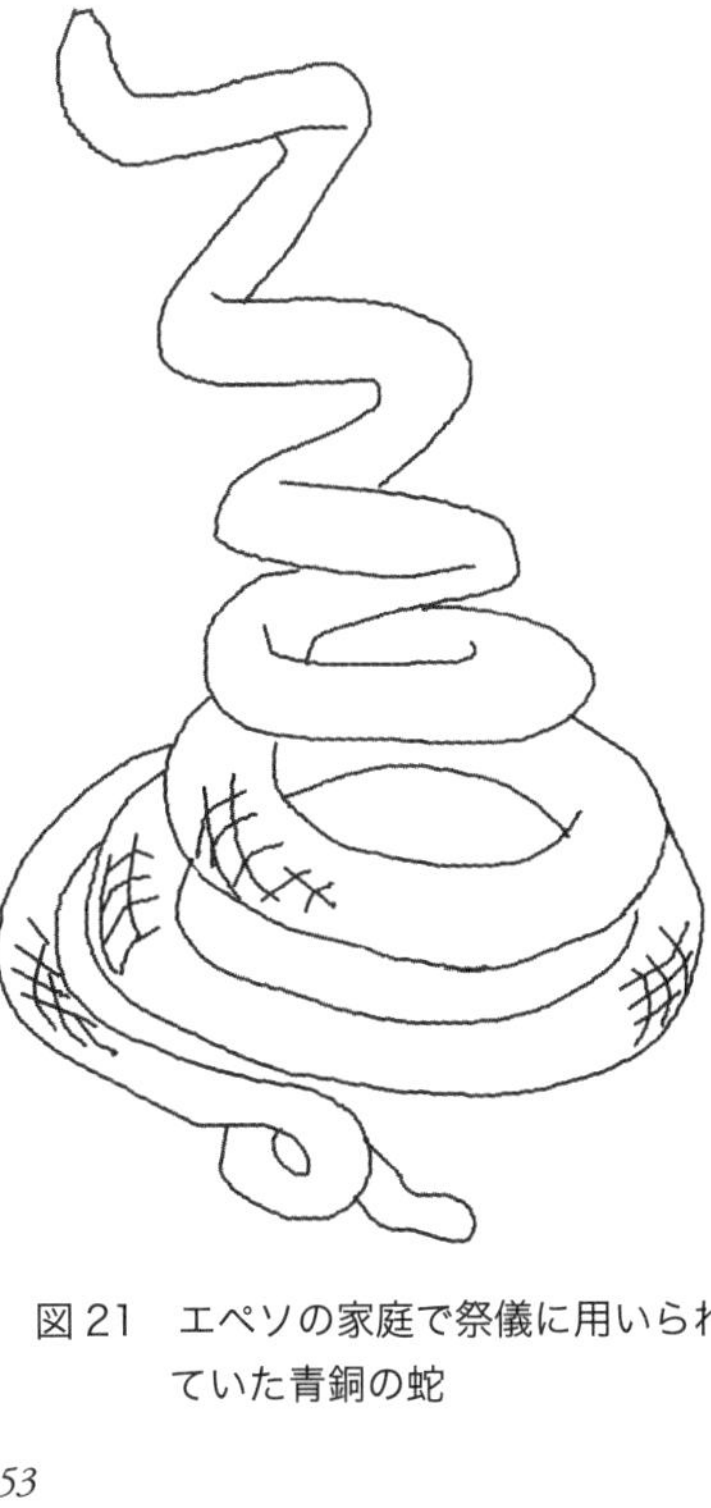

図21　エペソの家庭で祭儀に用いられていた青銅の蛇

第16章　出産をどう見るか（第一テモテ2章15節）

すでに論証してきたことだが、第一テモテ2章13～14節は、いかにもグノーシス派らしい伝承に対する、正統的な反論であると考えなくてはならない。この段落の最終節（15節）は難解であることで知られており、新たな難問を突きつけてくる。

「女は、慎みをもって、信仰と愛と聖さにとどまるなら、子を産むことによって救われます。」

ここに、かくも優れた、母たる者にふさわしい資質が挙げられているのは大変すばらしい。新約聖書時代に勝るとも劣らず、現代の母親たちにも必要とされる資質である。とはいえ、神学的には問題のある箇所である。女性は実際に、子を産み育てることによって救われるのだろうか。それが、女性であれ男性であれ、人は行いではなく信仰によって救われるという、福音主義の聖書解釈に矛盾していることは確かである（エペソ2・8～9）。この問題があるために、この節は、出産時に母親の生命が守られることを約束していると考えられてきた。出産にまつわる危険の大部分は、克服されてからまだほんの五十年にもならない。それ以前、出産は女性の一生にとっては、ときとして危険に満ちた一大事であり、クリスチャンであれノンクリスチャンであれ、大勢の者がいのちを落とした。ユダヤ教では伝統的に、女性は宗教上の一定の義務を果たさないなら出産で死ぬとされ、恐れさせられていた（注1）。15節で約束されているのは、クリスチャン女性はそのような恐怖を抱かないですむということなのだろうか。

もう一つ考えられてきたことは、この箇所の出産が処女マリアによるイエス・キリストの誕生を指しているというものである。こちらのほうが神学的には理にかなっているとはいえ、この箇所においてイエスの母に関する論考はなされていない。論考の対象とされているのはエバである。15節には、［原語では］単数から複数への変更が見られる。「彼女［単数］は……救われます。彼女たち［複数］が……とどまるなら」。ことによると、［単数が用いられている］最初に、ある段階で、15節の指示はエバについて言っている。神は、救い主がサタンに対して、贖いによる勝利を得るという最初の約束に、エバを関わらせていた。それは、「彼（エバの子孫）はおまえ（サタン）の頭を打ち、おまえは彼のかかとを打つ」という約束である（創世記3・15）。

そして、ある段階になると、第一テモテ2章15節は、教会の会衆である女性たちに照準を定めた指示であると思われる。そういうわけで、複数形を用いることは理にかなっている。思えば、女性たちの中には、違った教えを説く教師たちによって欺かれた者がいた。違った教えを説く教師たちは彼女たちの家に入り込み、「いつも学んでいるのに、いつになっても真理を知ることができない」という、絶望的な悪循環に引き込んだ（Ⅱテモテ3・6〜7）。それに引き換え、パウロは、女性たちが真理をよく学ぶ者とされ、その真理を、紛れもない神からのことばとして受け入れることを求めた（Ⅰテモテ2・10）。パウロに反対する者たちは結婚することを禁じたが（Ⅰテモテ4・3）（注2）、パウロは、反対者の説く教理に心惹かれていくかもしれない若いやもめたちに対して、「結婚し、子を産み、家庭を治め、反対者にそしる機会をいっさい与えない」ように求めた（Ⅰテモテ5・14）。子を産むようにと求めるのは、違った教えを説く教師たちの教えを否定することと関係があるように思われる。テトスへの手紙でも、年配の女の人たちに対して、家庭で徳を建てて責任を果たすようにと、若い女の人たちを諭すよう求めている。それは、神のことばが悪く言われることのないようにするためだと言っている（テトス2・3〜5）。

そこで、話を、初代教会で異説を唱えた者たち、特に蛇を崇敬した者たちのところへ戻して、出産や女性の性的特質についての、彼らの認識を細かく検討することにしよう。

救いについてのグノーシス派の見解

グノーシス派の中には、根源としての女性を、文学上あるいは歴史上の神聖な者として褒めそやす一方、実在の女性たちを侮辱する派があった。悪の連鎖についての、彼らの言い習わしには次のようなものがある。「地球の次には女性がやって来た。女性の次には結婚（ガモス）がやって来た。結婚（ガモス）の次には出産がやって来た。出産の次には破壊がやって来た」（注3）。

出産が女性にしか起こらない事であるのは確かだとしても、この言い習わしには女性の性的特質への不信と嫌疑が見られる。そのような不信と嫌疑は、ギリシアの宗教に非常に浸透していた。（ギリシア人は出産の過程に対し嫌悪をあらわにしていた。高位の神は十二存在するが、そのうちの三神が女性からは生まれていなかった。）しかしグノーシス派の人たちは、女性の性的特質に関して、それよりもさらに否定的な見解を持っていたのだ。

ネース派によって用いられた著作の一つ、エジプト人福音書の中で、イエスはこう述べている。「私は女のする仕事を廃止するために来た」と。すると、どう見てもイエスのこの言葉に応える形で、サロメがイエスに問う。「死が幅を利かせるのはいつまでですか」。イエスはそれに答える。「それは、汝ら女たちが子を産む間は、そうである」。サロメはこう応じる。「そういうことなら、私は子を産んでいないのですから、よくやったことになります」（注4）。ここに見られるのは、子を産むことへの断固たる糾弾である。

他のテキストによれば、女性、すなわち子を産むことが可能な者にとって、永遠のいのちを得ることは不可能である。トマス福音書もネース派によって用いられた著作だが、そこにはこのような箇所がある。「シモン・ペテロは彼らに言った。『マリアをわれわれのところから出て行かせよう。女はいのちを持つに値しないのであるから。』イエスは言った。『見よ。私が彼女を引き寄せ、彼女が汝ら男たちのように（ホース）生きた霊となれるよう（ヒナ）、彼女を男に造り替えることにする。自分を男に変える女は誰でも、天の国に入れるからである』」（注5）。別のテキストではこう断言されている。「死すべきものが不朽のものとなり（コーレイン）、女性の本質が、男性の持つこの本質を獲得した（カタンタン）のである」（注6）。マリア福音書では、マリアはこう断言する。「しかし（デ）むしろ（マッロン）彼の偉大さに感謝することにしよう。彼は我ら女をあらかじめ造っておき、我らを男へと造り変えたのだから」（注7）。女性のままでいる女性、すなわち子を産むことが可能なままでいる者には、救われる可能性がないことに議論の余地はなく、彼女が光の王国に関与することもない。女性であることはしばしば欠点であるとされている（注8）。

グノーシスの教えでテキストが示すのは、救いが男性であることを通してやって来ることである。とはいえトマス福音書の中には、以下のように、女性に限らず男性の性的特質の除去を示唆する箇所も見受けられる。

イエスは彼らに言った。「汝が二人の者を一人の者とするとき（ホタン）、そして内部にあるものを外部にあるもの、外部にあるものを内部にあるものとし、上にあるものを下にあるものとするとき、そして男を女と一人の者とし、男が男性でなく女が女性でないようにするとき（ヒナ）、汝は王国に入る。」（注9）

これに似た言い方は、別のテキストで以下のように現れる。「主の王国はいつ来るのかと問われたとき、主自身がこう答えた。『それは、二人の者が一人となり、内部にあるものが外部にあるものとなり、女性とともにいる男性が男性でも女性でもなくなるときである。』」（注10）

出産についてのグノーシス派の見解

グノーシスの教えでは出産を嫌悪することを理解するために、この教えの神学をもう少し明らかにする必要がある。おおかたのグノーシスの教えが、物質界を、悪であり、誤った働きの結果であると見ることは、すでに示したとおりである。至高の神から出る光が、下位の支配者を通して下って来ていた。この支配者たちは、ときにアルコンとして知られており、彼らはその光の粒子を人間の中に閉じ込めてしまった。人間の魂は、何層もの外衣に取り囲まれており、地と天との間にある諸領域を通り過ぎていくとき、その外衣は脱ぎ落とされなければならない。これらの領域は同心円状の指輪のようになっていて、各々が一人のアルコンによって支配されていた。アルコンに守られた領域を通り抜けるためには、そのアルコンの名と、領内を通過するのに必要な呪文を正確に知っていなければならない。それもこれも、目的は、神のものである光の粒子を元の根源に戻し、至高の神の完全無欠さを回復させることにあった。そのときこそ物質界の悪が終わりを迎えるのだ。

そのような理由で、人の肉体もまた悪であり、魂はその肉体の中に閉じ込められていた。ちょうど死体が墓の中に収められているようなものである。事実、トマス福音書は、世界を見出した者は亡骸を見出したとさえ述べている（注11）。聖ヒッポリュトスはそれを、ネース派は霊的な体さえ死体とみなしたと伝えて、さらに発展させている（注12）。したがって、肉体の復活はグノーシス派の人たちの興味をまったく引かなかった。この人たちは、死者の復活はないと言った第一コリント15章12節の人たちと同じ見地に立っていた。いかなる体にであれ、再び閉じ込められたいとは思わなかったことは確かである。トマス福音書は、「死者の憩い」はすでに起こったが、そのことには気づかれないいままだとさえ断言している。これは、復活はすでに起こったと断言する反対者たちと非常に似た印象を与える（Ⅱテモテ2・18）。

すでに述べたように、グノーシス派がもたらす教えの多くは、人間は自身の内に至高の神の光の粒子が入っており、人間は神のこれらの粒子を天上界に送り返すよう努めなければならないと言う。そのようにしてだけ、人間は霊的存在が初めに持っていた統一性を回復させることができる。子どもをもうけることは、神からの粒子をさらに遠くへまき散らすことであり、さらに多くの人間の霊を肉体の中に埋葬することなのである。

ネース派のある著述者によれば、「聖であり、霊的で、天的な、天からの」、神々しい誕生の報せを声高らかに叫んだ祭司は、肉体的に子をもうけることを一切断念していた（注13）。聖エピファニオスは、グノーシス派のあるグループについて述べているが、彼はその者たちをニコライ派の後継者と呼んでいる。それは、エペソの教会が、ニコライ派の人々の行いを憎んでいると言われたことを思い起こさせる（黙示録2・6）。エペソ周辺の諸教会にとっても、その同じグループの存在は悩みの種であった（同15節）。エピファニオスは、ニコライ派の教えを受け継いだ者たちを多くの名前で呼んでいるが、最もよく知られているのはフィビオン派としてである。この者たちは結婚を認めることをせず、女性たちを共同保有としていた。彼らは書籍を多く所有し、その一つがエバ福音書と呼ばれていた。彼らは「蛇の教理」を信奉していた。

このグループは、子どもを産むことに対して激烈に反対した（注14）。死んだ魂が肉体を離れて天への上昇を始めたとき、その魂は上方にいる支配者の誰に対してもこう言わなければならない。「私はアルコンに対して子どもをまき散らすことはせず、アルコンの根を引き抜き、その散らされていた手足を拾い集めました。ですから、私はあなたが誰であるのかを知っています」と。だが、もしその魂が「息子をもうけていたことが露見するなら、その魂は、自分自身の子らを再び取り上げて自分自身に引き戻すことができるまでは、下界にとどめ置かれる」（注15）。

このグループは、預言者エリヤの物語も伝えている。エリヤは地上から取り上げられたときに拒絶され、悪の世界の中に投げ返された。一人の半神半人がエリヤをつかみ、彼女は彼の子どもをもうけていたと主張した。「あなたは、自分は上って行くがあなたの子らは地上に残す、ということはできない」と言う。聖なる男エリヤは、自分の清純で正しい生き方に照らして考えてみても、そのようなことはとてもありえないと主張した。その半神半人はこう答えた。「もっとはっきり言ってしまえば、あなたが夢の中で射精をしたとき、私があなたのその精液を受け、あなたの息子を産んだことがしばしばあった」（注16）。そういうわけで、子をもうけるということは、エリヤが天に入ることとさえも妨げるほどのことなのだ。たとえエリヤが火の戦車で引き上げられたとしても、彼の子と称する者たちがまだしっかりと彼を地上に固定していたため、彼は地へ投げ返された。子を世に送り込むことは重大な霊的障害を引き起こすことであった。

フィビオン派には、この問題に対する非常に厳しい解決法があった。それは、「交接をしている者たちが、その最中に、子をもうけることを自発的に断念する」というものであった。性的行動は祭儀における主要部分であったが、彼らは交接を中途でやめることを実行した。これは概して産児制限には有効な方法であった。しかし女性は妊娠していることが露見すれば、強制的に中絶させられた。その胎児は実際に祭儀の中で食され、その結果魂の小片は消化されてしまった。彼らが神に祈ったことは、「我らはアルコンの欲望によって欺かれることなく、兄弟「アルコンを指す」の悪行を捕獲いたしました」というものであった（注17）。

フィビオン派の場合は、その働きが数人の教会教父に知られていたとはいえ、孤立した例のように思われる。とはいえ、この派が結婚と出産に対してとった否定的な態度は、かなりの数の非正統派グループに見られたものである。このようなグループは、女性たちに出産という機能を用いさせないように、できる限りのことをした。パウロは第一テモテ4章3節で、結婚することを禁じた者たちについて記している。それに反して、パウロは第一テモテ5章14節で、出産年齢に該当する女性たちへ、結婚して子を持つように求めている。

第一テモテ2章15節は女性であることの価値を認める

もし、エジプト人福音書が言っているように、イエスが女のする仕事を廃止するために来たのなら、子をもうけて世に送ることはしてはならない行為であり、深刻な霊的影響をもたらすものであった。牧会書簡の著者が、子を産む者としての役割を果たす女性を、擁護されるべき正当な存在だと主張するなど、とんでもないことであろう。私たちは、女性の持つ性的特質を女性に享受させないグノーシス派の人たちを知った。女性は、まず女性であることを放棄するまでは永遠のいのちを得ることができないのだ。グノーシスの教えのある著述家は、信者たちが「女性の特質という束縛を逃れて、男性の特質を持って得られる救いを、自ら選ぶことを」求めさえした（注18）。パウロが、女性は子を産む能力を保持したままで救われると、はっきり述べているなど、とんでもないことであろう。

第一テモテ2章15節の「子を産むことによって」の、「……によって」のところに用いられているギリシア語前置詞はディアであり、その次に属格が来ている。属格が来る場合には、対格が来る場合であれば意味する「……のゆえに」や「……の理由で」を、本来意味しない。むしろ「……の間じゅう」「……の初めから終わりまで」あるいは「ある付帯状況の範囲内で」を意味する（注19）。したがって15節を以下のように訳すことが可能である。「彼女は子を産む機能がある間じゅう救われる」と。女性は、紛れもなく男性と区別される特質を依然として持っている間じゅう救われることができる。このことは、女であることが全人的なことであるのは霊的なことであるという確認や、女性たちには神から与えられた、子を産む権利があるという宣言の基盤となる。

私たちはそのような解釈に立って、一つまたはそれ以上の違った教えを論駁し続ける。パウロはまず、アダム、エバ、蛇の登場するきわめて非正統的な作り話を攻撃する。次に、女性に備わった機能の擁護に取り掛かる。救いは男性はもちろん女性も受けることができ、女性が自らの性を放棄する必要はない。このことは、使徒パウロが、キリストにあっては男も女もなく、女は男から出、男は女から生まれたゆえ、主にあってはどちらも互いに無関係では存在しえないと言っていることと一致する（Ⅰコリント11・11〜12、ガラテヤ3・28）。女性たちは、子を産む機能を持つという状態のままで神に受け入れられ、救いを得るために自らの性を転換する必要はない。子どもを育てる仕事は退屈で徒労に終わるものと見る者たちは、彼女たちの、おうおうにして感謝を受けることのない子育ての奉仕を、牧会書簡は、本質的に理にかなうものであると力強く言い切っていることを見出す（Ⅰテモテ5・9〜14、Ⅱテモテ1・5、テトス2・3〜5）。パウロは彼女たちに敬意を表して、その偽りのない信仰、愛、優れた洞察を伴う高潔さを掲げて激賞する。これら、母たるにふさわしい姿勢とはなんと素晴らしいものであることか。神がそれらを、キリストのからだの全体にお与えになってくださるように！

結び

独創的で創造的な仕事をしている、一人の心理学者が、ミネアポリスで有名企業と雇用関係にあり、彼女の研究は全国的に認められていた。ある日、友人が彼女をキリストのもとへ導いた。彼女は新しい人となった。神の国の民として、もう一度生まれるという経験をした。

彼女はすぐ、精力的で力あふれる指導者の教える聖書研究会に出席を始めた。ほどなく、その指導者は第一テモテ2章11~15節に出席者たちの注意を向けさせた。彼は、女性が男性を教えてはならないし、男性の上に立って権威ある部署に就いてもならないと、熱を込めて主張した。その心理学者は、自分はある研究チームの責任者であり、その部署に自分を導いたのは神の摂理に違いないと思うと言って、異議を唱えた。彼は、そのような雇用は神のみこころから外れており、彼女が現在の仕事に留まることは聖書の命令へのあからさまな違反であると述べた。

彼女は毎朝、駐車場を出て仕事場に入るとき、自分の背中に巨大なおもりがのしかかるように感じた。彼女はこう祈った。「ああ、神よ、なぜあなたは私をご自身のもとへ導いておきながら、このような一撃を私にお加えになるのですか」と。彼女はどうするべきなのか。受けている訓練のすべてや、努力を要する仕事、発見を生かすこと、これらとの関係を絶つべきなのだろうか。それが、神が彼女の人生に望んでいることなのだろうか。

職場で、キリスト者としての証しを立てようとするどころか、自分がそこにいること自体を正当なのか考え込むことを強いられた。彼女のところに報告に現れる人たちに、新しくされた人間の持つ敬意、公正さ、親切で応じることが難しかった。その人たちが彼女の監督下で働くのが正しいことなのか、自問し続けなければならない中にあっては難しかった。その人たちへの気遣いにも増して、自身が板挟み状態にいることへの不安が募っていった。

非常に大きな重荷を負っているという感覚だったものは、医師によるケアを要する、れっきとした腰痛になった。彼女は心理学者として、治療を要するまでになった問題が、聖書研究指導者による第一テモテ2章11～15節の解釈に対する、自身の反応から来ていることを十分承知していた。

彼女は自分で神のことばを学び、確実なデータを探し出し、ギリシア語に当たって調べ始めた。彼女は、聖書に基づき、神が彼女の特別な能力と才能をすべて用いるように召していることを確信するようになった。そうこうするうち、背中に重荷を感じることなしに、駐車場から歩いて建物の中に入って行けるようになった。彼女は、重責を担う部署にあってイエス・キリストの愛を証しできるよう、神が自分をその部署に就かせたことを堅く信じていた。今や彼女は、自分が行うすべてにおいて神に栄光を帰するよう努めることができた。

奉仕への召し

本書は、男性のためにも、女性のためにも分け隔てなく論を進めてきた。男性も女性も、自分の生涯のために神が用意している目的を見出せるよう、祈りを込めて……。第一テモテ2章9〜15節は、差別的な重荷やくびきを負わせるために記されたものではない。むしろ、奉仕に携わったり、研究に従事したり、キリスト者の品性を発達させたりする発射台となるものである。この箇所は男性をも女性をも、事態を一変させるような力強い祈りと（Ⅰテモテ2・8〜9）、神を敬う者にふさわしい行いに、分け隔てなく召している箇所である（同9〜10節）。女性は自分の信仰を告白することを求められている（同10節）。長血を癒やしてもらった女の人に、イエスが公衆の前で信仰告白を強く求めたのと同様である。慣習や伝統や境遇は、しばしば女性たちが、自分の歩みの中で神が示した寛容や恵みについて語ることを、ためらわせてしまう。だが、語ることはキリストからの召しである。

言葉を用いて行う、聖書に基づいた奉仕は欠かせないものであるが、その一方で、女性たちは自らの確信を良い行いで示さなければならない（Ⅰテモテ2・10）。「神を敬うと言っている」という言い回しの中には、言葉と行いの両方が求められている。家庭であれ、オフィスや工場であれ、教会や学校であれ、にぎわいの中心であると地の果ての片隅であるとを問わず、女性たちは自分が置かれる場所や状況のいずれへも、深い同情心とキリストの存在とを持ち運ぶだろう。それが実行されるためには、私たちのうちの誰もが持っている、活力、創造力、才能、時間、また経済力のすべてが必要とされる。

真理を知ることへの召し

第一テモテ2章9～15節は、私たちに、キリストを伝えるだけでなく、自分でもキリストをよく知るようにと言っている。イエスは自身が道であり、真理であり、いのちであって（ヨハネ14・6）、彼のうちに知恵と知識の宝のすべてが隠されてある（コロサイ2・2～3）。

10節は、女性たちが理解力を働かせ、（原語のギリシア語を現代的言い回しにするなら）応力を働かせながら、キリストのことを自分でも学ぶことを求めている。私たちは、神のことばを研究する女性たちへ挨拶を送る。勇気を奮って大学や神学校に入学したり、大学院で研究に従事したり、家庭聖書研究会を始めたりする女性たちへ挨拶を送る。女性たちを教える女性たち、そして女性たちから学ぶ女性たちへ挨拶を送る。イエス・キリストのからだ［教会］の中で、責任をゆだねられ管理の任に就いている女性たちを推奨する。

わけても私たちは、子どもを産み、育てるという非常に重要な仕事に従事する人たちへ挨拶を惜しまない。次世代を教え導き、年少の者たちをキリストのもとに引き寄せるのは、誰よりもこの人たちである。15節は、難解な点は多々あるにしても、神の計画においては母親たちが重要だという点に賛同している。彼女たちこそ、キリスト教会において最初に福音を説く人たちであり、彼女たちの家庭からは、現世代の指導者に後継者が備えられる。テモテに信仰を伝えたのが、彼の母と祖母であったことを忘れてはならない（Ⅱテモテ1・5）！

本書はこの箇所が、女性たちに、真理を学ぶことと、間違ったことを教えるのをやめることを求めていると、証明しようと試みてきた。この箇所の著者は、歪曲されてしまった点を正すために、創世記1～3章の重要な内容への正統的な見解を述べている。神のことばが、常に彼の用いる解毒剤である。著者が望むのは、女性たちを、違った教えを説く教師の犠牲になることなく「真理を悟る」よう導くことであり（Ⅱテモテ3・7、2・25、Ⅰテモテ2・4）、女性たちが、女性であり母でありキリストのしもべである自分自身を、受け止められるようにすることである。

キリスト者の徳への召し

著者が女性たちに、身に着けるようにと勧めている徳、すなわち「信仰と愛と聖さと慎み」よりも、むしろ異説の内容のほうを明確にするために、非常に多くの頁が割かれているのは残念である。

信仰（ピスティス）という言葉は、牧会書簡で論じられているように、神が真実な方であることに対して用いられている。「私は自分の信じてきた方をよく知っており、また、その方は私がお任せしたものを、かの日まで守ることがおできになると確信しているからです」（Ⅱテモテ1・12）。「キリスト・イエスは罪人を救うために世に来られた」ということばは「真実であり、そのまま受け入れるに値する」と言われている（Ⅰテモテ1・15）。とはいえ、真実であるという語は神に仕える者に対しても用いられている。パウロは、キリストが自分を真実な者と認めて務めに任じたことを、神に感謝している（同1・12）。同様に、真実な者と認められる女性たちを、神が私たちに起こしてくださるように！

愛（アガペー）は、神が私たちに与える愛だけでなく、私たちのほうから造り主、贖い主、そして友である方へお返しする愛のことでもある。キリスト者の女性が、自分の生活のどの部分においても、思いと言葉と行いによって、注いでいかなくてはならないのはこの愛である。この愛は通り道を塞がれることがあってはならないし、誤った方向に向けられることを許してもならない。神の愛は私たちを通して、助けを必要としている人すべてのところに押し寄せていかなければならない。必要とされているものが霊的であれ、情緒的であれ、身体的であれ、社会的であれ、それは同じである。

聖さ（ハギアスモス）とは、私たちを世的なものから分離させ、神に引き寄せる特質のことである。それは、神の用にささげることと聖め別つことという、どちらの意味をも含む。私たちは、この世が持つ外面だけの華やかさという罠にかかることなく、心底神に対する献身をしていなければならない。キャサリン・ブッシュネルが述べていることだが、自分の一生を神のものと確信している女性たちは「一時的流行やばかげた行為にふけったりは」しない。彼女たちの神への愛と献身は、行く手を妨げるものさえなければ、世界中へと流れ込んでいく。

最後に、慎み（ソーフロスネー）とは、申し分のない判断を意味するだけでなく、礼儀正しさや上品さをも意味する。これらすべては、個人の立場であれ公の立場であれ、女性たちが聖なる働きに当たる際に必要な特質である。神のことばは、女性たちに、無分別、軽率、下品、無規律、不適切などに陥らぬよう、自らの行動に注意することを強く勧める。さらに疑問の余地なく言うなら、最後に登場するこの慎みという語は、女性たちに、自らの持つとてつもなく大きな能力を、キリスト者として人を感化し模範となるために、思慮深く、余すところなく用いるように求めている。

神はこれまでにも、能力と賢明さを兼ね備えた大勢の女性たちを、高い地位に就かせている。それが、マザー・テレサ、スザンナ・ウェスレー、フローレンス・ナイチンゲール、エレノア・ルーズベルト、ヘンリエッタ・ミアーズ、リリアン・ディクソン、エミー・カーマイケル、またキャサリン・ブースである。彼女たちの後に続くのは誰であろう。

訳者あとがき

原著は、キャサリン・C・クレーガー（一九二五〜二〇一一）により、リチャード・C・クレーガー（一九二四?〜二〇一〇）の協力を得て著された。聖書を神の霊感による書と信じる、保守的立場に立つキリスト者である著者は、聖書のいわゆる「難解な」箇所を、無視したり、書写上の欄外注や写本時の変更などのせいにしたりせず、パウロ書簡本来が意図したことを理解するために渾身の努力を惜しまない。その情熱を抱き続け、広範囲に及ぶ古典研究を裏付けとしつつ（著者の専門はコプト語を含むエジプト語）、表題箇所の意味を提示するため、きわめて詳細な文化的、歴史的分析を行っている。エペソの教会が置かれていた中間時代の小アジアは、著者によれば、ヘレニズムの影響を受け、グノーシス主義が浸透していた。

著者が証として記しているところによれば、この書は「言語的、歴史的、考古学的証拠を考慮に入れたうえで、第一テモテ2章11〜15節の新しい解釈を説明しようと」するものであり、「男性にも女性にも等しく福音宣教の新しい門を開くため、神がこの書を用いてくださるようにという祈りをもって」記された。

キャサリンは新約聖書学者であり、著作家である。また、聖書的同等運動の指導者で、

Christians for Biblical Equality（CBE）の創設者・会長、Peace and Safety in the Christian Home の創始者・会長を務めた。ブリン・モアカレッジで B.A.、ミネソタ大学で Ph.D.（古典学）を取得後、ゴードン・コンウェル神学校の準教授として（古典学および牧会学）、大学院課程で一九九〇年から召天までの約二十年間、講義と、修士学位取得希望者の指導に当たった。また、ハミルトンカレッジ宗教学科ではチャプレン・講師を務めた。

リチャード（Rev. Dr.）は、セントポールのアーリントンヒルズ長老教会はじめ、五州に及ぶ十の教会で牧師を務めた。リチャードがすべての牧会を辞した後、夫妻は The Institute for Lay Training（信徒指導者養成学院）を創設している。二人はほぼ六十年を連れ添い、子女は五人、孫は十人。キャサリンがミネソタ大学修士課程で学び始めたのは五人の子女が成長した後であった。

今やCBEは世界的広がりを持つが、機関誌はクレーガー夫妻の家が発行所であった。キャサリンは、男女はどちらも指導者になりうることを、聖書的根拠をもとに説き続けるとともに、女性への暴力と虐待への反対を掲げて、地球的広がりで旅を続けた。英国の学者たちとは四半世紀にわたる強いつながりを持ち、E・ストーキーやM・エヴァンスと共同研究を行った。英国での大会講演者としてキャサリンは引っ張りだこであった。旅といえば、彼女は古代ギリシア・ローマ文明遺跡への研修旅行を多数回先導している。キリスト復活後、教会の初期時代からルネサンスの前までは、その後今日に至るまでよりもはるかにまさって女性が教会を指導していたことの証拠となる、地下墓所、建造物、石碑などを確認する旅であった。
　キャサリンは証で次のことにも触れている。キャサリンは、聖書で第一テモテ2章12節にだけ現れるアウセンテインという動詞が、他のギリシア語文献では、従来の翻訳聖書での意味とは異なる意味で用いられており、それによれば従来の訳とまったく異なる理解に至るということを、キャサリン・ブッシュネル（Katherine Bushnell）の著書で知った。ブッシュネルは、この難解な箇所を入念正確に調べる翻訳者・解釈者となるよう女性たちに呼びかけていた。この呼びかけに応じたのがもうひとりのキャサリン、本書の著者である。

　以下はキャサリンが（共）著者、（共）編者を務めた、本書以外の主な著書／論文である。

"Pandemonium and Silence at Corinth," with Richard Kroeger. *The Reformed Journal*, June 1978.

NRSV Study Bible for Women New Testament, with Elaine Storkey and Mary Evans. Grand Rapids: Baker, 1985.

The Goddess Revival, with Aida Besançon Spencer, Donnna F. G. Hailson and William David Spencer. Grand Rapids: Baker, 1995. *The Goddess Revival* は、1996 *Christianity Today* Book Award を受賞。

Healing the Hurting: Giving Hope and Help to Abused Women, with James R. Beck. Grand Rapids: Baker, 1998.

No Place for Abuse: Biblical and Practical Resources to Counteract Domestic Violence, with Nancy Nason-Clark. Downers Grove: InterVarsity Press, 2001, 2010.

The IVP Women's Bible Commentary, co-ed.with Mary Evans. Downers Grove: InterVarsity Press, 2002.
The Women's Study Bible (ed.) Oxford University Press, USA, 2009.

聖書神学舎の学生であった訳者に原著の翻訳を勧めたのは、学舎へ参考図書の陳列販売に通っておられた故日高廣氏である。以来、長の年月が経ってしまい、その間に著者たちの国籍も天に移ったが、今回出版に至った導きを主に感謝する。あわせて、根田詳一氏といのちのことば社スタッフの方々には大変お世話になったことにつき、お礼を申し上げたい。

この書物が多くの方に読まれ、主の教会による、主の福音宣教の新しい門が、原著者の祈りにあるように男性にも女性にも等しく、今後さらに開かれることを願っている。

最後に、夫稲垣博史、また娘たちによる祈りの支えがあったことを記し、感謝の意を表したい。

二〇二三年七月

稲垣　緋紗子

い。アレクサンドリアのクレメンス『論集』3.45, 63-64 (Migne *PG* 8.1.1193).

5. トマス福音書：言い伝え 114.

6. ヤコブの第一の黙示録 NHC 5.3.41.15-16.

7. マリア福音書 BG 1.9.15-50.

8. 3 部の教え 78.3-12; Eugnostos 85.7-9; イエス・キリストの知恵 107.10-12, 118.15; 救い主の対話 144. 17-22; ツォストリアノス 1.10-14; 131.5-8.

9. トマス福音書：言い伝え 22. 二人の者が一人の者とされなければならないことは、言い伝え 4,11,106 でも述べられている。

10. クレメンスの第二の手紙 12:2.3 (Migne *PG* 1.345, 347).

11. トマス福音書：言い伝え 56.

12. ヒッポリュトス『全異端反駁』5.8.22 (Migne *PG* 16.3.3146).

13. 同書 5.8.19 (Migne *PG* 16.3.3150).

14. Stephen Benko, "The Libertine Gnostic Sect of the Phibionites According to Epiphanius," *Vigiliae Christianae* 21, 2 (1967): 103-19 を見よ。

15. エピファニオス『パナリオン』26.13.2-3 (Migne *PG* 41.352-53).

16. 同書 26.13.4-6. 26.13.2-3 (Migne *PG* 41.353) も見よ。

17. 同書 26.5 (Migne *PG* 41.340).

18. ツォストリアノス 8.1.131.5-8.

19. Walter Bauer, William Arndt, F. W. Gingrich, and F. W. Danker, *A Greek-English Lexicon of the New Testament and Other Early Christian Literature* (Chicago: University of Chicago Press, 1979), "διά" 3.1.c を見よ。

＊注／引用文献は 295 頁から逆順に掲載。

略号表

ANET	J. B. Pritchard (ed.), *Ancient Near Eastern Texts Relating to the Old Testament*, 1959, 1969[3].
BG	A. Heidel, *The Babylonian Genesis*, 1951[2] & 1963[3].
Migne	J. P. Migne's Imprimerie Catholique, Paris
PG	Patrologia Graeca
PL	Patrologia Latina
Mish.	Mishnah
NHC	Nag Hammadi Codices
TDNT	G. Kittel, & G. Friedrich (eds.), *Theological Dictionary of the New Testament.* 9 vols, 1964-74.

Rome 1849-1853, plate #28; Enrico Braun, "Trono d'Appolline e candelabra di bronzo," *Annali dell' instituto di corrispondenza archeologica* volume ottavo della serie nuova (23 of the entire series), 102-7. 同著者による 117-27 も見よ。A. H. Smith, ed., *A Catalogue of the Ancient Marbles at Lansdowne House. Based upon the Work of Adolf Michaelis with an Appendix containing Original Documents Relating to the Collection* (London, 1889).

23. ヒッポリュトス『全異端反駁』5.11 (Migne *PG* 31555B-C).

24. G. Sfameni Gasparro, "Interpretazioni Gnostiche e misteriosofiche die miti di Attis," in *Studies in Gnosticism and Hellenistic Religions Presented to Gilles Quispel on the Occasion of His 65th Birthday*, ed. R. van den Broek and M. J. Vermaseren (Leiden: Brill, 1981), 376-411.

25. ヒッポリュトス『全異端反駁』5.11.

26. 同書 5.11.9ff.

27. H. Vetters, "Der Schlangengott," in *Studien aus Religion und Kultur Kleinasiens. Festschrift fur Friedrich Karl Dorner zum 65 Geburtstag am 28. Februar 1976*, ed. S. Sahin, E. Schwertheim, and J. Wagner, *Études Préliminaires Réligions Orientals* 66.2 (Leiden: Brill, 1978), 2:967-79. Eichler, "Die österreichischen Ausgrabungen in Ephesos im Jahre 1962," *Anz Wien* 100 (1963): 54ff.

28. Inventory numbers 1590, 1591, 1592, Selçuk-Ephesus Museum.

29. Inventory number 1591.

30. Volker M. Strocka, *Forschungen in Ephesos*, vol. 8.1. *Die Wandmalerei der Hanghäuser in Ephesos*. Mit einem Beitrag von Vetters, H. (Vienna: Verlag der Österreichischen Akademie der Wissenschaften, 1977), 91ff.

31. Vetters, "Schlangengott," 975.

32. H. Vetters, "Ephesos": Vorläufiger Grabungsbericht 1980," *Anzeiger der phil-hist. Klasse der Österreichischen Akademie der Wissenschaften* 118 (1981): 137-68; Machteld J. Mellink, "Archaeologyin Asia Minor," *American fournal of Archaeology* 86 (1982): 569; Louis Robert, "Dans une maison d'Ephese, un serpent et un chiffre," *Comptes rendus de l'Academie des inscriptions et Belles-Lettres* (1982): 126-32.

第16章　出産をどう見るか（第一テモテ2章15節）

1. Mish. Shabbath 2:6.

2. その者たちは、肉食をも禁じた。ネース派は、「偉大なる母」の、他の儀式にはどれも参加したが、割礼を受けることはしなかった。とはいえ、彼らは非常に禁欲的な生活をし、性欲についてもそれを守り実践した。ヒッポリュトス『全異端反駁』5.9 (Migne *PG* 16.3.3155).

3. 別のテキストはこう始まる。「地球の次には男性がやって来た。そして、男性の次には女性がやって来た。」この世の起源について 2.5.109.21-25.

4. 元のテキストは入手ができないので、以下の文書による引用に頼るほかな

of the Thunder," in *Nag Hammadi, Gnosticism, and Early Christianity*, ed. Charles W. Hedrick and Robert Hodgson, Jr. (Peabody, Mass.: Hendrickson, 1986), 37ff. も見よ。

18. 雷・全きヌース（叡智）NTC 7.2.13.

19. 同書 6.21.20-32.

20. Layton, "The Riddle of the Thunder."

21. 同書 41.

第 15 章　蛇とエバが崇敬される

1. ビュブロスのフィロン［紀元 60 ～ 141］F109 (814:23) エウセビオス『福音の備え』1.10.45 に引用あり。

2.「コルネリウス・ヒスパルスは、ローマ人の信仰にユピテル・サバジオス礼拝の悪影響を及ぼそうとするユダヤ人たちを蟄居させた」とある。別の見方については、以下を参照。 E. N. Lane, "Sabiazus and the Jews in Valerius Maximus: A Reexamination." *Journal of Roman Studies* 69 (1979): 35.38.

3. Helmut Koester, *Introduction to the New Testament*, vol. 1, *History, Culture, and Religion of the Hellenistic Age* (Philadelphia: Fortress, 1982), 186-87 を見よ。

4. アスクレピオスは、蛇の姿をして、エピダウルスからシキュオンまで、一人の女によって連れてこられたと言われている。蛇に乗っている女の像は、アスクレピオスの息子の母、アリストダマのものと考えられている。 Pausanias 2.10.3.

5. エピファニオス『パナリオン』37.2.6 (Migne *PG* 41.644).

6. オリゲネス『ケルソス駁論』7.9.

7. ヒエロニムス『書簡』41.4 (to Marcella).

8. Pseudo-Tertullian *Against All Heresies* 7; ヒッポリュトス『全異端反駁』8.19.

9. エピファニオス『パナリオン』49.1.

10. テルトゥリアヌス『霊魂について』9.4.

11. ヒッポリュトス『全異端反駁』8.19.

12. エピファニオス『パナリオン』49.2.

13. 同書 49.3.

14. オリゲネス『パウロによるコリント人への手紙からの連鎖式抜粋』14.36.

15. テルトゥリアヌス『断食について』1.

16. ヒッポリュトス『ダニエル書注解』4.20.

17. ヒッポリュトス『全異端反駁』10.25.

18. Theodoret *Compendium of Heretical Falsehood* 3.1.

19. エピファニオス『パナリオン』37.5.6-8.

20. 殉教者ユスティノス『第一弁明』27.

21. 以前はランズダウン・コレクション所蔵であったが、ウィリアム・ランドルフ・ハースト・コレクションに譲渡され、現在はロサンゼルス郡立美術館所蔵。

22. *Monumenti inediti pubblicati dall' instituto di Corrispondenza archeologica* 5. 5.

38. エイレナイオス『異端反駁』1.30.6.

39. ヨハネのアポクリュフォン 71.23-26.

40. Jean Daniel Kaestli, "L'interprétation du serpent de Genèse 3 dans quelques textes gnostiques et la question de la gnose 'Ophite,'" in *Gnosticisme et Monde Hellenis-tique: Actes du Collque de Louvain-la-Neuve* (March 11-14, 1980), ed. Julien Ries, Yvonne Janssens, Jean-Marie Severin (Louvain-la-Neuve: Universitié catholique de Louvain, Institut orientaliste, 1982) を見よ。 R. P. Casey, "Naassenes and Ophites," *Journal of Theological Studies* 27 (1925-26): 383 も見よ。

41. この世の起源について NHC 2.5.113.32-114.4.

42. アルコンの本質 NHC 2.4.89 [137]. 31-32; 90 [138].11-12.

43. ヨハネのアポクリュフォン BG 57.12; 60.17-18.

44. エイレナイオス『異端反駁』1.30.7.

45. 同書 1.30.14.

第 14 章　偉大なる女神たちとエバ

1. B. Hrozny, "Une inscription de Ras-Shamra en langue churrite," *Archiv orientální* 4: 118-29, esp. 121. 0. R. Gurney, *Some Aspects of Hittite Religion* (Oxford: Oxford University Press for the British Academy, 1977), 14 も見よ。

2. *ANET*, 89 n. 152.

3. Gurney, *Some Aspects of Hittite Religion*, 18.

4. *ANET*, 393; 398 も見よ。

5. *ANET*, 205, 206.

6. *ANET*, 123, 124.

7. *ANET*, 89,205; Gurney, *Some Aspects of Hittite Religion*, 13.

8. Gurney, *Some Aspects of Hittite Religion*, 44-45.

9. Michael S. Moore, *The Balaam Traditions: Their Character and Development*, SBL Dissertation Series 113 (Atlanta: Scholars, 1990), 21.

10. エジプト宗教の影響がエペソじゅうに行き渡っていたことについては、Gunter Holbl, *Zeugnisse Aegiptischer Religionsvorstellungen für Ephesus* (Leiden: Brill, 1978) を見よ。

11. Apuleius *Metamorphoses* 11.3, 4.

12. プルタルコス『モラリア』352A.

13. Bergman, 301-3.

14. ヒッポリュトス『全異端反駁』4.49 (Migne *PG* 16.3.3118).

15. b. Abodah Arah (On Idolatry) 43a.

16. Rose Horman Arthur, *The Wisdom Goddess: Feminine Motifs in Eight Nag Hammadi Documents* (Lanham, Md.: University Press of America, 1984), 116.

17. 雷・全きヌース（叡智）NTC 7.2.13, 16-20, 30-32; Bentley Layton, "The Riddle

Harvard Theological Review 73 (1980): 317; "Some Observations on Gnostic Hermeneutics," in *The Critical Study of Sacred Texts*, ed. Wendy Doniger O'Flaherty (Berkeley: Graduate Theological Union, 1979), 244 および Henry A. Green, *The Economic and Social Origins of Gnosticism*, SBL Dissertation Series 77 (Atlanta: Scholars, 1985), 184 も見よ。

19. Green, *Economic and Social Origins of Gnosticism*, 185.

20. ユダヤ教の、急増拡散する非正統セクトがグノーシス派であることの例証については、同書 113n. 1. を見よ。

21. ヨセフス『アピオンへの反駁』2.145.

22. ヨセフス『アピオンへの反駁』2.145.

23. ヨハネのアポクリュフォン 2.10.13.19-20, 22.22-23, 23.3, 29.6.

24. エピファニオス『パナリオン』26.6.1-2. Francis T. Fallon, *The Enthronement of Sabaoth: Jewish Elements in Gnostic Creation Myths* (Leiden: Brill, 1978), 81 も見よ。

25. Celsus *On True Doc-trine*, オリゲネス『ケルソス駁論』4.39 所収。

26. W. F. Albright, "Recent Discoveries in Palestine and the Gospel of John," in *The Background of the New Testament and Its Eschatology*, ed. W. D. Davies (Cambridge: Cambridge University Press, 1956), 163; Green, *Economic and Social Origins of Gnosticism*, 186.

27. Pearson, "Jewish Haggadic Tradition in *The Testimony of Truth*," in *Gnosticism, Judaism, and Egyptian Christianity*, 47.

28. アルコンの本質 4.3.lff; この世の起源について 116.12-117.15; ヨハネのアポクリュフォン BG 58.10-62; 3.28.25-31.13; 2.22.18-24; 4.34.25-38.3. エイレナイオス『異端反駁』1.30ff.

29. Philo *Quis Rerum* 11.52.

30. アルコンの本質 89.25, に注目せよ。そこではエバが木になっている。そこにおいてエバが執政官たちをあざ笑っていることと、（箴言 1:22-26 においては）知恵が浅はかな者をあざ笑っていることとを比較せよ。

31. Philo *On Flight and Finding* 10.52.

32. Bentley Layton, "Hypostasis of the Archons," *Harvard Theological Review* 69 (1976): 55-58, nn. 57-69.

33. Midrash Rabbah, Soncino ed.; text ed. Albeck (reprint ed., Jerusalem: Wahrman, 1965) における H. Freedman による訳。

34. Genesis Rabbah 20: 11.

35. Pearson, "Jewish Haggadic Traditions in the *Testimony of Truth*," 1:464. 蛇が「教授者」とされていることについては、アルコンの本質 89.32, 90.6; この世の起源について 119.17; 120.2-3 を見よ。 エイレナイオス『異端反駁』1.30.5; ヒッポリュトス『全異端反駁』5.16.8; Pseudo-Tertullian 2.1. も見よ。

36. アルコンの本質 89 [137]3-11; アダム黙示録 64. 6-12, 20-30.

37. アルコンの本質 89 [137]11-22; アダム黙示録 64. 12-13.

unpublished Ph.D. dissertation, University of Minnesota, 1987 を見よ。

23. E. R. Goodenough, "A Jewish-Gnostic Amulet of the Roman Period," *Greek and Byzantine Studies* 1 (1958): 71-80.

24. Birger Pearson, "Jewish Haggadic Tradition in *The Testimony of Truth*," in *Gnosticism, Judaism, and Egyptian Christianity* (Minneapolis: Augsburg/Fortress, 1990), 47.

25. Douglas M. Parrot, "A Response to Jewish and Greek Heroines," in *Images of the Feminine in Gnosticism: Studies in Antiquity and Christianity*, ed. Karen King (Philadelphia: Fortress, 1988), 92ff を見よ。

26. Shabbath 2:6; Berakhoth 31a; Shabbath 31b, 32a; y. Shabbath 2:6; Genesis Rabbah 17:8; Shabbath 2, 5b, 34.

27. アダムとエバの生涯 3.1, 18.1. *The Apocrypha and Pseudepigrapha of the Old Testament*, ed. R.H. Charles (Oxford: Clarendon, 1913), 2:143 における文献。

第13章　グノーシス的ユダヤ文書における女主人公

1. E. R. Goodenough, *By Light, Light: The Mystic Gospel of Hellenistic fudaism* (New Haven, Conn.: Yale University Press, 1935), 14-23, 157-63, 201-11, 247-49 を見よ。

2. フィロン『ケルビムについて』14.

3. フィロン『創世記問答』4.145-46;『ケルビムについて』12.

4. フィロン『創世記問答』3.21.

5. フィロン『創世記問答』4.122. 4.6 と 3.29; および『ケルビムについて』9 も見よ。

6. フィロン『創世記問答』4.97.

7. 同書 100.

8. 同書 9. 4.137 も見よ。

9. 同書 116.

10. 同書 4.243.

11. Philo *On Flight and Finding* 10.52.

12. フィロン『ケルビムについて』12, 13, 17-19.

13. 同書 42-48.

14. フィロン『ケルビムについて』57.

15. 同書 59-62.

16. フィロン『アブラハムの移住』89ff.

17. フィロン『比喩的解釈』2.19, 71ff.

18. Birger Pearson, "Jewish Haggadic Traditions in the *Testimony of Truth* from Nag Hammadi (CG IX.3)," in *Ex Orbe Religionum: Studia Geo Widengren oblata* (*Numen* suppl. 21), ed. J. Bergman, K. Drynjeff, and H. Ringgren, 2 vols. (Leiden: Brill, 1972), 1:468; 同著者による "Gnostic Interpretation of the Old Testament in the Testimony of Truth,"

8. Eva C. Keuls, "The Happy Ending: Classical Tragedy and Apulian Funerary Art," *Overdnik mit Instituut de Mededelingen van het Nederlands te Rome* (Deel-XL, 1978): 83-91 (plates on 247-50) を見よ。

9. Walter Burkert, *Structure and History in Greek Mythology and Ritual* (Berkeley: University of California Press, 1979), 6-7.

10. *Tragicorum Graecorum Fragmenta Papyracea Nuper Reperta*, ed. Arthur S. Hunt (Oxford: Clarendon, 1912), 6 Εὐριπίδου Μελανίππη lines 1-22.

11. Frag. 484 Nauck.

12. ハリカルナッソスのディオニュシオス『文章構成法』9.11.「女性たちがオルフェウス教の秘儀執行を許可されていたので、メラニッペの母親はオルフェウス教の作り話を熟知していた可能性がある。この箇所に用いられている、アルカイアディダスカリアという言い方は、秘儀に見られる原初の知恵をそれとなく示している。」Hans Liesegang, "The Mystery of the Serpent," in *Pagan and Christian Mysteries*, ed. Joseph Campbell, trans. Ralph Manheim and R. F. C. Hull (New York: Harper and Row, 1955), 15.

13. プラトン『饗宴』177 A-B; エウリピデス『ヘレネ』513; ハリカルナッソスのディオニュシオス『文章構成法』9, 11, 8,10; Aristides 2.41; Philo *On the Change of Names* 152; *On Dreams* 1.172; ルキアノス『ヘルモティヌス』47; ホラティウス『風刺詩』2.2.2; ユリアヌス［紀元 332 ～ 363］『演説集』197C;『風刺詩』358D, 387B.

14. ローマの詩人プロペルティウス（3.15）は、このように叫んだ。

「ああ、王妃は何度、自分の美しい髪を引きちぎったことか。
　無慈悲にも、その手はおのが柔らかき顔面をたたきつけた。
ああ、何度、王妃は自分の奴隷女に、分の悪い仕事をさせ、
　そして、彼女の頭を固い地面の上に据えるよう、命じることか。
王妃はしばしば、その女を汚物と闇の中で暮らすようにさせ、
　しばしば、その飢えた女には、塩気のある水をさえ与えない。」

15. *Lexicon Iconographicum Mythologicum Classicum*, "Dirke," 25-28.

16. 同書 #3.

17. *Anthologia Palatina* 3. 7. T この話は、ポンペイで絵画に二度描かれており、ローマ世界のあちこちで、いくつかのモザイク画に描かれている。

18. 大プリニウス『博物誌』36.4.34.

19. Athenaeus *Deipnosophistae* 13.597. 所収。

20. C. Muller, *Fragmenta Historicorum Graecarum* (Paris: Didot, 1841-70), 3:628.30.

21. セオ・スミルナエウスは、秘儀参入の第四段階が、神に愛される者であることにあると、明らかにしている。アリストテレスは、秘儀導入とは、言われていることというよりは、なされていることであると指摘している。

22. Catherine Clark Kroeger, "The Nachleben of Euripides' Antiope: the Heroine's Transformation into a Mystagogue and an Element in the Justifi-cation of Zeus,"

第11章　聖書の重要記述はいかにして覆されたか

1. Tomas Hägg, *The Novel in Antiquity* (Berkeley: University of California Press, 1983), 112-13. Originally published as *Den Antika Romanen* (Uppsala: Bokforlaget Carmina, 1980), and revised by the author for the English edition.

2. Hägg, *Novel in Antiquity*, 82-101の解説を見よ。

3. Dennis Ronald MacDonald, *The Legend and the Apostle: The Battle for Paul in Story and Canon* (Philadelphia: Westminster, 1983).

4. キケロ『神々の本質について』1.34.94; 3.

5. ディオン・クリュソストモス『弁論集』4.73-74.（ギリシア・ローマ時代の異教徒がそう理解したように）、魂が救いの完全な知識を得るに至るという、アプレイウスによる見事な寓意物語があるが、それは年寄女の架空話（アニュリス ファビュラ）と呼ばれている。その小説では、年寄女が、ひどく不幸な若い女性に気分を良くさせるために、自分が作った話を語る。Apuleius *Metamorphoses* 4.28; 6.25.

6. クインティリアヌス『弁論家の教育』1.8.9.

7. ルキアノス［紀元120/125頃～180以降］『嘘好き人間』9.

8. ストラボン『地理誌』1.2.8.

9. Philostratos *Imagines* 1.15.

10. Flavius Philostratos *The Life of Apollonius of Tyana* 5.14.

11. オリゲネス『ケルソス駁論』6.34, 37;『諸原理について』2.4.3.

12. プラトン『国家』350E; 377D; 378A, D; 381A, C.

13. アレクサンドリアのクレメンス『ギリシア人への改宗勧告』2.15.2.

14. ストラボン『地理誌』1.2.3.

15. ホラティウス『風刺詩』2.6.77-78.

16. キケロ『神々の本質について』3.5.12-13.

17. ストラボン『地理誌』1.2.8.

18. Minucius Felix *Octavius* 20.

19. ホラティウス『風刺詩』2.6.77-78.

第12章　作り話が改変される

1. Minucius Felix *Octavius* 20.

2. エウセビオス『福音の備え』3 (prologue).

3. クインティリアヌス『弁論家の教育』1.8.19-21.

4. 同書19.

5. 同書21.

6. エウリピデス『ヘラクレス』339-47;『イオン』437-51;『アンティオペ』48.11-14 Kambitsisを見よ。

7. アレクサンドリアのクレメンス『ストロマタ』5.688.

1. エイレナイオス『異端反駁』1.11.1, 1.9.5, および Celsus *Against Origen* 5.62 も見よ。

2. エイレナイオス『異端反駁』1.30.6 (Migne *PG* 7.697-98). エピファニウス『パナリオン』25.2, 3 (Migne *PG* 41.321-22); ヨハネのアポクリュフォン 11.18-21; アルコンの本質 86.29-87.4. も見よ。

3. エピファニオス『パナリオン』36.5.3 (Migne *PG* 41.648).

4. Hans Jonas, *The Gnostic Religion: The Message of the Alien God and the Beginnings of Christianity* (Boston: Beacon, 1958), 93.

5. Elaine Pagels, *Adam, Eve, and the Serpent* (New York: Vintage, 1988), 66.

6. 同書 68. Clement *Protreptikos logos* 4.47 も見よ。

7. エイレナイオス『異端反駁』1.2.2-3ff.

8. ヒッポリュトス『全異端反駁』16.6.12-13 (Migne *PG* 16.3.3174).

9. 同書 (Migne *PG* 16.3.3195).

10. エイレナイオス『異端反駁』1.30.7 (Migne *PG* 7.698).

11. この世の起源について 113.33.34.

12. アルコンの本質 2.89.11-16.

13. この世の起源について NHC 2.5.115.31-116.8.

14. 同書 2.5.113.25.

15. 同書 2.5.114.29.

16. アルコンの本質 2.4.88. 4-6.

17. ヨハネのアポクリュフォン 2.1.22. 32-23.2.

18. Bentley Layton, "The Riddle of the Thunder," in *Nag Hammadi, Gnosticism, and Early Christianity*, ed. Charles W. Hendrick and Robert Hodgson, Jr. (Peabody, Mass.: Hendrickson, 1986), 48.

19. エイレナイオス『異端反駁』1.30.7 (Migne *PG* 7.699).

20. この世の起源について NHC 2.5.116.

21. ヨハネのアポクリュフォン NHC 2. 69.19-25.

22. ヨハネのアポクリュフォン 5.18, Jonas, *Gnostic Religion* に引用あり。

23. Henry A. Green, *The Economic and Social Origins of Gnosticism*, SBL Dissertation Series 77 (Atlanta: Scholars, 1985), 179.

24. A アダム黙示録 64.6-16.

25. エピファニオス『パナリオン』38.2.6; ヨハネのアポクリュフォン 23.35-24.25; この世の起源について 116.33-117.18; アルコンの本質 88.17-30.

26. b. Yebamoth 103b; b. Abodah Zarah 22b; b. Shabbath 146a.

27. この世の起源について NHC 2.5.113.33-34; 115.33.

28. 真理の証言 NHC 9.3. 47.1-4.

29. エピファニオス『パナリオン』26.2.6 (Migne *PG* 41.333).

30. 同書 37.3.l. (Migne *PG* 41.645).

66, inscription no. 21.

16. *Journal of Hellenic Studies* (1892): l; Ramsay, *Cities and Bishoprics*, 94-95.

17. Ramsay, *Cities and Bishoprics*, 94.

18. Eva Cantarella, *Pandora's Daughters: The Role and Status of Women in Greek and Roman Antiquity*, trans. Maureen B. Fant (Baltimore: Johns Hopkins University Press, 1987), 52-53.

19. プルタルコス『モラリア』374F; Philo *Who Is the Heir* 61 も見よ。

20. ヒッポリュトス『全異端反駁』8.13.3-4; 14.5; 5.19.14; Luise Abramowki, "Female Figures in the Gnostic *Sondergut* in Hippolytus' *Refutatio*," in *Images of the Feminine in Gnosticism: Studies in Antiquity and Christianity*, ed. Karen King (Philadelphia: Fortress, 1988), esp. 137, and n. 2 を見よ。

21. 真正な教え NHC 5.23.22-26.

22. テルトゥリアヌス『ヴァレンティニアン反駁』10; エイレナイオス『異端反駁』1.2.4.

23. ヒッポリュトス『全異端反駁』5.1, *Ante-Nicene Fathers*, 5.50.

24. 真正な教え 6.322. 26-35.

25. エピファニオス『パナリオン』33.7.9 (Migne *PG* 41.568).

26. アレクサンドリアのクレメンス『テオドトスからの抜粋』78.2 (Migne *PG* 9.2.696). 秘儀の手ほどきを受けているその者は、「私の起源の、最初の起源であり、私の始まりの、最初からの始まりである方」に向かって祈った。 *Mithriac Liturgy* 1.6-7.

27. 真理の福音 NHC 12.2.22.13-15.

28. シルヴァノスの教え NHC 7.4.91.14-20.

29. 同書 7.4.92.11-14.

30. エイレナイオス『異端反駁』1.21.5; エピファニオス『パナリオン』36.3.4 (Migne *PG* 41.636).

31. エピファニオス『パナリオン』33.8 (Migne *PG* 41.569).

32. Walter Burkert, *Homo Necans: The Anthropology of Ancient Greek Sacrificial Ritual and Myth*, trans. Peter Bing (Berkeley: University of California Press, 1983), 251.

33. ヒッポリュトス『全異端反駁』5.8.40 (Migne *PG* 16.3. 3150-51).

34. Jane Ellen Harrison, *Prolegomena to the Study of Greek Religion*, 3d ed. (Cambridge: Cambridge University Press, 1922), 560-61.

35. Catherine Clark Kroeger, "The Classical Concept of 'Head' as Source," Appendix 3, in *Equal to Serve*, ed. Gretchen Gaebelein Hull (Old Tappan, N.J.: Revell, 1987) を見よ。

36. ディデュモス『三位一体論』3.41.3 (Migne *PG* 39.988C-989A).

第10章　非難なのか　反論なのか(第一テモテ2章13～14節)

立てがなされたころ、すなわち19世紀中ごろ、正統的な辞書から姿を消した。

30. Basil *Epistle* 51.1 (Migne *PG* 32.389A).

31. エウセビオス『コンスタンティヌスの生涯』2.48 (MigneePG 20.1025C).

32. Leo the Great *Epistle* 30 (Migne *PL* 54. 788A).

33. Pseudo-Chion *Letters* 13.1; 14.5; 16.5-8. プルタルコス『モラリア』53B; 798E-F; ディオン・クリュソストモス『弁論集』34.52; 47.2; Epictetus *Dissertations* 1.10.2も見よ。

34. プルタルコス『モラリア』472B.

第9章　女性を主たる根源と見る

1. この事実を指摘してくださったのは、ブラウン大学医学部産科学の教授である、ギグリア・パーカー博士である。

2. Forstenpointner, Scherrer, Schultz and Sattman, "Archäologisch-paläoanatomische Untersuchungen an einer hellenistischen Brunnenlage in Ephesos, Turkei," *Wien Tieräril Monatschrift* 80 (1993), 216--24.

3. G. M.A. Hanfmann, "Excavations at Sardis, 1958," *Bulletin of the American Schools of Oriental Research* 154 (1959): 32 n. 69; G. M.A. Hanfmann and Jane C. Waldbaum, "Kybebe and Artemis: Two Anatolian Goddesses at Sardis," *Archaeology* 22 (1969): 265-67; J. and L. Robert, "Bulletin Épigraphique," *Revue des etudes grecques* 84 (1971): 520を見よ。

4. R. E. Witt, *Isis in the Greco-Roman World* (Ithaca, N.Y.: Cornell University Press, 1971), 141-51を見よ。

5. *Oxyrhyrchus Papyri* 11.1380.

6. Apuleius *Metamorphoses* 11.2.

7. 同書11.5.

8. プルタルコス『エジプト神イシスとオシリスの伝説について』372E.『モラリア』1014D, 1015D, 1023A; プラトン『ティマイオス』49A, 51Aも見よ。

9. プルタルコス『エジプト神イシスとオシリスの伝説について』368C.

10. Jan Bergman, *Ich Bin Isis: Studien zum memphitischen Hintergrund der grieschischen Isisaretolgien* (Stockholm: Almqvist and Wiksell, 1968), 134 n. 1, 283-84.

11. W. Speigelberg, "Eine Neue Legende über die Geburt des Horaz," *Zeitschrift für ägyptische Sprache und Altertumskunde* 52 (1917): 94-97を見よ。ヘシオドス（『神統記』213）は、ニュクスが、男子と寝たことがなかったのに、13人の子を産んだことに触れている。

12. ヘロドトス『歴史』1.173.

13. Nicholas of Damascus *F Gr Hist* 90Fl03(k)=Stobaeus *Florilegia* 4.2.

14. Nymphis *F Gr Hist* 432F7=Plutarch *De mulierum virtutilous* 248D.

15. William M. Ramsay, *Cities and Bishoprics of Phrygia* (Oxford: Clarendon, 1895),

10. ローマのクレメンス『説教集』18.12.1.4.

11. エウセビオス『教会の神学について』1.20 (Migne *PG* 24.865).

12. Hermes Trismegistes *Poimandres* 1.2, 6, 8.

13. Leiden Magical Papyrus W., ed. A. Dietrich (Leipzig: B. G. Teubner, 1891), 14.25, 21; *Papyri Graecae Magicae*, ed. Karl Preisendanz (Leipzig: B. G. Teubner, 1931), 1.36; 9.13.

14. Leiden W. 6.45; Preisendanz 13.2.38.

15. Preisendanz 13.141, 351, 388, 446.

16. クレメンスの第二の手紙 14:3.

17. Dihle, "Authentes," 83.

18. ヒッポリュトス『全異端反駁』7.21.

19. *Aegiptische Urkunden aus den Museen zu Berlin: Griechische Urkunden* (Leipzig: J.C. Hinrichs, 1912), 5: no. 1208. Preisigke は、*Wörterbuch der griechischen Papyruskunden*, 3 vols. (Berlin: Selbstverlag der Erben, 1925) の中で、*fest auftreten*（確固たる態度をとった）と訳している。

20. *Sammelbuch Griechischer Urkunden aus Ägypten*, ed. Friedrich Preisigke and Friedrich Bilabel, 2 vols. (Gottingen: Hubert, 1952), no. 10205, p. 257. N. Lewis, "Leitourgia Papyri," *Transactions of the American Philological Society* n.s. 53, 9 (1963): 26-27 も見よ。

21. Johannes Laurentius Lydus *de Magistratibus populi Romani*, ed. R. Wuensch (Leipzig: B. G. Teubner, 1903), 3:131.

22. . Basil *Letter* 69.1, 3.

23. *Griechische Urkunden* 103.

24. Athanasius *Testimonia e scriptura (de communi essentia patris et filii et spiritus sancti)* [Migne *PG* 28.41.41]; エピファニオス『パナリオン』37.2; 69.75.

25. ヨハネス クリュソストモス『使徒の働き３：３説教』(Migne *PG* 9.26D).

26. アタナシオス『ルフィヌス宛ての手紙』(Migne *PG* 26.1180C).

27. Guillaume Budè, *Commentarii linguae Graecae* (Paris: Jodocus Badius Ascensius, 1529), 814-15.

28. George Dunbar, *A Greek-English Lexicon*, 3d ed. (Edinburgh: Maclachlan and Stewart, 1850); Benjamin Hederich, *Graecum Lexicon Manuale* (London: Wilks and Taylor; 1803); T. Morrell, *Lexicon Graeco-Prosodiacum* (Cambridge: J. Smith, 1815); John Pickering, *Greek Lexicon* (Boston: Wilkins, Carter, and Co., 1847); Johann Scapula (fl.1580), *Lexicon Graeco-Latinum* (Oxford: Clarendon, 1653); Cornelis Schrevel, *Lexicon Manuale Graeco-Latinum et Latino-Graecum* (Edinburgh: Bell and Bradfute, 1823); *The Greek Lexicon of Schrevelius Translated into English with Many Additions* (Boston: Cummings, Hilliard and Co., 1826); Stephanus, *Thesaurus Graecae Linguae*, ed. W. and L. Dindorf (Paris: Didot, 1831-65).

29. この定義は、第一テモテ２章12節の訳にフェミニストたちからの異議申し

47. Artemidorus of Daldiensis *Oneirocritus* 1.80; 2.65.

48. 同書 1.80; 2.49.

第8章　ほかには何と訳せるのか

1. Pierre Chantraine, "Encore *Authentes*," in *Aphieroma ste mneme tou M. Triantaphyllidis* (Salonica: Institution Neohellanikon Spadōn, 1960), 89, 93. シャントレーヌによる論文のほか、20世紀以降の研究論文としては、以下がある。Louis Gernet, "Authentes," *Revue des études grecques* 22 (1909): 13-32; M. Pischari, "Efendi," in *Mélanges de philologie et de linguistique offerts á M. L-Havet* (Paris: Hachette, 1908); Paul Kretschmer, "Authentes," *Glotta* 3 (1912): 289-93; A. Dihle, "Authentes," *Glotta* 39 (1960): 77-83; A. J. Festugiere, *La revelation d'Hermes Trisgimeste*, 4 vols. (Paris: Lecoffre, 1953), 3:1677 n. 4; Bentley Layton, "The Hypostasis of the Archons," *Harvard Theological Review* 69 (1976): 71 n. 158; Walter Scott, *Hermetica*, 2 vols. (Oxford: Oxford University Press, 1925), 1.2, 13.15 note; Friedrich Zucker, "Authentes und Ableitungen," *Sitzungsberichte der Sachsischen Akademie der Wissenschaften zu Liepzig*, Philologisch-historiche Klasse, Band 107, Heft 4 (1962), 3-27. *Authentês* という語の性的要素に関する初期の研究については、Catherine Clark Kroeger, "Ancient Heresies and a Strange Greek Verb," *Reformed Journal* 29, 3 (March 1979): 12-15 参照。女性が奉仕にフルに加わることを支持しない説については、以下を参照。George W. Knight III, "AYΘENTEΩ in Reference to Women in 1 Timothy 1:12," *New Testament Studies* 30 (1984): 143-57; C. D. Osburn, "AYΘENTEΩ (1 Timothy 2:12)" *Restoration Quarterly* 25 (1982): 1-12; A. J. Panning, "AYΘENTEIN-A Word Study," Wisconsin Lutheran Quarterly 178 (1981): 185-91. より完全な文献目録については、D. M. Scholer, "I Timothy 2:9-15 and the Place of Women in the Church's Ministry," in *Women, Authority and the Bible*, ed. Alvera Mickelson (Downers Grove, Ill.: InterVarsity, 1986), 194 nn. 3, 4 参照。

2. Polybius 12.14.3; 22.14.2.

3. ヨセフス『ユダヤ戦記』1.582; Diodorus of Sicily 16.61; 17.5; 35.25; Appian *Mithridates* 90.l.

4. M. Pischari, "Efendi," in *Mélanges de philologie et de linguistique ofterts á M. L-Havet* (Paris: Hachette, 1908), 426.

5. Alexander Rhetor *On the Origins of Rhetoric*, 3 vols., ed. L. Spengel, *Rhetores Graeci* (Leipzig: B. G. Teubner, 1856), 3:2.1-7.

6. Similitudes of Hermas 9.5.6.

7. *Clementine Homilies* 12, Ante-Nicene Fathers.

8. エウセビオス（紀元263頃～339）『教会の神学について』3.5 (Migne *PG* 24.0103A).『福音の証し』1.7.1.4; 3.1.3.5; 3.6.29 も見よ。 A. Dihle, "Authentes," *Glotta* 39 (1960): 82 n. 2, 83 n. 1 も見よ。

9. *Sybilline Oracles* 7.69.

21. 同書 7.

22. James Donaldson, *Woman: Her Position and Influence in Ancient Greece and Rome, and Among Early Christians* (London: Longman, Green, and Co., 1907), 124.

23. Michel Glycas *Annalium* 2.143.

24. Bardesanes, trans. from Syriac by B. P. Pratten, *Ante-Nicene Fathers*, 8:726-27;. Clementine *Recognitions* 9.22-23; Caesarius *Dialogue* 2.109-10; エウセビオス『福音の備え』6.10; Cedrenus 126-27.

25. Ambroiaster *Questions on the New Testament* 115.18.10-13; 113.7.7-12 Souter; アウグスティヌス『神の国』6.8, 14-21.

26. Firmicus Maternus *De errore profundo* 4.2. 29-30.

27. Ambroiaster *Questions on the Old and New Testament* 113.11.8-11 Souter.

28. Pseudo-Heraclitus of Ephesus *Epistle* 9.

29. エウリピデス『トロイアの女』660.

30. エウリピデス『アンドロマケ』170 ff.

31. ソフォクレス『エレクトラ』271-74.

32. エウリピデス断片 645.

33. *e paisin authentaisin koinone domon*, line 4.

34. エウリピデス『救いを求める女たち』442ff. ジェフリー・ヘンダーソンとマイケル・ポリアコフの両教授は、このさりげない言及に込められている、性的な特質を指摘してくださった。

35. Pseudo-Callisthenes *Historia Alexandri Magni* 2.1.6, 3.6.6.

36. Philodemus *Volumina rhetorica* 2, ed. S. Sudhaus (Leipzig: B. G. Teubner, 1896), 133.

37. *Anthologia Palatina* 15.19.3.

38. アイスキュロス『エウメニデス』212.

39. Emily Townsend Vermeule, *Aspects of Death in Early Greek Art and Poetry*, Sather Classical Lectures, vol. 46 (Berkeley: University of California Press, 1979), 101.

40. Pindar frag. 139 Bergk.

41. ホメーロス『オデュッセイア』6.121.

42. *Clementine Homilies* 13.19 (Migne *PG* 2. 314). この文書は 4 世紀に編纂されたが、それよりも初期の著作に基づいており、はるか以前の資料を含んでいた。

43. Pollux *Onomasticon* 3.38.

44. Firmicus Maternus *De errore profundo* 7.5.

45. 結婚と、死と、秘儀への参入の融合については、H. R. W. Smith, *Funerary Symbolism in Apulian Vase Paintings*, ed. H. K. Anderson, Publications in Classical Studies Series 12 (Berkeley: University of California Press, 1976), と、その、Eva C. Keuls, *American Journal of Archaeology* 81 (1977): 575-76 による書評参照。

46. *Orphic Hymn to Artemis* 36.13-14.

2. H. I. Bell, *Greek Papyri in the British Museum*, 8 vols. (London: Trustees of the British Museum, 1917), 5:119. London Papyrus 1708.

3. Jean Maspero, *Papyrus Crecs d'Époque Byzantine, Catalogue Général des Antiquités Égyptiennnes du musée du Caire*, 3 vols. (Cairo: Imp. de l'institut françois d'archéologie orientale, 1911-16), vol. 2, no. 67151.

4. ジョージ・シーツ（George Sheets）教授が指摘してくださったことだが、これら両文書で、*authentein* は、ラテン語の法律用語 *vindico* の、ギリシア語の同義語としての機能を果たしているようである。すなわち、資産からの収益権をも含め、「自分のものとする」、「所有権を主張する」、「自分のものだと主張する」の意である。

5. *Forschung in Ephesos* 3 (1923), no. 44.

6. *Phrynichi Sophistae praeparatio Sophistica*, ed. I. de Borries (Liepzig: B. G. Teubner, 1911), 24.

7. ツキディデス 3.58.4. への欄外注解。

8.David Kovacs, "Tyrants and Demagogues in Tragic Interpolation," *Greek, Roman, and Byzantine Studies* 23 (1982): 37. Louis Gemet, *Droit et société dans la Grèce ancienne* (Paris: Receuil Sirey, 19551, 29-38 も見よ。

9. Moeridis Atticistae, *Lexicon Atticum*, ed. J. Pierson (reprint ed., Hildesheim, N. Y.: G. Olms, 1969), 58; Thomas Magister, *Grammaticus*, ed. F. Ritschl (reprint ed., Hildesheim, N. Y.: G. Olms, 1970), 128.

10. John of Damascus *Epistola ad Theophilim Imperatorem* 3 (Migne *PG* 95.248).

11. エウセビオス『イザヤ書注解』40: 10 (Migne *PG* 24.3691.

12. Eusebius opp. Part 2 -*Apologetica* (Migne *PG* 22.48B).

13. ヨハネス・クリュソストモス『マタイ福音書説教』44.1 (Migne *PG* 7.467C).

14. ヨハネス・クリュソストモス『ヨハネ福音書説教』66.2 (Migne *PG* 8.396D).

15. ヨハネス・クリュソストモス『コロサイ書説教』10.1; 11.2 (Migne *PG* 11.396C;11.406E).

16. 紀元 112 頃、牧師（執事）として知られる、女性キリスト教指導者二人は、小アジアでローマ人の役人による尋問を受けた。小プリニウス『トラヤヌス帝への手紙』10.96.

17. 殉教者ユスティノス［紀元 100 頃～ 165］『第一弁明』65.

18. Katherine Bushnell, *God's Word to Women: One Hundred Bible Studies on Women's Place in the Divine Economy* (Oakland: Katherine Bushnell, 1930); Russell C. Prohl, *Woman in the Church: A Restudy of Woman's Place in Building the Kingdom* (Grand Rapids: Eerdmans, 1957).

19. Diodorus of Sicily 2.45.1-3; 3.53.1-3.

20. William M. Ramsay, *Cities and Bishoprics of Phrygia* (Oxford: Clarendon, 1895), 134.

25. b. Hullin 89a. Aida Besançon Spenser. による引用。なお、沈黙に関するラビの教えは Spenser, *Beyond the Curse: Women Called to Ministry* (Nashville: Nelson, 1985), 77-80 において広範に列挙されている。

第6章　第一テモテ2章12節を綿密に調べる

1. Martin Dibelius and Hans Conzelmann, *The Pastoral Epistles*, ed. Helmut Koester, trans. Philip Buttolph and Adela Yarbro (Philadelphia: Fortress, 1972), 55, 77.

2. *TDNT* 2:164 を見よ。

3. *TDNT* 2:162, sect. 3 を見よ。

4. *TDNT*2:164.

5. Jerome Quinn, *The Letter to Titus*, Anchor Bible (Garden City, N.Y.: Doubleday, 1990), 81-82. 92-97 も見よ。

6. John Toews, "Women in Church Leadership: 1 Timothy 2:11-15, A Reconsider-ation," in *The Bible and the Church: Essays in Honor of Dr. David Ewert*, ed. A. J. Dueck, H.J. Giesbrecht, and V. G. Shillington (Hillsboro, Kans.: Kindred, 1983), 84 を見よ。しかし、第四マカベア書5章26節での *epitrepo* の用法は、必ずしも限定的なものではない。

7. ペイン博士が、1986年ジョージア州アトランタでの、福音主義神学会全国会議に提出した未刊行論文による。

8. エウリピデス『アンドロマケ』614-15.

9. このようにはっきりと言われている箇所は、ソフォクレス『エレクトラ』272-75.

10. ヘロドトス『歴史』1.117.12.

11. Antiphon *Tetralogy* 2.3.4.

12. 同書 2.3.11.

13. エウリピデス『アンドロマケ』615; アイスキュロス『エウメニデス』212 への欄外注解 . Robert Parker, *Miasma: Pollution and Purification in Early Greek Religion* (Oxford: Clarendon, 1983), 122-23, 351 も見よ。

14. アイスキュロス『アガメムノーン』1573;『エウメニデス』212; エウリピデス『狂えるヘラクレス』839, 1359.

15. Philo *Quod deterius potiori insidiari soleat* 78.7; Appian *Bellum civile* 4.17.134.

16. アイスキュロス『エウメニデス』42. への欄外注解。

17. Ceslaus Spicq, *Les Épîtres Pastorales*, 2 vols. (Paris: Gabalda, 1947), 1:380.

第7章　アウンセンテインという見慣れない動詞

1. Friedrich Preisigke, *Worterbuch der griechischen Papyrusurkunden mit einschluss der grieschichen inschriften, auschriften, ostraka, mumienschilder usw., aus Agypten* (Berlin: Selbstverlag der Erben, 1925-27), s.v.

4. エピファニオス『パナリオン』33.7.2.

5. ストラボン『地理誌』14.1.23.

6. Autocrates 1. Aelian *De natura animalium* 12.9 に引用あり。

7. アリストファネス『雲』599-600.

8. F. Sokolowski, *Lois Sacrees de l'Asie Mineure* (Paris: E. de Boccard, 1955), 48.19-20; M.P. Nilson, *The Dionysiac Mysteries of the Hellenistic and Roman Age* (Lund: Gleerup, 1957), 6-7.

9. Joscelyn Godwin, *Mystery Religions in the Ancient World* (San Francisco: Harper and Row, 1981), 141.

10. ストラボン『地理誌』7.3.3.

11. *Tragicorum Graecorum Fragmenta Papyracea Nuper Reperta*, ed. Arthur S. Hunt (Oxford: Clarendon, 1912), 6 Εὐριπίδου Μελανίππη lines 1-22. なお、Nauck frag. 499は最初の三行だけを含む。

12. ユウェナリス『風刺詩』6.540-47.

13. 彼女が、ユダヤ教とフリュギアの混交祭儀の女性祭司であったという説については、Richard Reitzenstein, *Hellenistic Mystery-Religions: Their Basic Ideas and Signifi-cance*, trans. John E. Steely (Pittsburgh: Pickwick, 1978), 176-77 を見よ。Franz Cumont, *Oriental Religions in Roman Paganism* (New York: Dover, 1978), 62ff. も見よ。

14. ヘルマスの牧者

15. 現在コプト語でのみ入手可能な文書の多くは、初めはギリシア語で書かれていた。コプト語からの翻訳である場合、元のギリシア語を再現する。

16. マリア福音書 10.1-8, Papyrus Berolinensis 8502.1.

17. オリゲネス『ケルソス駁論』5.62.

18. オリゲネス『ケルソス駁論』5.62 を見よ。マルコ 16 章 1 節に登場するサロメは、トマス福音書と、ソフィアの信仰においては、主の使徒のひとりであるとされている。アレクサンドリアのクレメンスは、エジプト人福音書に関連してサロメに言及する (*Miscellanies* 3.45.63, 66, 92).

19. ヒッポリュトス『全異端反駁』5.7.1; 10.9.3; オリゲネス『ケルソス駁論』5.62.

20. エイレナイオス『異端反駁』1.23.2.

21. テルトゥリアヌス『霊魂について』34; ヒッポリュトス『全異端反駁』6.19; オリゲネス『ケルソス駁論』5.62 も見よ。ヘレネに関する伝承については Wilhelm Bousset, Die Hauptprobleme der Gnosis (1907; reprint ed., Göttingen: Vandenhoeck und Ruprecht, 1973), 78ff を見よ。

22. エピファニオス『パナリオン』34.4.2 (Migne *PG* 41.589).

23. 三体のプロテンノイア NHC 13.1. 42. 9-14, 17-18.

24. エイレナイオス『異端反駁』1.25.6 (Migne *PG* 7.685); エピファニオス『パナリオン』27.6.1 (Migne *PG* 41.372).

27.65. Pseudo-Heraclitus of Ephesus の *Epistles* (9.12-19) も見よ。著述者がユダヤ人であったか否かについては、Harold W. Attridge, *First Century Cynicism in the Epistles of Heraclitus*, Harvard Theological Studies 29 (Missoula, Mont.: Scholars, 1976).

第 4 章　問題を確認する　牧会書簡群に見られる証拠

1. Patricia Miller, "In Praise of Nonsense," in *Classical Mediterranean Spirituality: Egyptian, Greek, Roman*, ed. A. H. Armstrong, World Spirituality Series (New York: Crossroad, 1986) を見よ。

2. Gordon D. Fee, "Issues in Evangelical Hermeneutics, Part 3: The Great Watershed–Intentionality and Particularity/Eternality: 1 Timothy 2:8-15 as a Test Case," *Crux* 26, 4 (December 1990): 32.

3. 同書 37 n. 11.

4. Menander *The Charioteer* frag. 202 Kock.

5. 大プリニウス『博物誌』30.2.11.

6. 作り話を語る者としての女性たちに関する、ギリシア・ローマ時代における論及については、以下で広範に列挙されている。 Dennis Ronald MacDonald, *The Legend and the Apostle: The Battle for Paul in Story and Canon* (Philadelphia: Westminster, 1983), 13-14, 105 n. 4.

7.「『年寄り女』は広範囲に及ぶ役割を果たしており、アナトリアにおける魔術宗教のもっとも顕著なスペシャリストであった。その呪文の多くはフルリ語で、したがって翻訳は非常に困難である。だがその内容については、次のように結論付けられるほど十分に知られている。つまり、『年寄り女』は、アナトリアの社会における神話的伝承の、主要な伝承者の一人であったと。」Michael S. Moore, *The Balaam Traditions: Their Character and Development*, SBL Dissertation Series 113 (Atlanta: Scholars, 1990), 21-22.

8.　特に Henry A. Green, *The Economic and Social Origins of Gnosticism*, SBL Dissertation Series 77 (Atlanta: Scholars, 1985) を参照。

9. フィロン『ケルビムについて』57-60.

10. フィロン『アブラハムの移住』89ff.

11 エイレナイオス『異端反駁』3.3.4; エウセビオス『教会史』4.14.6.

第 5 章　第一テモテ 1 章 3 節～ 2 章 11 節を念入りに調べる

1. E. R. Dodds, *Pagan and Christian in an Age of Anxiety: Some Aspects of Religious Experience from Marcus Aurelius to Constantine* (1965; reprint ed., New York: Norton, 1970), 38.

2. プルタルコス『モラリア』415A.

3. プルタルコス『エジプト神イシスとオシリスの伝説について』372. 同著者の『モラリア』1014D, 1015D, 1023A およびプラトン『ティマイオス』49A, 51A も参照。

びピシディアのアンティオキアで。

7. J. L. Houlden, *The Pastoral Epistles*, Pelican New Testament Commentary (London: SCM, 1976), 24-26; および John A. T. Robinson, *Redating the New Testament* (London: SCM, 1979), 84 を見よ。

8. イグナティオス、ポリュカルポス、またクレメンスの第一の手紙には、牧会書簡群の影響が認められる。

第3章　書簡の送付先　エペソ市

1. Flavius Philostratus *The Life of Apollonius of Tyana* 7.7.

2.「アジアは全域がペルシア王の領土であり、エペソの住人はすべて戦利品として略奪されてきた者たちである。彼らは真の自由、すなわち統治することには不慣れである。今や、彼らは命令されれば従い、もし従うつもりがなければ泣き叫ぶという傾向にある。」Pseudo-Heraclitus of Ephesus *Epistle* 8.

3. Robert J. Penella, "Apollonius of Tyana to the Sardians," *Harvard Studies in Classical Philology* (1975), vol. 79, 308. 所収。サルディスの女神デメテルについては、309-10 参照。

4. Pausanias 4.31.8.

5. G. H. R. Horsley, *New Documents Illustrating Early Christianity. A Review of the Greek Inscriptions and Papyri* (North Ryde, N.S.W: The Ancient History Documentary Research Centre, Macquarie University, 1987), 19.

6. Diodorus of Sicily 5.77.3-8.

7. ストラボン『地理誌』10.3.7.

8. A. Boeckh, *Corpus Inscriptionum Graecarum* (Berlin: G. Riemas, 1828-77), n. 6797.

9. Solinus 11.8.

10. Aelian *Varia historia* 3.26.

11. William M. Ramsay, "The Worship of the Virgin Mary at Ephesus," in *PauJine and Other Studies in Early Christian History* (London: Hodder and Stoughton, 1906), 125-59.

12. ヨセフス『ユダヤ古代誌』12.125-28; 14.223-3l; 16.27-64.

13. Thomas A. Robinson, *The Bauer Thesis Examined: The Geography of Heresy in the Early Christian Church*, Studies in the Bible and Early Christianity 11(Lewiston, N.Y.: Edwin Mellen, 1988), 114.

14. A. T. Kraabel, "Judaism of Asia Minor under the Roman Empire," unpublished Th.D. thesis, Harvard University, 1968, especially 51-59.

15. Marclay V. Head, *Catalogue of the Greek Coins of Phrygia* (London: Trustees of the British Museum, 1906), plate 1: Apameia; Sammlung V. Aulock, *Sylloge Nummorum Graecorum Deutschland* (Berlin: Mann, 1962), *Phyrgien*, Heft 9, nos. 3506, 3510, 3513, plate 114.

16. Flavius Philostratus *The Life of Apollonius of Tyana* 4.2; *Epistles* of Apollonius

はじめに

1. *The Northwestern Lutheran*, September 15, 1990, 316.

2. *The Northwestern Lutheran*, January 15, 1991, 35.

3. この指摘を最初に私たちにしてくださったデイビッド・スカラー教授に感謝を申し上げる。

4. Charlotte Brontë, *Shirley* (1849; reprint ed., London: Harper, 1899), 2:17.

序章　従来の解釈に見られる問題点

1. 彼［モーセ］の母、姉、助産婦たち、ファラオの娘とその侍女たちは、こぞって彼の命を救うために協力し合った。

2. Thomas R. Edgar, "Contextualized Interpretations of l Timothy 2:12: An Analysis," unpublished paper presented at the national meeting of the Evangelical Theological Society in Wheaton, Illinois, 1988.

3. 同書

4. Tertullian *De cultu feminarum* l.l.1-2.

第 1 章　信仰をもって聖書に取り組む

1. 女性に関するいわゆる難解な箇所の釈義上の諸問題が列挙されているのは、the appendix by Sanford G. Hull in *Equal to Serve*, ed. Gretchen Gaebelein Hull (Old Tappan, N.J.: Revell, 1987) である。

第 2 章　牧会書簡　誰が何のために書いたのか

1. A. T. Hanson, *The Living Utterances of God: The New Testament Exegesis of the Old* (London: Darton, Longman, and Todd, 1983), 134.

2. Helmut Koester, *Introduction to the New Testament*, vol. 2, *History and Literature of Early Christianity* (Philadelphia: Fortress, 1982), 304.

3. 次の二文献も見よ。C. F. D. Moule, "The Problem of the Pastoral Epistles: A Reappraisal," *Bulletin of the John Rylands Library* 47 (1964-65): 430-52; August Strobel, "Schreiben des Lukas? Zum sprachlichen Problem der Pastoralbriefe," *New Testament Studies* 15 (1968-69): 191-210; Stephen G. Wilson, *Luke and the Pastoral Epistles* (London: SPCK, 1979).

4. 使徒の働きの著述者と、牧会書簡群の著述者には、執筆へと心動かされた動機にかなりの類似点がある。すなわち、エペソ［の教会］が特に異端問題での矯正を必要としていた事実、健康状態への関心、パウロの仲間である人たちとの親交である。語法上の傾向でも、著述者にはルカとの間に多少の共通点が見られる。

5. 以下はその例である。Helmut から 298-300. スミルナのポリュカルポスを著者と見る説については、305-8 参照。

6. すなわち、アンキューラ（現・アンカラ）、ピシディアのアポロニア、およ

女が教えてはいけないのか
第一テモテ 2 章 11 ～ 15 節を 1 世紀の光で読み直す

2023年 7 月25日　発行

著　者　リチャード・クラーク・クレーガー
　　　　キャサリン・クラーク・クレーガー
訳　者　稲垣緋紗子
印刷製本　日本ハイコム株式会社
発　行　いのちのことば社
〒164-0001 東京都中野区中野2-1-5
電話 03-5341-6923（編集）
03-5341-6920（営業）
FAX03-5341-6921
e-mail:support@wlpm.or.jp
http://www.wlpm.or.jp/

ISBN 978-4-264-04412-3